Brox
Kirchengeschichte des Altertums

Norbert Brox

Kirchengeschichte des Altertums

Patmos

Die Deutsche Bibliothek – CIP-Einheitsaufnahme
Ein Titeldatensatz für diese Publikation ist bei
Der Deutschen Bibliothek erhältlich.

© 1983 Patmos Verlag, 6. Auflage 1998
© ppb-Ausgabe 2002
Patmos Verlag GmbH & Co. KG, Düsseldorf
Alle Rechte, einschließlich derjenigen des
auszugsweisen Abdrucks sowie der fotomechanischen
und elektronischen Wiedergabe, vorbehalten.
Druck und Bindung: Clausen & Bosse, Leck
ISBN 3-491-69063-3
www.patmos.de

Inhalt

Vorwort ... 7

1 Die Anfänge der Kirche ... 9

1.1 Die Ausgangssituation ... 9
1.2 Das Urchristentum im Judentum ... 12
1.3 Gruppierungen und Richtungen im Urchristentum ... 14
1.3.1 »Hebräer« und »Hellenisten« ... 14
1.3.2 Andere Richtungen ... 17
1.4 Die frühe Expansion und ihre Merkmale ... 18
1.5 Die Rückwirkungen der Umwelt auf das frühe Christentum ... 21

2 Die Geschichte von Mission und Bekehrung ... 27

2.1 Anfang und Anlaß der Ausbreitung ... 27
2.2 Geographische Umschreibung der Ausbreitung ... 28
2.3 Soziologische Daten zur Mission ... 31
2.4 Günstige und ungünstige Bedingungen ... 32
2.5 Methoden, Predigt, Bekehrungsmotive ... 36

3 Gesellschaft, Staat und Christentum ... 42

3.1 Die vorkonstantinische Zeit (bis 312/313 n. Chr.) ... 42
3.1.1 Distanz und Isolation des Christentums ... 42
3.1.2 Polemik und Verfolgung ... 48
3.2 Die veränderten Verhältnisse seit Konstantin ... 59
3.2.1 Konstantins prochristlicher Kurs ... 59
3.2.2 Die Entwicklung zur Reichskirche ... 63
3.2.3 Die christlichen Kaiser und die Heiden ... 65
3.2.4 Die christlichen Kaiser und die Kirche ... 67
3.2.5 Die veränderte Kirche ... 79

4	Kirchliches Leben und Organisieren	83
4.1	Die Teil- und Ortskirchen und ihre Praxis der Einheit	83
4.2	Die Entwicklung der kirchlichen Verfassung	89
4.2.1	Die kirchlichen Ämter	90
4.2.2	Die Entstehung der Patriarchate	101
4.2.3	Die Geschichte des römischen Primats	105
4.3	Die Liturgie	110
4.3.1	Die Taufe	112
4.3.2	Die Eucharistie	119
4.3.3	Die Buße	124
4.4	Formen der Frömmigkeit und Heiligkeit	133
5	Konflikte, Häresien und Schismen	137
6	Theologische Orientierungen	146
7	Die theologische Literatur der Alten Kirche	151
8	Die vier ersten Ökumenischen Konzile	169
8.1	Konzil und Ökumenisches Konzil	169
8.2	Die ersten Diskussionen um die trinitarische Frage	171
8.3	Der Arianismus und das Konzil in Nizäa (325)	174
8.4	Die Krise nach Nizäa und die Diskussion um den Geist	179
8.5	Das Konzil in Konstantinopel (381)	183
8.6	Die christologische Frage	184
8.7	Die Konzile in Ephesus (431) und Chalzedon (451)	189
9	Schluß	198
Literatur		201
Namen- und Sachregister		202

Vorwort

Die Kirchengeschichte gehört zu den Themen der Theologie. Das war nicht immer die Selbstverständlichkeit, mit der man das heute sagen kann. Zwar ist es umstritten, ob und in welchem Sinn die Beschäftigung mit der Kirchengeschichte unmittelbar Theologie genannt werden kann. Daß aber der Erkenntnis-Prozeß der Theologie ohne Kirchengeschichte nicht auskommen, das heißt, auf die Einsicht nicht verzichten kann, daß Christentum und Kirche historisch vielfältig vermittelt sind, ist in den letzten 200 Jahren der Theologiegeschichte klargeworden, und diese Einsicht hat die Theologie verändert.

Seiner Gestalt und seinem »Wesen« nach ist das Christentum weder zu beschreiben noch zu begreifen, ohne daß seine Geschichte bekannt ist, in der es so wurde, wie es sich jetzt darstellt. Wer sich mit Theologie befaßt, ist für ein solides, sachgemäßes Wissen über Bibel, Dogma, Bekenntnis und Institution der Kirche auf Grundkenntnisse der Kirchengeschichte angewiesen. Ohne solche Kenntnisse wird Entscheidendes am Christentum nicht wahrgenommen und die theologische Einsicht beeinträchtigt. Kirchengeschichtliches Wissen korrigiert idealistische und ideologische Abstraktionen in der Theologie, vor allem aber hilft es, die biblischen und dogmatischen Aussagen über die maßgebliche Besonderheit des Verhältnisses von Glaube und Geschichte, Offenbarung und Historie im Christentum als Aussagen über die tatsächliche Geschichte der Menschheit nachzuvollziehen und auszulegen.

Im Rahmen eines Leitfadens muß die Darstellung von Kirchengeschichte bestimmte Vorgegebenheiten beachten. In Forschung, Lehr- und Prüfungsbetrieb haben sich Schemata und Standards eingebürgert, nach denen die Kirchengeschichts-Themen ausgewählt, dargeboten und abgefragt werden. Daran sind die geltenden Studienordnungen und Prüfungsanforderungen ausgerichtet. Ein Arbeitsbuch für das Studium muß sich auf diese Situation einstellen. Der vorliegende Band ist in Aufriß und Auswahl entsprechend konzipiert. An einer solchen Darstellung kann freilich immer kritisiert werden, daß sie bestimmte Dinge nicht enthält oder zu kurz kommen läßt. Der Kompromiß zwischen der Lawine des »Materials« und der verfügbaren Druckseitenzahl muß einfach geschlossen werden. Ich hoffe, den rechten Ausgleich gefunden zu haben zwischen überblicksmäßiger Darstellung und ausreichender inhaltlicher Präzisierung, zwischen Lesbarkeit und komprimiertem Bericht. Der Band soll sich für Studienzwecke im engeren Sinn, aber auch als Grundinformation über die Kirchengeschichte des Altertums generell eignen.

Am Ende der Kapitel (bzw. der Abschnitte) ist jeweils dazugehörige Literatur angeführt, damit sich der Leser in Details oder auch in größerem Umfang über das Thema informieren kann. Gesamtdarstellungen und Hilfsmittel der Kirchengeschichte des Altertums sind am Ende des Buches zusammengestellt. Bei der Auswahl der Titel ist auf ihre wissenschaftliche Qualität geachtet, außerdem auf ihren Darstellungsstil und ihren Informationswert für den erwarteten Leserkreis. Allerdings steht nicht für alle Teilthemen eine wirkliche Auswahl zur Verfügung.

1 Die Anfänge der Kirche

1.1 Die Ausgangssituation

Die Kirche hat ihren Anfang in den kleinen Gruppen von Freunden, Verwandten und Anhängern Jesu von Nazaret, die nach Jesu Tod in Galiläa und Jerusalem weiterbestanden bzw. sich neu gebildet haben. Daß sich diese Gruppen (»Gemeinden«), soweit sie schon vor dem Tod Jesu existierten, auf das deprimierende Erlebnis seiner Hinrichtung hin nicht auflösten, sondern im Gegenteil ein intensives Gemeindeleben und auffällige Propagandatätigkeit entfalteten, hatte einen ungewöhnlichen Grund, über den sie selbst ausführliche Zeugnisse hinterlassen haben. Die begreifliche Lähmung, Angst und Resignation, die auf Jesu offenkundiges Scheitern und auf den Verlust ihres Rabbi hin sich zuerst ausgebreitet hatten (z. B. Mk 14,27.50; Lk 24,20f), war unerwartet in eine neue Anfangsbegeisterung umgeschlagen. Der Anlaß dazu war die Tatsache von ganz unverhofften Erfahrungen, die sie gemacht hatten und die sie in Erzählungen von völlig neuartigen Begegnungen Jesu mit ihnen (»Erscheinungen«) und in der Aussage von seiner Auferstehung von den Toten bezeugten (1 Kor 15,3–8; Mk 16,1–8; Mt 28,1–20; Lk 24,1–53 u. a.). Was sich im einzelnen ereignet hatte und wie die früheste Geschichte dieser Gruppen ablief, kann wegen der Eigenart, Spärlichkeit und Zufälligkeit der Quellen nur noch sehr begrenzt rekonstruiert werden.

Die *Quellen* für unser Wissen über die urchristliche Zeit sind die neutestamentlichen Schriften, also eine Reihe von Selbstzeugnissen dieser Christengemeinden. Für die späteren Jahrzehnte um die Wende zum 2. Jahrhundert kommen einige weitere, ebenfalls christliche Schriften hinzu, die nicht in den biblischen Kanon aufgenommen wurden; auch sie haben ihren Informationswert (die sog. »Apostolischen Väter«, s. u. Kap. 7). Außerchristliche und auch archäologische Dokumente fallen für direkte Auskünfte über die älteste Zeit nicht ins Gewicht. Die frühchristlichen Schriften müssen auf ihren Gehalt an historischen Auskünften jeweils mit angemessenen Methoden geprüft werden, da ihre primären Tendenzen auf der Ebene von Bekenntnis und Propaganda, nicht von exakter Geschichtsschreibung liegen.[1]

Darum ist uns relativ viel über die Inhalte des Glaubens und über die Theologien bekannt, die in den frühesten Gemeinden aus der Erinnerung an Jesu Leben und Predigt und unter dem Eindruck von Tod und Ostererfahrung ausgebildet wurden. Aber es sind auch wichtige historische Vorgänge oder Fakten aus ihnen erkennbar bzw. rekonstruierbar. So bezeugen geographische Angaben im Neuen Testament, daß man sich das Urchristentum von Anfang an nicht als die eine Urgemeinde nur in der Stadt Jerusalem vorstellen darf, sondern an eine Mehrzahl von geographisch verstreuten Gemeinden zu denken hat, die ihre lokalen Jesus-Erinnerungen und Jesus-Erzählungen hatten, von denen ein Teil in unsere vier Evangelien eingegangen ist.[2] Ein deutliches Beispiel ist die frühe Osterüberlieferung von Erscheinungen des Auferstandenen in Galiläa (neben Jerusalem) (Mk 14,28; 16,7). Solche Ortsangaben in alten biblischen Erzählungen sind bisweilen ein Signal dafür, daß es an diesem Ort schon früh eine Gemeinde gab, die die Jesus-Erinnerung dieses Textes aufgehoben hat.

Die Grundstimmung des Urchristentums war das begeisterte *Neuheitserlebnis*, den Anbruch des Heils der Welt jetzt zu erleben. Damit sah man die »letzten Tage« angebrochen, weil es nach jüdischer Anschauung das Ende der Welt bedeutete, wenn Gott durchgreift und die »neue Erde« schafft. Also lebte man (wie zum Teil auch das damalige Judentum) in apokalyptischer Erwartung des Weltendes. Man erwartete es ganz bald und unter dramatischen Begleitumständen menschlicher und kosmischer Katastrophen (Mk 13). Das von Jesus akut angesagte Reich Gottes (Mk 1,15) konnte nicht lange auf sich warten lassen, Jesus selbst hatte es für die allernächste Zeit angesagt (Mk 9,1). Noch dazu war jetzt der Gekreuzigte

---

[1] Siehe *F. J. Schierse*, Einleitung in das Neue Testament (Leitfaden Theologie 1), Düsseldorf ²1981.
[2] *G. Schille*, Anfänge der Kirche, München 1966.

bereits als Erster von den Toten in die Welt der Lebenden zurückgekommen; für jüdisches Denken der Zeit konnte das nur den Anfang vom Ende bedeuten. Diese *Naherwartung* als tatsächlich realistisches Rechnen mit dem schnellen Weltende verlor sich zwar noch im Laufe des 1. Jahrhunderts, bestimmte aber, solange sie lebendig war und auch noch darüber hinaus, alle Perspektiven und Interessen und auch die Intensität von Glauben und Handeln. Die urchristlichen Gemeinden sahen darum der späteren Kirche etwa ab dem 2. Jahrhundert noch sehr unähnlich. Es waren kleine Gruppen noch ohne institutionelle Regelmäßigkeiten, das heißt ohne vorrangige Sorge um Ordnungsstrukturen und amtliche Kompetenzen, ohne die Einrichtungen einer organisierten religiösen Vereinigung, weil man Einrichtungen für eine lange Dauer nicht als Notwendigkeit empfand. Notwendig war ihnen die wirkliche Bekehrung vom bisherigen Leben, die Abkehr von den Dämonen (Göttern), die Taufe als Befreiung von der todbringenden Sünde, damit zugleich die Zugehörigkeit zur Gemeinde, in der das endzeitliche Gedächtnismahl gefeiert wird, durch das man Gemeinschaft mit dem Auferstandenen und so mit dem allein wahren und rettenden Gott hat, so daß man das zweite Kommen (Parusie) des Erlösers und das Gericht als Heil zuversichtlich erwarten konnte (vgl. 1 Thess 1,9f). Da die Gemeinden in dieser Weise Welt und Geschichte als schon »abgelaufen« beurteilten und gleichzeitig überzeugt waren, im Evangelium das allein entscheidende Wissen für alle Menschen zu besitzen, konzentrierten sie sich für die verbleibende Zeitspanne einerseits darauf, ihr individuelles und gemeinschaftliches Leben radikal auf diese neuen Umstände einzustellen und andererseits möglichst viele Menschen, die noch in Unwissen oder Irrtum dahinlebten, anzuwerben und mitzuretten. Alle Wirklichkeit teilte sich für sie in Alt und Neu. Vom Alten, das heißt von der hiesigen Zeit und Welt, war für sie nichts zu erwarten. Das Alte leistete aber verstärkten Widerstand gegen Gott, bekehrte sich nicht, verfolgte die »Heiligen«, wie sich die Christen wegen ihrer Erwählung nannten. Es entstand also eine Front und Kampfsituation, die man mythisch (Dämonen, Teufel, Gottesfeinde) und moralisch (Laster, Sünde, Unglaube) beschreiben konnte.

Diese Grundrichtungen des urchristlichen Selbstverständnisses hatten handfeste Konsequenzen für das soziale Verhalten solcher Kleingruppen, mit dem sie gewollt und folgerichtig in einer (vorläufigen) gesellschaftlichen *Isolation* endeten (s. Kap. 3.1). Sie stellten bloß eine unbedeutende, verschwindende Minderheit innerhalb der Gesellschaft dar, ohne eigentliche Aussicht auf Erfolg und Anerkennung, streng auf moralische und religiöse Abgrenzung bedacht. Trotzdem waren diese Gemeinden von der festen Überzeugung getrieben, daß sich in ihnen das entscheidende Weltgeschehen abspielte. Die Wende der Geschichte von der Aussichtslosigkeit dieser Welt zum Heil für die ganze Menschheit war in der Gemeinde eingetreten. Diese Kleingruppen begriffen sich als das Zentrum des Weltgeschehens. Ihr Begriff von der eigenen Bedeutung stand in krassem Widerspruch zu ihrer sozialen und soziologischen Unbedeutendheit. Je stärker Druck und Widerstand von außen wurden, desto ungebrochener war dieses Selbstverständnis. – Daß also die Sorge um dauerhafte Einrichtungen und stabile Strukturen hier nicht aufkam, ist begreiflich. Die Notwendigkeit von Ordnung, Disziplin und Zuständigkeit im Gemeindeleben stellte sich zwar auch im Urchristentum schon ein; aber die pragmatischen Maßnahmen oder Regelungen, wie sie etwa Paulus in manchen seiner Briefe anzielte, waren noch nicht von der späteren Art (kirchen-)rechtlicher Ordnung, sondern primär an der Entfaltung der Begabungen (Charismen) in der Gemeinde und an der Einhaltung des christlichen Ethos interessiert (1 Kor 12,4–30). (Zur Verfassungsgeschichte s. Kap. 4.2.)

1.2 Das Urchristentum im Judentum

Die ersten Gemeinden stellten damit eine Gruppenbildung innerhalb des Judentums in Palästina dar, das ohnehin schon aus verschiedenen Religionsparteien bestand, so daß eine neue (innerjüdische) Richtung an sich weder eine Sensation noch ein Skandal war. Die Christen glaubten wie zuvor an den Gott Israels, ihre Bibel war die Bibel der Juden (freilich in neuer Auslegung). Daß sie ihren Messiasglauben und ihre apokalyptische Erwartung an Jesus von Nazaret banden, machte sie innerhalb des Judentums, das –

abgesehen vom biblischen Monotheismus und von der Gesetzespflicht – relativ undogmatisch war, nicht zu untragbaren Abweichlern. Denn sie lebten (wie Jesus) weiterhin in der jüdischen Praxis von Tempelkult und Gesetz (Apg 2,46; 10,14) und machten auf Außenstehende den Eindruck eben einer jüdischen Sekte (Apg 24,5.14; 28,22), nicht den einer neuen Religion. Und sie hatten wohl auch selbst keine andere Meinung von sich als die, Juden zu sein.

Sie lebten allerdings eben nach der Lehre des Juden Jesus, der ihr einziger Lehrer war. Sie praktizierten auch ganz früh schon die Taufe als Ritus der Aufnahme in ihre Gemeinschaft. Also waren sie doch eine eigenständige Gemeinde. Sie feierten in ihren Häusern das eucharistische Mahl als eine geschlossene gottesdienstliche Feier, an der nur Mitglieder dieser Gemeinde teilnehmen konnten, daneben vollzogen sie aber weiter den jüdischen Kult.

Das alles zusammengenommen sind deutliche Zeichen der Selbständigkeit und des Eigenlebens dieser Gruppe innerhalb des Judentums, aber nicht im Sinn der Abtrennung vom Judentum. Die junge Kirche begriff sich als *Ereignis innerhalb von Israel*. In ihr hatte Gottes Geist der Endzeit zu wirken begonnen, der Israel prophetisch angesagt war (Apg 2,1–21). Hier spielte sich das »Ende« der Geschichte Israels ab, insofern diese Geschichte jetzt ihr Ziel und ihre Erfüllung im Ende der Zeiten fand. Dabei verstand sich das Urchristentum als »neues« Israel, und zwar in dem Sinn, daß das »alte« Israel (nicht abgelöst, sondern) als ganzes zu diesem neuen Israel werden würde, das heißt auf den Weg Jesu und zum Glauben an ihn kommen würde. Die junge Gemeinde sah (wie Jesus: Mk 7,27/Mt 15,24) ihre Aufgabe *in* Israel, zunächst nicht darüber hinaus (vgl. Mt 10,5f). Sie hatte vom ersten Tag an diese universale Tendenz, statt einen »heiligen Rest« zu bilden, *ganz Israel* zu repräsentieren. Israels historische Verweigerung des Jesusglaubens bedeutete für die Urgemeinde darum eine krasse Desillusionierung und wurde ihr zum theologischen Problem (Röm 9–11). Die frühen Missionserfolge unter den Heiden machten den Universalismus dann neu aktuell: Man bezog ihn jetzt über Israel hinaus auf »alle Völker«.

1.3 Gruppierungen und Richtungen im Urchristentum

1.3.1 »Hebräer« und »Hellenisten«

Das Urchristentum war nicht nur geographisch gestreut, es war auch der religiösen Grundposition und Praxis nach kein einheitliches Phänomen. Und zwar betraf der damals einschneidendste Unterschied das Verhältnis der Gemeinde zum Judentum. Die Christen hatten nicht alle dieselbe jüdische Vergangenheit. Im Judentum selbst (so auch in der Synagoge von Jerusalem) gab es den Unterschied zwischen den einheimischen Juden aramäischer Sprache und den griechischsprachigen (oder zweisprachigen) Juden, die in der jüdischen Diaspora eines hellenistischen Auslandes (z. B. in Ägypten, Griechenland, Kleinasien oder Rom) gelebt hatten. Wegen ihrer Sprachverschiedenheit hatten sie verschiedene Synagogengemeinden gebildet. Man muß bei ihnen auch mit Verschiedenheiten im religiösen Verhältnis zum Land Israel, zu Tempel, Kult und Gesetz rechnen, die für den Juden in der Diaspora nicht die Rolle wie im Mutterland spielen konnten. Aus beiden Gruppen stammten nun die Mitglieder der Urgemeinde in Jerusalem, so daß sich in ihr diese Teilung wiederholte. In der Apostelgeschichte heißen die zwei Gruppen von Christen »Hebräer« und »Hellenisten« (Apg 6,1). Aus dieser lukanischen Schrift ist zu rekonstruieren, daß sie vermutlich zwei christliche (Teil-)Gemeinden bildeten und wegen der Sprachbarriere im Gottesdienst zum Beispiel wohl getrennt, in der karitativen Aktivität zum Beispiel aber gemeinsam handelten. Die Gruppe der Sieben aus Apg 6,5 mit ausschließlich griechischen Namen (Stephanus, Philippus, Prochorus, Nikanor, Timon, Parmenas, Nikolaus) stellte wahrscheinlich die Gemeindeleitung der »Hellenisten« dar, in Entsprechung zum Kollegium der Apostel in der »Hebräer«-Gemeinde. Es hat gelegentlich Schwierigkeiten zwischen beiden Gruppen der Jerusalemer Urgemeinde gegeben (Apg 6,1). Kirchengeschichtlich folgenreicher war aber, daß die christlichen »Hellenisten« in einen schwerwiegenden Konflikt mit der griechischsprachigen Synagoge der Stadt gerieten. Er spiegelt sich in der Stephanusgeschichte in Apg 6,8–7,60, hatte aber mit Sicherheit größere Ausmaße als dieser einzelne Vorgang um Stephanus. Demnach lag der Grund für den Zusammenstoß deutlich in der Lehre der christlichen Hellenisten, insofern sie ihre Auffassung vom Judentum betraf. Es ist in den Quellen erkennbar, daß dieser Teil der Jerusalemer Christen sich engagiert an eine bestimmte Linie der Predigt Jesu erinnerte, nämlich an seine Tempel- und Gesetzeskritik, mit der Jesus den etablierten Religionsbetrieb und das geläufige Gesetzesverständnis seiner Zeit (nicht die jüdische Existenz als solche) unter Protest attackiert hatte. So lautete nach Lukas die Anklage der Zeugen bzw. der Behörde gegen Stephanus auf »Lästerung« gegen Mose, Gott, Tempel und Gesetz, sogar auf die Absicht der Abschaffung von Tempel und mosaischen Bestimmungen unter Berufung auf »diesen Jesus« (Apg 6,11–14; 7,48.53). Mit der von den »Hellenisten« gepredigten Relativierung und Kritik von Tempel und Gesetz war – wie schon bei Jesus – die Grenze dessen überschritten, was die Synagogendisziplin zuließ. Die Behörden schritten ein und vertrieben diese Christen als jüdische Ketzer aus der Stadt (Apg 8,1).[3] Die beiden Gruppierungen der Urgemeinde wurden durch die Ereignisse jetzt getrennt: Die »Hellenisten« mußten Jerusalem verlassen, die »Hebräer« blieben dort. Man sieht, wie stark sie sich also voneinander unterschieden haben müssen: Die »Hebräer« boten den jüdischen Behörden eben keinen Anlaß zu Disziplinarmaßnahmen. In ihren Jesus-Überlieferungen hat die Gesetzeskritik keine vergleichbare Rolle gespielt. Im Gegenteil haben sie Jesus als den erinnert und gepredigt, der das Gesetz bis ins Detail eingeschärft hat (Mt 5,17–19). Die »Hellenisten« sind in ihrer Empfänglichkeit für die Kult- und Gesetzeskritik Jesu womöglich durch ihre jüdische Vergangenheit in der Diaspora disponiert gewesen, wo die äußeren Bedingungen in vielen Fällen zu einer liberaleren und offeneren Grundauffassung jüdischen Glaubens führen konnte, als sie im Mutterland selbstverständlich war. Jedenfalls war ihnen jetzt die Nähe zur Predigt und Nachfolge Jesu wichtiger als die zur Gesetzespraxis der jüdischen Frömmigkeit. Hier trat also eine Zweiteilung des Urchristentums von Dauer ein: Die

---

[3] Es handelt sich um die erste Christenverfolgung der Geschichte, auf die sich wohl auch die Beteiligung des Paulus (Gal 1,13) bezieht.

»Hellenisten« sahen die Verbindlichkeit von Kult und Gesetz durch Jesus aufgehoben und wurden dafür vertrieben, ohne zurückzukommen. Die »Hebräer« verbanden ihren Glauben an Jesus weiterhin mit ihrer jüdischen Observanz, blieben im Raum des Judentums toleriert und hatten dort eine begrenzte Zukunft in relativer Abkapselung von der übrigen Kirchengeschichte. So gab es noch im 2. und 3. Jahrhundert starke christliche Gruppen im Vorderen Orient, die ihr Christentum sehr jüdisch praktizierten, indem sie das Gesetz (zumindest teilweise) hielten, Mose als Prophet verehrten und Paulus, der das Gesetz »abschaffen« wollte, als »Verräter« haßten und verwarfen.[4]

Diese faktische Teilung des Urchristentums hat dann auch innerkirchlich zu einem zeitweilig schweren Konflikt geführt. Die vertriebenen »Hellenisten« haben nämlich in ihrer Mission außerhalb von Palästina unter den Heiden das Christentum ohne Judentum, das heißt ohne Gesetz und Beschneidung, praktiziert und gepredigt. Die palästinischen, weiterhin jüdisch verbliebenen Christen haben da zum Teil heftig protestiert und an Ort und Stelle interveniert, weil sie überzeugt waren, die Taufe auf Jesus setze Beschneidung und Gesetzesgehorsam voraus. *Paulus* kam nach seiner Bekehrung in diese Konfliktsituation hinein und hat sie maßgeblich zugunsten der gesetzesfreien Heidenmission zu entscheiden geholfen (Gal 2). In diesen Auseinandersetzungen hatte *Petrus* eher eine vermittelnde Rolle, während der Herrenbruder *Jakobus*, in Jerusalem die maßgebliche Autorität, energisch für die dortige Praxis plädierte. In diesem Zusammenhang steht das sogenannte *Apostelkonzil* im Jahr 48 (Gal 2; Apg 15,1–29), ein Treffen von Vertretern der verschiedenen urchristlichen Gruppen, auf dem die Einigung zustande kam, daß das Christentum unter den Heiden ohne jüdische Auflage propagiert werden solle, bei den Juden aber eben an die jüdische Praxis des Gesetzes gebunden bleiben müsse. Die Urkirche hat sich damals bewußt für *verschiedene Wege* des Evangeliums entschieden. Das hellenistische Christentum hat eine unerhörte Bedeu-

---

[4] Vergleiche z. B. *G. Strecker*, Das Judenchristentum in den Pseudoklementinen, Berlin 1958; *R. N. Longenecker*, The Christology of Early Jewish Christianity, London 1970.

tung für die weitere Geschichte und Ausbreitung des Christentums gehabt (s. u. 1.4). Aber das gilt auch für das Jerusalemer und palästinische judenchristliche Urchristentum, sogar auf griechischem Boden. Der Jesusglaube war hier im Horizont jüdischen Glaubens und Denkens entfaltet und sprach sich ganz in den Kategorien der jüdischen Heilserwartung aus. Der Grundriß des Evangeliums von Gottes Offenbarung und Heil in Jesus von Nazaret, die daraus resultierende Hoffnung der Menschen, die Verhaltensmuster christlich-sittlichen Lebens waren und blieben stark jüdisch gefärbt, ganz besonders aber die Grundformen der christlichen Liturgie (Wortgottesdienst mit Lesung, Lehre, Gebet; Mahlfeier, Taufe). Die judenchristliche Urgemeinde vererbte diese und andere wesentliche Elemente (Geschichts-, Offenbarungs-, Heilsverständnis) auch an das Heidenchristentum. Den Transfer freilich leisteten die »Hellenisten«, ihrerseits Juden der Herkunft nach.

1.3.2 Andere Richtungen

Die Ausdifferenzierung des Urchristentums in verschiedene Richtungen war nicht auf die Frage des Judentums im Christentum begrenzt. Bei vielen anderen Themen des Bekenntnisses bildeten sich ebenfalls verschiedene Auffassungen, Sprachen, Schwerpunkte heraus. Das Neue Testament spiegelt für die ersten Jahrzehnte eine große Vielfalt. Da ist zum Beispiel die synoptische, die paulinische, die johanneische Überlieferung mit jeweils individueller Christologie, Eschatologie, Ekklesiologie, Soteriologie. Das intensive Gemeindeleben der kleinen Gruppen war auffallend produktiv in der Reflexion und Interpretation des Glaubens, zumeist sehr unmittelbar auf Situation und Umfeld der einzelnen Gemeinde bezogen.[5] Ein besonders eindrucksvolles Beispiel dafür ist die christliche Gruppe, deren Existenz man aus der Quelle Q, die Matthäus und Lukas für ihre Evangelien verwerteten, erschließen muß.[6] Sie benannte Jesus mit dem apokalyptischen Namen »Men-

---

[5] Vergleiche *F. J. Schierse*, Einleitung (s. Anm. 1).
[6] Darüber *P. Hoffmann*, Die Anfänge der Theologie in der Logienquelle, in: J. Schreiner–G. Dautzenberg (Hrsg.), Gestalt und Anspruch des Neuen Testaments, Würzburg 1969, 134–152.

schensohn«, lebte also in der akuten Enderwartung; aus dem Erinnerungsvorrat an Worten Jesu hat sie vorzugsweise diejenigen gesammelt, die Güte, Barmherzigkeit, Feindesliebe, Gewaltlosigkeit und Liebe fordern und »Söhne des Friedens« zu sammeln aufrufen. Diese Christen hatten Anlaß, gerade solche Jesusworte aktuell in Erinnerung zu rufen, weil sie in Palästina in Konflikt mit denjenigen Juden gerieten, die damals den bewaffneten Widerstand gegen die römische Besatzung organisierten.[7] Sie plädierten gegen den Krieg und wurden als Kollaborateure verfolgt.[8] Das Christentum wurde schon in seinen frühen Anfängen auf verschiedenste Situationen hin aktualisiert. Aus der Betroffenheit, die es jeweils auslöste, sind die verschiedenen Formen und Sprechweisen zu erklären, in denen es historisch bezeugt ist.

1.4 Die frühe Expansion und ihre Merkmale

Schon in den ersten Jahrzehnten nach seiner Entstehung hat sich das Christentum ganz erstaunlich rasch ausgebreitet. Binnen kurzer Zeit war es in Palästina, Syrien, Kleinasien, Cypern, Griechenland, Ägypten und Rom, ohne daß für alle Gegenden bekannt wäre, wer das Christentum dorthin brachte. Hauptverantwortlich für diese schnellen Erfolge waren sicher Wandermissionare vom Typ des Paulus und seiner Mitarbeiter, die jeweils die gegründeten Gemeinden sich selbst überließen, um anderswo neue zu bilden, das heißt, in einer gewissen (apokalyptischen) Eile und Rastlosigkeit relativ große Gebiete zu erreichen suchten, wobei freilich nur (größere) Städte angezielt wurden. Paulus wollte bis nach Spanien kommen (Röm 15,24), nachdem er »von Jerusalem bis Illyrien« (im heutigen Jugoslawien) gepredigt hatte (15,19).

Den grundlegenden Anteil an dem großen Anfangserfolg haben aber die aus Jerusalem vertriebenen »Hellenisten« (s. o. 1.3.1) gehabt. Durch sie zuerst ist das Evangelium außerhalb von Palästina

---

[7] Er schlug sich nieder im Ersten Jüdischen Krieg 66–70 n. Chr.
[8] So jedenfalls im Zweiten Jüdischen Krieg 132–135 n. Chr.; s. Kap. 3.1.2. mit Anm. 7.

und vor Nichtjuden gepredigt worden (Apg 8,4f; 11,19f). Und sie predigten ein Christentum, das nicht die Übernahme von Gesetz und Beschneidung verlangte. Von besonderer Bedeutung war die judentumsfreie christliche Gemeinde in der syrischen Großstadt *Antiochien*. Das jüdische Gesetz galt hier von vornherein nicht. Eine Verwechselbarkeit mit der Synagoge in derselben Stadt war darum ausgeschlossen, so daß nach der Überlieferung die Leute hier »die Jünger« erstmals »Christen« nannten (Apg 11,26). Bedeutsam ist, daß dieses gesetzesfreie Christentum griechischsprachig war und somit überall, in den Städten und teils auch auf dem Land, verstanden werden konnte. Beide Merkmale, Gesetzesfreiheit und griechische Sprache, bedeuteten eine *universale Öffnung*, die bei einem aramäischen Judenchristentum palästinischer Prägung niemals vergleichbar gegeben gewesen wäre. Auch die weitere Ausbreitung des Christentums während der Spätantike (Kap. 2) ist nur aufgrund dieser Voraussetzungen denkbar. Das Christentum wurde zusehends eine eigene Religion neben dem Judentum.

An der Missionsetappe von Jerusalem nach Antiochien (eine Distanz von ca. 450 km), von Palästina nach Syrien, läßt sich absehen, daß die Ausbreitung nicht nur eine geographisch-quantitative Vermehrung des Christentums bedeutete, sondern auch seine Übersetzung oder *Transformation* in neue Umgebungen und Kulturräume hinein. Nicht nur das Verhältnis zu Judentum und Gesetz, auch anderes erfuhr dabei eine Entwicklung oder Veränderung, zum Beispiel das Gottesbild, das Tauf- und Eucharistieverständnis, die christologischen Aussagen, die Geistvorstellung. Jüdische bzw. biblische Kategorien wurden in der christlichen Theologie und Predigt gegen Denk- und Vorstellungsmuster ausgetauscht, die der religiösen Überlieferung der Heiden(-christen) entsprachen und ihnen eher zugänglich waren.[9] Aber ein wichtiges Merkmal blieb die Freiheit des Christseins von den rituellen und gesetzlichen Tabus des (jüdischen) Gesetzes. In dieser Version lernte Paulus das Christentum kennen, schloß sich ihm an und half, es

---

[9] Für Einzelheiten *R. Bultmann*, Theologie des Neuen Testaments, Tübingen [7]1977, 66–186.

theologisch und kirchlich durchzusetzen. Und dieses gesetzesfreie Evangelium hat sich durchgesetzt.

Bei der Ausbreitung des Urchristentums ist nicht nur die geographische und theologische, sondern auch die *soziologische Perspektive* interessant: Aus welchen Bevölkerungsschichten kamen die Taufbewerber? Eine frühere These vom proletarischen Charakter der Urgemeinde war falsch. Die frühesten Zeugnisse zeigen deutlich genug, daß von Anfang an auch Leute aus sozial gehobenen Schichten, aus gesellschaftlich ansehnlichem Status Christen geworden sind. Das Christentum war nie – extrem formuliert – eine Sklavenreligion. Es scheint, daß die Relationen zwischen den Ober-, Mittel- und Unterschichten in der frühen Kirche etwa denen in der damaligen Gesellschaft entsprachen. Daß dann eine einzelne Gemeinde im Milieu etwa der Hafenstadt Korinth eine einseitige soziale Schichtung aufwies (1 Kor 1,26f), entspricht dieser Feststellung, und selbst hier sind die Minderheiten bezeugt: In der korinthischen Gemeinde sind nach Paulus »nicht viele Gebildete ...nicht viele Einflußreiche ... nicht viele aus angesehenem Hause«, aber eben doch etliche. Eine viel größere Bedeutung als in späteren Zeiten hatten in der Frühzeit die Frauen aller sozialen Schichten für Leben und Mission der Gemeinden, wie ihre vielen namentlichen Nennungen allein in den Paulusbriefen zeigen (z. B. Röm 16,1–17).

Die geographische Ausbreitung schuf bestimmte folgenreiche Bedingungen. Zwar waren in Palästina und Kleinasien die Gemeinden ziemlich dicht gestreut, aber durchweg faßte das Christentum zuerst doch nur in den größeren Städten an den Hauptverkehrswegen, mit teils großen Entfernungen dazwischen, Fuß. So lebten die Gemeinden trotz der erfolgreichen Ausbreitung in großer Isolation und »Verlorenheit im Raum« (C. Andresen), über »die Welt« verstreut und an Ort und Stelle als Minderheit, also geographisch und sozial isoliert. Entsprechend fühlten sie sich in der »Fremde« und »Zerstreuung« (1 Petr 1,1; 2,11). Etliche Grundzüge der urchristlichen Theologie gehen auf diese für die Kleingruppen extreme Situation zurück. Innerhalb einer uninteressierten, oft auch aggressiven Umwelt (s. Kap. 3.1) bekamen die Ethik, das Weltbild, die Zukunftserwartung einer Minderheit ihr besonderes Profil, hauptsächlich an der Distanz zur »Welt«, an der Rettung aus dem Unheil bzw. am Ende der Geschichte interessiert.

1.5 Die Rückwirkungen der Umwelt auf das frühe Christentum

Man versteht das frühe Christentum und seine Geschichte nicht, wenn man von den historischen Bedingungen und den Zeitumständen absieht, unter deren Einfluß es stand. Seine Umwelt war zuallererst das *palästinische Judentum* in seiner damaligen, nachbiblischen Form. Andere Umwelt-Phänomene kamen hinzu, und es hat nicht lange gedauert, bis das Christentum seinerseits ein »Stück« seiner Epoche, der Spätantike, war. Die Integration blieb nicht oberflächlich, was ihre Rückwirkungen auf das Christentum betraf. So ist das Christentum von Anfang an eine synkretistische (»vermischte«) Religion gewesen, das heißt, von religions- und kulturgeschichtlichen Einflüssen nichtchristlicher Provenienz mitgeprägt und mitgebildet. Aus zwei Bereichen hauptsächlich kamen diese Einflüsse, die miteinander die unmittelbare Umwelt des Frühchristentums ausmachten, nämlich aus dem hellenistischen Judentum und aus der heidnischen römisch-hellenistischen Welt. Sie haben das Christentum maßgeblich mitgeprägt.

Die Beeinflussung durch das *hellenistische Judentum*[10] war darum groß, weil das Christentum nicht nur seinen Ursprung im Judentum hatte, sondern dem Judentum überall in den Mittelmeerländern auch wieder begegnete. Als Diasporajudentum war dieses nämlich »weltweit«, mit Schwerpunkten zum Beispiel in Alexandrien und Rom, verbreitet, zahlenmäßig insgesamt stärker als das Judentum Palästinas. Es war in der Diaspora wesentlich intensiver von der hellenistischen Umwelt geprägt als das Judentum des Mutterlandes und unterschied sich in Sprache und Profil von diesem. Die Nähe von Synagoge und Kirche in praktisch allen Städten des Reiches hatte nun sowohl gegenseitige Beeinflussung als auch eine

---

[10] Übersichtliche Darstellungen z. B.: *H. Hegermann*, Das hellenistische Judentum, in: J. Leipoldt–W. Grundmann (Hrsg.), Umwelt des Urchristentums I, Berlin ⁴1975, 292–345; *J. Maier*, Geschichte der jüdischen Religion, Berlin–New York 1972, 80–91.

begrenzte Solidarität der Christen mit den Juden und freilich auch gegenseitige Polemik zur Folge.[11] Die Solidarität bestand beispielsweise darin, daß die Christen, sobald sie das Alte Testament gegen heidnische Kritik in Schutz nahmen, die gemeinsame religiöse Herkunft nach außen verteidigten und so gleichzeitig das Judentum mitentlasteten. Aber die Christen waren, auch in der Apologetik, zugleich Nutznießer: Sie konnten für ihre Selbstverteidigung gegen viele heidnische Einwände auf jüdische Gegenargumente zurückgreifen, wie sie in einer umfangreichen jüdischen Propagandaliteratur vorlagen. Dies bedeutete wieder jüdischen Einfluß auf das christliche Denken. Wichtiger war noch, daß aus den Bedürfnissen des griechischsprachigen Diasporajudentums heraus in vor- und frühchristlicher Zeit *griechische Übersetzungen der jüdischen Bibel*, des »Alten Testaments« der Christen, angefertigt worden waren, vor allem die sogenannte *Septuaginta*. Die Bibel lag also in einer allgemein verständlichen Sprache vor. Das Christentum brauchte sie für seine liturgischen, katechetischen und missionarischen Zwecke nur in Gebrauch zu nehmen. Die Übersetzung ins Griechische bedeutete aber in vielen Punkten eine hellenistische Interpretation der jüdischen Bibel. Durch ihren Gebrauch wurde das Frühchristentum in seinem ohnehin schon hellenistisch veränderten Verständnis der biblischen Überlieferung zusätzlich beeinflußt und verstärkt. Es bedeutete eine Beeinflussung in derselben Richtung, daß die Christen die Auslegung der Bibel von jüdischen Schriftauslegern lernten, was die methodische Seite betraf. Von hellenistischen Juden wie dem Alexandriner Philon (frühes 1. Jh. n. Chr.) übernahmen die Christen die Methode der Allegorese, mit der über den Buchstaben der Bibel hinaus ein tieferer, »geistiger«, »eigentlicher« Schriftsinn gefunden wurde. Von Paulus bis in die Neuzeit hinein reicht dieser Einfluß. Zur Zeit der Alten Kirche ermöglichte die Allegorese eine Vermittlung zwischen der Bibel und den philosophischen Denkmustern, in denen die christliche Theologie konzipiert wurde. – Das Judentum der Diaspora hat die biblisch-jüdischen Aussagen in die griechische

---

[11] *J. Maier*, Jüdische Auseinandersetzung mit dem Christentum in der Antike, Darmstadt 1982.

Sprache und ins hellenistische Denken übersetzt und dabei Wege geebnet, die für das junge Christentum unerhört wichtig wurden. Und auch thematisch setzte es Maßstäbe, die in die christliche Missionspredigt übernommen wurden: Das Zeugnis vom *Monotheismus*, die Angabe des wahren *Weges der Frömmigkeit* und die Eröffnung von *Hoffnung* für alles menschliche Leben sind die »Eckwerte« biblischer Verkündigung, die von den Christen dann christlich auszufüllen waren. Vom Einfluß im Bereich der Liturgie war schon die Rede.

Ganz anderer Art waren die Einwirkungen seitens der *griechisch-römischen Antike*.[12] So war es sehr ausschlaggebend, daß das Christentum in einer politischen Ordnung Fuß fassen mußte, die bestimmte religiöse und totalitäre Ansprüche stellte. Das Christentum entstand in der Zeit, als Rom sich nach der militärischen Besetzung des östlichen Mittelmeerraumes als das universale und endgültige Imperium proklamierte und als sich infolge derselben Ereignisse die griechisch-römische Gesamtkultur des Hellenismus[13] in Religion, Philosophie, Staats- und Gesellschaftsform, Recht, Wirtschaft und Handel umfassender abzeichnete. Die politischen Vorgänge wurden von den Römern damals religiös als Erfüllung göttlicher Vorsehung gedeutet, in der die römische Ordnung als dauerhafte Weltordnung vorgesehen ist. Das römische Imperium wurde hier also mit dem Anspruch auf Totalität und mit religiösem Nimbus (Roma aeterna; Pax Romana) ausgestattet. In der Institution des Kaisertums fand diese Ideologie um die Zeitenwende eine neue religiöse Ausdrucksform: In Anknüpfung an hellenistische politische Ideen wurde der Kaiser zum Repräsentanten der Gottheit erhoben bzw. die politische Instanz divinisiert. Von da leitet sich der sogenannte *Kaiserkult* mit dem politisch-religiösen Postulat des Kultaktes durch die Bürger ab.

Der Kaiserkult gehört künftig mit wechselndem Nachdruck zur offiziellen *Religion* des Staates, die aber hauptsächlich in den Götterkulten der antiken Religion bestand. Das Christentum war mit ei-

---

[12] Eine prägnante Information bei *O. Gigon*, Die antike Kultur und das Christentum, Darmstadt ²1969.
[13] Über die Verwendbarkeit dieses Begriffs *R. Bichler*, ›Hellenismus‹. Geschichte und Problematik eines Epochenbegriffs, Darmstadt 1983.

nem religiös vitalen Heidentum konfrontiert, nicht mit einer morbiden, ausgelaugten Religion (obwohl die überkommenen Anschauungen infolge aufklärerischer Ideen in Dichtung und Philosophie damals nicht mehr fraglos galten). Es gab jedenfalls lebendige Traditionen und auch Innovationen im kultischen Bereich. Religion beherrschte das private und öffentliche Leben. Die Menschen lebten im Rhythmus der religiösen Feste und in einer Welt voller göttlicher und dämonischer Kräfte. Dabei pflegte der Staat sorgfältig seine sakralen Institutionen, Tempel, Priester und Kulte. Denn die Religion war als Pflichterfüllung gegen die Götter, auf die das Reich für sein Gedeihen (salus publica) angewiesen war, in erster Linie Sache des Staates, der sie einfordern konnte. So ist einer der bezeichnendsten Züge der kaiserzeitlichen römischen Religion, daß sie *Loyalitätsreligion* war. Staatsinteresse und Götterkult waren voneinander nicht zu trennen. Vom Bürger wurde die Beteiligung erwartet und gegebenenfalls gefordert. Über diese Pflicht hinaus war ihm aber ein großer Toleranzraum gelassen, was seine Überzeugung und seine Vorstellung bezüglich der Religion betraf. – Aus der Beschreibung der heidnischen Welt sind bereits die Probleme abzusehen, die dem Christentum daraus entstanden und ihre Rückwirkungen auf seine Entfaltung ausübten (Kap. 3.1). Die Staatsreligion deckte das öffentliche Interesse an der Religion als der kultischen Absicherung der Politik ab; sie kam aber nicht in gleicher Weise den religiösen Bedürfnissen des einzelnen Menschen nach. Es gab Alternativen für ihn zum Staatskult, vor allem die sogenannten *Mysterienreligionen*, das heißt bestimmte Kulte griechischer Herkunft (z. B. eleusinische, orphische und dionysische Mysterien), die zur Zeit des Urchristentums viel Resonanz fanden. In bestimmten Zeremonien wurde der einzelne in einen geschlossenen Kreis bevorzugter Eingeweihter (Mysten) aufgenommen, wo er in kultischer Begehung die Schau (epopteia) göttlicher Dinge erfuhr, dadurch nicht nur Einblick, sondern auch Zutritt in die göttliche Jenseitigkeit bekam und in teils seltsamen Riten seine Vergottung erlebte, das heißt, seines Heils gewiß wurde. Nur Umrisse und wenige Details sind darüber bekannt, weil diese Kultgemeinschaften ihre Mitglieder auf strenge Arkandisziplin, das heißt auf Geheimhaltung der Essentials (Riten, Kultformeln, heilige Gegenstände und Schriften, kultisches Wissen) verpflichteten. Der Alternativcharakter zur anonymen Staatsreligion liegt auf der Hand: Hier erfährt der einzelne Mensch im kleinen Raum einer esoterisch abgeschirmten Gruppe (Gemeinde) im Ritus sehr handgreiflich die Erfüllung seiner religiösen Bedürfnisse in der Geborgenheit durch Zugehörigkeit und im Heilsbesitz durch kultische Begehung und Vorwegnahme. Während die offizielle römische Religiosität als die klassische Tradition der Vorfahren die »Weltanschauung« und Kultur der Oberschichten ausmachte, haben wir in den Mysterien eher etwas von der religiösen Welt der kleinen Leute vor uns. Infolge der größeren religiösen und emotionalen Attraktivität scheint eine Konkurrenz zur Staatsreligion empfunden worden zu sein. Jedenfalls gab es von seiten des Staates Mißtrauen, auch Maßnahmen gegen solche der öffentlichen Kontrolle sich entziehenden Geheimkulte [14] und eine Polemik, die der gegen die Christen sehr ähnlich war. – Das Verhältnis der Christen zu den Mysterien war zwiespältig. Sie setzten sich in scharfer Kritik von ihnen ab, beschrieben sie als Wirkungsbereich der Dämonen usw., bewiesen darin aber zugleich tiefsitzende Sympathien. Denn parallele religiöse Züge zwischen den Mysterien und dem Christentum sind nicht zu übersehen und nicht zu bestreiten. Die Gemeindestruktur, die Heilszusage an den einzelnen, seine ihm individuell geltende Hoffnung, kultische Erfahrung und Begehung und anderes mehr bedeutete eine beachtliche Affinität. Und die Christen entlehnten auch etliche, besonders kultsprachliche Elemente, so den Begriff »Mysterium« für das Kultgeschehen und für die Heilsoffenbarung insgesamt, »Weihe« oder »Einweihung« für die Aufnahme in die Gemeinde, außerdem aber Elemente des realistischen Kultverständnisses oder auch die Arkandisziplin (dazu Kap. 4.4). Es gab also eine Beeinflussung, aber die Abhängigkeit des Christentums war (wie auch die Bedeutung der Mysterienreligionen generell) begrenzt.

Mit all diesen Formen von Fremdreligion hatte das Christentum zu tun: mit der klassisch-antiken Religion, dem Staats- und Kaiser-

---

[14] Ein Senatsbeschluß verbot im Jahr 186 v. Chr. die Bakchanalien, einen dionysischen Kult.

kult, den Mysterien oder orientalischen Religionen. Das hinterließ tiefe Spuren von Synkretismus (= Verschmelzung verschiedener religiöser Phänomene) in Theologie, Lebensstrukturen und Selbstverständnis der jungen Kirche. Als einzige unter den alten und neuen Religionen dieser Epoche haben das Judentum und das Christentum die Spätantike überlebt.

Literatur

Blank, J., Der historische Jesus und die Kirche, in: Wort und Wahrheit 26 (1971), 291–307

Blank, J., Probleme einer »Geschichte des Urchristentums«, in: Ders., Vom Urchristentum zur Kirche, München 1982, 15–59

Brox, N., Profile des Christentums in seiner frühesten Epoche, in: Concilium 7 (1971), 471–479

Conzelmann, H., Geschichte des Urchristentums, Göttingen ³1976

Kee, H. C., Das frühe Christentum in soziologischer Sicht. Methoden und Anstöße, Göttingen 1982

Kraft, H., Die Entstehung des Christentums, Darmstadt 1981

Meeks, W. A. (Hrsg.), Zur Soziologie des Urchristentums. Ausgewählte Beiträge zum frühchristlichen Gemeinschaftsleben in seiner gesellschaftlichen Umwelt, München 1979

Müller, K. (Hrsg.), Die Aktion Jesu und die Re-Aktion der Kirche, Würzburg u. a. 1972

Schneemelcher, W., Das Urchristentum, Stuttgart–Berlin–Köln–Mainz 1981

Venetz, H.-J., So fing es mit der Kirche an. Ein Blick in das Neue Testament, Zürich 1981

2 Die Geschichte von Mission und Bekehrung

2.1 Anfang und Anlaß der Ausbreitung

Die neu gewonnene Überzeugung des Urchristentums, daß im Glauben an Jesus Christus die alleinige Heilschance für jeden Menschen liege, gleich wo und wann er lebt, ist Basis und Motor der christlichen Mission gewesen. Dabei stand die früheste Kirche wegen ihres apokalyptischen Weltbildes (Enderwartung) unter dem Druck, daß für die vollständige Verbreitung des Evangeliums die Zeit bis zum baldigen Weltende zu kurz sein könnte (vgl. Mt 10,23) oder daß die Weltmission zum Ziel gebracht werden müsse, weil erst dann das Ende kommen könne (Mt 24,14). Von solchen und ähnlichen Vorstellungen her erklären sich der enorme Ausbreitungsdrang und das Sendungsbewußtsein der frühen Kirche bei ihrer erfolgreichen Mission. Die weltweite Zielsetzung schon der urchristlichen Expansion (z. B. Röm 10,18; Mt 28,19; Offb 7,9) ist im Laufe der Geschichte in einem religionsgeschichtlich singulären Ausmaß realisiert worden. Der Erfolg hatte seinen Grund in dem besonderen Charakter des Christentums als Erlösungsreligion. Der historische Anfang zu dieser Ausbreitung ist im Wachstum der innerpalästinischen Gemeinden zu sehen (wobei Zahlenangaben wie Apg 2,41; 4,4 freilich symbolischen Wert haben). Aber der ganz entscheidende erste Schritt zur »Weltmission« wurde von den Jerusalemer »Hellenisten« getan, als sie nach ihrer Vertreibung aus der Stadt über Palästina hinausgingen und jenseits der Grenzen predigten (Kap. 1.3 u. 1.4). Der Anstoß dazu war nicht eine kirchliche Initiative und Organisation (seitens der Apostel oder ähnlich), sondern eben die Vertreibung eines Teils der Urgemeinde aus Jerusalem. Auf diese einerseits erzwungene, andererseits spontan genutzte Weise kam die Expansion ursprünglich in Gang. Überlieferte Namen von Trägern der Mission außerhalb des Judentums sind die von »Hellenisten« wie Philippus, Barnabas und Paulus; die ersten und die meisten von ihnen sind uns aber unbekannt.

Die Alte Kirche hat sich allerdings bald ein sehr anderes Bild von den Vorgängen gemacht. Weil die Bibeltexte Mt 28,19; Mk 16,20; Apg 1,8 die Weltmission als Auftrag an die zwölf Apostel beschreiben, hielt man die Mission für eine Aufgabe nur der Apostel, nicht der späteren Kirche. Die Apostel, so dachte man folgerichtig, haben diese Aufgabe erfüllt und das Evangelium »bis an die Grenzen der Erde« gebracht. Die Aufgabe der gegenwärtigen Kirche ist das nicht mehr. Die Welt ist längst entscheidend verändert und für das Weltende bereitet, weil alle das Evangelium gehört haben.[1] Diese weitverbreitete, legendäre Vorstellung hat die meisten historischen Realitäten und Namen der tatsächlichen frühen Missionsgeschichte überdeckt und aus der Erinnerung gelöscht.

2.2 Geographische Umschreibung der Ausbreitung

Das Christentum ist nach seinem erstaunlichen Anfangserfolg ohne große Rückschläge und Stillstand stetig gewachsen und konnte sich in etlichen Phasen besonders sprunghaft vergrößern. Eine der deutlichen Erfolgsperioden scheint gegen Ende des 2. Jahrhunderts (unter Kaiser Commodus, 180–192) gewesen zu sein, eine weitere ganz besondere in der zweiten Hälfte des 3. Jahrhunderts, als das Christentum eine Größenordnung erreichte, auf die hin man von einer Massenbewegung reden muß. Keine der gleichzeitigen Religionen hatte eine vergleichbare Durchsetzungsgeschichte. Mit diesen Erfolgen ist auch die sich steigernde Reaktion der Öffentlichkeit auf die Existenz des Christentums zu erklären (Kap. 3.1 u. 3.2). Wenn man die Verbreitung des Christentums geographisch überblicken will, muß man chronologisch verschiedene Phasen mit den jeweiligen Fortschritten unterscheiden. Generell sind viele Daten unsicher, weil die historischen Quellen in vielen Punkten lückenhaft, undeutlich und zufällig sind.

Mit Sicherheit läßt sich angeben, daß es am *Ende des 1. Jahrhunderts* christliche Gemeinden in Palästina, Syrien, auf Zypern, im gesamten Kleinasien, in Griechenland und in Rom gab; mehr oder weniger unsicher ist so frühes Christentum in Alexandrien (Ägyp-

---

[1] Darüber *N. Brox*, Zur christlichen Mission, 192–215.

ten), Illyrien und Dalmatien (= heutiges Jugoslawien), Gallien und Spanien. Bis zum *Ende des 2. Jahrhunderts* sind ganz bedeutende Kirchen dazugekommen. Außer weiteren Ortskirchen in den eben genannten Gebieten hat das Christentum inzwischen Gemeinden gründen können in Ostsyrien, Mesopotamien, Ägypten, Unteritalien, Gallien, Germanien, Spanien und besonders in Nordafrika (= heutiges Tunesien, Algerien, Marokko, Libyen); dabei ist die Ausbreitung im Westen ganz offensichtlich nicht von Rom, sondern vom Osten, besonders von Kleinasien ausgegangen. Mit guten Gründen wird für das Ende des 2. Jahrhunderts mit Gemeinden in Trier, Mainz und Köln gerechnet. – Im 2. Jahrhundert ist aber auch ein Verlust zu nennen: Nachdem die Judenchristen Palästinas im Ersten Jüdischen Krieg (66–70) vertrieben, dann aber nach Jerusalem zurückgekehrt waren, mußten sie nach dem Bar-Kochba-Aufstand, dem Zweiten Jüdischen Krieg gegen die Römer (132–135), als Beschnittene das Land verlassen, was das vorläufige Ende dieser Kirche bedeutete. Auch in Palästina gab es jetzt nur Heidenchristentum. – Bis zur *Wende zum 4. Jahrhundert* hat das Christentum beträchtlich hinzugewonnen, nicht nur extensiv, sondern auch innerhalb der Stammgebiete. Die Kirche von Alexandrien ist mit bedeutenden Bischöfen und Theologen im Umland und darüber hinaus (auch missionarisch) sehr einflußreich geworden; in den Landgebieten Ägyptens gibt es jetzt bodenständiges (koptisches) Christentum. Christentum gibt es auch im nördlichen Arabien (östlich des Jordan). In Syrien bekommt die Kirche von Antiochien durch ihre Theologie, durch dortige Synoden und durch ihre Missions-Initiativen in Armenien, Mesopotamien und Persien besondere Bedeutung. Armenien hat am Anfang des 4. Jahrhunderts offenbar ein starkes Christentum. In Kleinasien ging die Mission auf dem Land weiter. Außerdem trifft man die Christen jetzt in vielen politischen Funktionen, was auf einen hohen Anteil an der Gesamtbevölkerung der Städte schließen läßt. Nicht so extensiv und intensiv war die Christianisierung in Griechenland. Auch auf dem Balkan und in den Donauprovinzen scheint die Mission nicht gerade zügig vorangekommen zu sein. Die Gemeinde in Rom dagegen mußte sich teilen, weil sie stark gewachsen war: Man rechnet mit Zehntausenden von Christen dort. Auch in Mittel- und

Unteritalien gibt es jetzt, wohl noch in spärlicher Zahl, Gemeinden. In Norditalien ist Christentum nur für einige Städte wie Ravenna, Aquileja, Mailand bezeugt. Dasselbe gilt für Sardinien und Sizilien. Die afrikanische Kirche hat den Rang einer der größten Teilkirchen mit entsprechend ausgeprägtem Selbstbewußtsein erlangt. Für Spanien, Gallien, Germanien (Xanten) sind genaue Angaben schwierig. Britannien kommt jetzt dazu.

Die Angabe absoluter Zahlen von Christen wäre problematisch, wir kennen nicht einmal die Gesamtzahl der Bevölkerung in den Städten. Aber mehr als die Hälfte davon werden die Christen zu dieser Zeit kaum irgendwo erreicht haben.

Aus dem Status der Minorität ist die Kirche erst in der *konstantinischen Zeit* herausgekommen. Für die Mitte des 5. Jahrhunderts kann man wahrscheinlich von einer geschlossen christlichen Reichsbevölkerung reden, neben der es heidnische und jüdische Minderheiten gab. Ab dem 4. Jahrhundert wurde in größerem Stil auch das flache Land missioniert. Infolge der neuen Bedingungen (s. Kap. 3.2) gab es in dieser Ära freilich vergleichsweise leichte Erfolge; Anschluß ans Christentum lag jetzt stärker im Trend als je. Die Kirche bekam ihre pastoralen Probleme mit den Folgen der Opportunität der Bekehrung. Neu ist die Mission in Äthiopien und die der nestorianischen Christen (s. Kap. 8.6 u. 8.7) bis zum Persischen Golf und bis Nordindien. Christentum gibt es im 4. Jahrhundert an der unteren Donau (= Rumänien, Bulgarien). In Jugoslawien und auch in Griechenland setzt sich die Ausbreitung fort. Das heutige Niederösterreich und Oberitalien werden in reichskirchlicher Zeit erfaßt, die Alpentäler im 5. Jahrhundert, der süddeutsche Raum ebenfalls.[2] Gallien gewann jetzt kirchlich an Bedeutung. Insgesamt blieb die Mission mühsam, zögernd, und mit der Taufe des einzelnen war oft erst der Anfang (statt der Erfolg) der Mission erreicht.

---

[2] Darüber P. *Stockmeier*, Aspekte zur Frühgeschichte des Christentums in Bayern, in: Bavaria Christiana. Zur Frühgeschichte des Christentums in Bayern (FS A. W. Ziegler), hrsg. von W. Gessel und P. Stockmeier, München 1973, 11–35.

2.3 Soziologische Daten zur Mission

Für die Mission spielten soziologische Gegebenheiten der Zeit natürlich ihre Rolle. In der Regel waren die Menschen der hellenistischen Welt in eine stabile, funktionstüchtige *Familienstruktur* eingebunden, die vom Hausvater patriarchalisch gehandhabt wurde und in stark hierarchischem Gefälle die Rolle des einzelnen Familienmitglieds präjudizierte und ihm seine Entscheidungen (beispielsweise sozialer oder religiöser Art) weitgehend abnahm. Die von Haus aus ebenfalls patriarchalisch orientierten Juden lebten in der Diaspora im Familienverband derselben Art. Für die christliche Mission hatte diese Sozialstruktur verschiedene Folgen. Entweder gelang ihr, was im Neuen Testament und später wiederholt berichtet wird, daß ein Mann »zum Glauben kam mit seinem ganzen Haus« (Apg 18,8), da er die Entscheidungen für die Familie samt Gesinde (Sklaven) mittraf. Oder es war eben besonders schwierig, einzelne Menschen aus der Einbindung in die Familie, religiös und zugleich sozial, »herauszubrechen«. Im ersten Fall vollzog sich die Christianisierung einer Familie dann schlagartig, innerhalb einer einzigen Generation, was also angebahnt war durch den Familienverband (vgl. 1 Kor 1,16; Apg 11,14; 16,15.31– 33). Neben den vielen Konversionen von einzelnen war dies ein regelmäßiges Phänomen in der Mission. Das dürfte aber in jüdischen Häusern öfter der Fall gewesen sein als in heidnischen; von Heiden ist nämlich mehrfach die zweite Folge bekannt, daß zuerst etwa nur die Frauen gewonnen werden konnten (und Ehen dadurch in die Krise gerieten) oder nur die Hausangestellten (nicht ihre Herrschaften) Christen waren oder das Haus nur sukzessiv und vielleicht nur unvollständig christianisiert wurde. In diesem Fall war der Verband der Familie eine Missionsbarriere, weil der einzelne nur schwer aus ihm ausscheren konnte. Aber sicher gab es auch Familienbekehrungen von Heiden.

Das Christentum erzielte einen beträchtlichen Teil seines Missionserfolgs auf Kosten des Judentums. Die sogenannten »Gottesfürchtigen« und Proselyten (zum Judentum konvertierte Heiden) wechselten besonders leicht und häufig von der Synagoge zum Christentum. Sie gehörten sozial zu den *mittleren* und *gehobenen*

Schichten, prägten also das Bild der Missionsgemeinden entsprechend.

In den hellenistisch-römischen Städten gewann das Christentum auch aus der heidnischen Gesellschaft Taufbewerber der *oberen Schichten*. Reiche und Arme, Prominente und einfache Leute sind in den Quellen als Christen bezeugt (vgl. Kap. 1.4 für das Urchristentum). Bedeutend für die soziale Optik und Attraktivität des Christentums war es, daß (schon in vorkonstantinischer Zeit) ständig zunehmend Christen in *mittleren* und *hohen Positionen* von Politik und Verwaltung tätig waren. Auch geistig *Gebildete*, Philosophen und Historiker, waren bald unter den Christen. Allerdings bildeten *Mittelstand* und *Unterschicht* der städtischen Bevölkerung, nämlich Handwerker, Kaufleute, Sklaven, den Hauptanteil der Christengemeinde.

Noch signifikanter als die soziologische Zusammensetzung der frühen Kirche als solche ist die Tatsache, daß das Christentum innerhalb der Gemeinden die krassen sozialen Unterschiede, die in der Gesellschaft bestanden, *integrieren* konnte, ohne daß die Gemeinden daran auseinanderbrachen. Freilich liegen vielen Konflikten, die im Laufe der Zeit als Schismen die Kirche belastet haben, auch soziale Probleme zugrunde. Außerdem hatte die christliche Mission auch ihre wirtschaftlichen Voraussetzungen, Begleitumstände und Folgeerscheinungen, die allerdings so gut wie nicht erforscht sind. Aber bezeichnend ist für das frühe Christentum in soziologischer Hinsicht nicht eine Einseitigkeit in der Zusammensetzung, sondern die *Annullierung sozialer Grenzen* durch neue Wertsetzungen (gleichzeitig allerdings auch das Fehlen von Sozialkritik oder sozialem Reformwillen gegenüber den bestehenden gesellschaftlichen Verhältnissen). Die Bedeutungslosigkeit sozialer Unterschiede innerhalb der Kirche wurde zum Beispiel in der sehr unkonventionellen Gleichstellung der Sklaven und Frauen praktiziert, unter denen die Mission offenbar auffallend erfolgreich war.

2.4 *Günstige und ungünstige Bedingungen*

Es gab Umstände, die die christliche Mission erleichtert und beschleunigt haben, und andere, die sie erschwert und behindert haben. Die Anfänge sprachen nicht für den Erfolg. Eine zahlenmäßig kleine religiöse Bewegung aus dem politisch und kulturell völlig unbedeutenden Judenvolk am östlichen Rand des Imperiums entsprach mit ihrem neuen »Aberglauben« durchaus nicht den Standards einer seriösen Religion. Trotzdem kam ihrer Ausbreitung vieles entgegen.

Zu den ausgesprochen günstigen Bedingungen gehört die *Pax Romana*, das heißt die politisch stabile Lage der damaligen Welt unter dem autoritären Regime der Römer und der wirksamen Kontrolle ihrer Weltmacht, die mit Staats- und Militärgewalt die Völker in sicheren Grenzen befriedet hielt und in einem großen Verwaltungssystem einte. Zusammen mit dem exzellenten Netz von römischen Straßen, die eine für damalige Verkehrsverhältnisse unerhörte Beweglichkeit über die großen Distanzen des Reiches ermöglichten, bedeutete das den großen Vorteil, daß sich ohne das Hindernis von nationalen Grenzen und auf gesicherten Verkehrswegen eine vielfältige Kommunikation und Mobilität abspielte. Davon profitierte auch das Christentum und breitete sich vor allem entlang den Verkehrswegen aus.

Die politisch-militärisch geeinte Welt war auch kulturell geschlossen. Die *hellenistische Kultur* in Religion und Denken (Philosophie) prägte über nationale, ethnische, religionsgeschichtliche Differenzen hinweg einheitlich fast den gesamten Bereich des Imperiums. Das bedeutete, daß die christliche Mission praktisch überall mit den gleichen Abgrenzungen oder Vermittlungsproblemen der christlichen Lehre zu tun hatte und eben einer relativ einheitlichen Welt gegenüberstand bzw. zugehörte. Es genügte dem Christentum, sich in die Sprache und Denkform dieser einen Kultur zu übersetzen, um »überall« verstanden zu werden. Die *griechische Sprache* wurde zur Zeit des entstehenden Christentums vom Vorderen Orient bis in den Westen hinein als Verkehrssprache gesprochen. Das Christentum konnte von Palästina bis Spanien in einer einzigen Sprache gepredigt werden. Das wirkte sich für eine rasche Ausbreitung äußerst günstig aus. Ein anderer Effekt war allerdings, daß das Christentum Stadtreligion wurde und dies lange blieb, weil die »Weltsprache« Griechisch in den meisten Reichsgebieten nur in den Städten, nicht aber auf dem Land verstanden wurde. Dort sprach man zwischen Euphrat und Gallien, Ägypten und Britannien eine Unzahl von Volkssprachen. Im Westen wurde das Griechische im 2./3. Jahrhundert dann abgelöst vom Lateinischen, in Ägypten vom Koptischen usw. Trotzdem bleibt es bei dem beschriebenen Vorteil. Hauptsächlich in den beiden Kultursprachen Griechisch und Latein hat das Christentum sich dann weiterhin artikuliert. Das bedeutete Anschluß an Kultur und Bildung, Vermeidung von Atomisierung in viele Sprachen, Möglichkeit von Korrespondenz und Information, aber eben auch die große Barriere für die Mission auf dem Land.

Das Ideengut dieser politisch-gesellschaftlich-kulturellen Einheit der damaligen Welt hat in den Zeitgenossen den Gedanken von der *Einheit des Menschengeschlechts* in einer umfassenden Zusammengehörigkeit aller Menschen geweckt, den das Christentum aufgegriffen und mit dem Evangelium vom umfassenden Heil des einen Gottes für die gesamte Menschheit und von der künftigen Einheit der Nationen verbunden hat.

Ein Grund für den Erfolg der frühchristlichen Mission liegt auch beim *Judentum*. Das Diasporajudentum hat selbst intensiv und erfolgreich Mission betrieben. Die Erfolge rührten daher, daß dieses Judentum in der Lage war, sich als eine universale (nicht mehr eng völkisch-nationale) Religion zu präsentieren, als die Religion vom Gott aller Menschen, der in seinen Geboten das für alle geltende Sittengesetz, den Weg des Lebens, gegeben hat. Der Schwerpunkt war vom Ritus und Kult auf die Ethik verlegt. Das Judentum bot sich auch als »Philosophie« an, die den Fragen des denkenden Menschen genügt und als Offenbarungsreligion mit dem Nimbus alter Weisheit aus ehrwürdigen Büchern auftrat. Der jüdischen Mission mit diesen Akzenten folgte die christliche nach. Sie ergriff dieselben Chancen, machte es nach. Das weltweit vorhandene und werbende Judentum stellte eine nicht zu unterschätzende günstige Bedingung für die christliche Mission dar. Nicht nur, weil die christlichen Prediger überall jüdische Synagogengemeinden vorfanden, in denen sie mit Erfolg warben, sondern weil das Gottesbild, die Ethik, die Gemeinde-Existenz, der Besitz der Bibel und anderes faktisch sich als eine Vorarbeit oder Brückenfunktion für die christliche Mission erwiesen hat, von der die jüdische Mission dann bald überholt wurde.

Zu den günstigen Bedingungen zählt weiter die *religiöse Toleranz* des römischen Staates. Das Aufkommen einer neuen Religion wie des Christentums war unter der römischen Religionsauffassung und Religionspolitik durchaus möglich, allerdings mit der Auflage, daß die religiöse Bürgerpflicht gegenüber dem Staatskult erfüllt wurde (s. Kap. 3). Es gab keine prinzipiellen Einschränkungen nicht-römischer Religionen. Indirekt förderlich wirkte sich im 3. Jahrhundert sicherlich auch die *Weltkrise* aus, die das Reich aufgrund militärischer, wirtschaftlicher und epidemischer Katastrophen erlebte. Das Christentum hatte angesichts der um sich greifenden Verunsicherung den Vorteil eindeutiger Aussagen über Welt und Geschichte, der Sicherheit seiner Heilsvorstellung, der Klarheit des Zukunftsbildes und der Lebensdirektiven, womit es sicher viele anzog.

Es gab aber auch *ungünstige Bedingungen*. Dazu gehören die antichristlichen Pogrome und *Verfolgungen* (s. Kap. 3.1.2), die die kirchlichen Aktivitäten zeitweilig stark behinderten, den Fortbestand und erst recht die weitere Verbreitung des Christentums unterbinden wollten, unter den Leuten natürlich auch Angst vor dem Anschluß ans Christentum erzeugen mußten und die Schwäche vieler (abfallender) Christen offenbarten. Schließlich lagen in der *Lehre* oder Theologie des Christentums natürlich viele Schwellen, über die ein Heide oder Jude nur schwer ging. Viele Inhalte waren für ihn schlechthin absurd (z. B. Monotheismus, Menschwerdung Gottes, Geschichte als Offenbarung, Auferstehungsvorstellung). Die christliche Predigt enthielt also an sich eine Reihe von Schwierigkeiten, weil sie mit vielen Anschauungen überkommener Art kollidierte. Auch die äußere Erscheinungsform des Christentums, zum Beispiel daß es (anfangs) keine Tempel, Altäre und (Götter-) Bilder hatte, wie die Heiden kritisch bemerkten, sprach gegen das Christentum, weil ihm damit die Merkmale der (Kult-)Religion fehlten.[3] Und der als penetrant empfundene Exklusivanspruch der

---

[3] Näheres bei *N. Brox*, Zum Vorwurf des Atheismus gegen die alte Kirche, in: Trierer Theol. Zeitschrift 75 (1966), 150–158.

Christen auf die Wahrheit war, wie vieles weitere, unter Umständen sehr abstoßend. Außerdem wirkten sich die vielen internen Streitereien und Spaltungen und jede Unzulänglichkeit im Christentum negativ aus.

2.5 Methoden, Predigt, Bekehrungsmotive

Es geht hier um die praktischen Wege, Mittel und Motive in der Missionsgeschichte, die zu den zahlreichen Konversionen zum Christentum geführt haben. In den ersten Jahrzehnten hatten christliche Wanderprediger die Mission zu ihrer ausschließlichen Aufgabe gemacht und waren die eigentlichen Träger der christlichen Ausbreitung. Da gab es tatsächlich »Spezialisten« der Mission. Man muß sie sich nach Mt 10,9–14 mit recht auffälligen Verhaltensweisen aus religiöser Inspiration vorstellen. Es scheint sie aber nur bis ins 3. Jahrhundert gegeben zu haben,[4] danach höchstens noch vereinzelt. Der Typ dieses Missionars starb aus, aber Mission und Ausbreitung des Christentums gab es trotzdem weiterhin.
Die Werbung für das Christentum war nämlich auf anderen Wegen intensiv und erfolgreich. Sie ging ganz offensichtlich in erster Linie einfach über die Präsenz der Christen vor sich. Durch ihren deutlich veränderten Lebensstil, durch ihr Reden über den neuen Glauben und mit ihrem Gemeindeleben machten die Christen öffentlich auf sich aufmerksam. Die vielfachen sozialen Kontakte des täglichen Lebens wirkten sich »ansteckend« aus. An dieser Art Werbung waren praktisch alle Christen beteiligt, insofern ihr Christsein andere Menschen hinhören ließ und überzeugen konnte. Folglich entstand Christentum überall, wohin Christen kamen: als Seeleute, Auswanderer, reisende Kaufleute, als Beamte, Soldaten, Sklaven oder Kriegsgefangene. Mission war in den ersten Jahrhunderten somit nicht (wie auch im Urchristentum schon nicht allein) eine Sache von Predigt, »Berufsmissionaren« und Organisation, sondern ganz direkt die Folgeerscheinung des Zusammenlebens von Christen und Nichtchristen. Kirchengeschichte *ist* hier Missionsgeschichte.

---

[4] Didache 11–13; Origenes, Contra Celsum III 9.

Diese Art Werbung reichte von der untersten sozialen Ebene (Kontakte innerhalb der Dienst- und Arbeitsverhältnisse) über Beziehungen im Geschäfts- und sogenannten Gesellschaftsleben bis in den Bereich der Kultur (Schule, Philosophie, Literatur). Die unauffällige und darum unkontrollierbare Werbung auf der »untersten« Ebene war besonders erfolgreich. Die Abwerbung von Unmündigen durch christliches Gesinde (Haussklaven) und die auffällige Fortpflanzung des neuen Aberglaubens (wie die Heiden sagten) unter den Abhängigen haben dem Christentum bei besorgten Heiden den Ruf des Subversiven und Rebellischen gegenüber bewährter Überlieferung und ehrwürdiger Religion und Ordnung eingebracht.[5]

Von Programm und Methode der Mission im engeren Sinn kann ab dem späten 2. Jahrhundert also nicht die Rede sein. Für heutige Vorstellungen ist es merkwürdig, daß die Alte Kirche eine geplante Initiative und Organisation der Mission nicht mehr gekannt hat. Von eigens für die Heiden- und Judenmission vorgesehenen Ämtern oder Einrichtungen ist nichts bekannt. Dazu paßt es, daß die Weltmission kein zentrales Thema der altkirchlichen Theologie und Predigt war. Im Urchristentum war das anders gewesen, aber später machte man sich über den Stand der Mission der Völker und Erdteile hauptsächlich offenbar nur noch deshalb Gedanken, weil man glaubte, daß mit der Weltmission der Termin des Weltendes zusammenhänge (s. o. 2.1). Generell herrschte die oben besprochene Ansicht, daß die Mission den Aposteln aufgetragen und von ihnen vollständig besorgt worden war. Darum wurde Mission der Völker nicht als noch aktuelle Aufgabe der Kirche gesehen. Darum gab es auch nicht regelmäßig und kontinuierlich, sondern nur sporadisch gezielte, planmäßige Unternehmungen zur Christianisierung der nahen und fernen Barbarenländer, der Inseln im Ozean, von denen man wußte, daß das Evangelium sie noch nicht erreicht hatte, oder auch nur der römischen Reichsgebiete, die noch nicht oder nur teilweise christianisiert waren. Man verwies stolz darauf, daß das Christentum geographisch längst viel weiter vorgedrungen sei als die Juden[6] und sogar weiter, als die Römer mit ihrer Welteroberung jemals gekommen waren[7]; und so ging man davon aus, daß praktisch schon die ganze Welt mit dem Evangelium konfrontiert sei.

Diese unterschiedliche Vorstellung von der Missionssituation in urchristli-

---

[5] Zum Beispiel Kelsos bei Origenes, Contra Celsum III 55; Minucius Felix, Octavius 8,4.
[6] Justin, Dialogus 117, 1.4.5.
[7] Tertullian, Adv. Judaeos VII 4; Augustinus, Enarrationes in Psalmos 95,2; De consensu evangelistarum I 32,49; Contra epistolam Parmeniani I 2,2.

cher und dann in späterer Zeit erklärt es also, daß zwar das Urchristentum die direkten Missionsanstrengungen unternahm, wie zum Beispiel Paulus mit seinen Missionsreisen und natürlich auch viele unbekannte andere, daß später aber nicht im gleichen Stil organisierte, gezielte Mission betrieben wurde und keinerlei besondere Instrumente dafür entwickelt wurden. Es gab freilich vereinzelt und in konstantinischer Zeit (4. Jh.) vermehrt auch Initiativen einzelner Bischöfe zur eher planmäßigen Mission, vor allem auf dem durchweg nicht christianisierten Land. »Methode« lag freilich auch im Stil der frühen Mission, zuerst in allen bedeutenden Städten Fuß zu fassen und durch ein (wenn auch relativ weitmaschiges) Netz von Gemeinden auf der »ganzen Welt« präsent zu sein. In der Mission bei gotischen, arabischen und anderen Völkern im 4. Jahrhundert durch eigens beauftragte Missionare zeichnen sich dann schon eher die Konturen der späteren Missionsgeschichte ab. Strenggenommen aber hat die Alte Kirche im Reichsgebiet keine »Methoden« angewendet. Sie machte auf sich aufmerksam und warb durch ihren alternativen Charakter in Lehre, Kult, Gemeinde, Ethik, andererseits aber auch infolge ihrer Fähigkeit zu Anpassung und Synkretismus.[8] Unter all diesen Bedingungen, die eher zufällig wirken, vollzog sich doch eine zielbewußte und stetige Mission. Sie war Pflicht von Klerus und Laien und bestand im Leben und Lehren des Christentums. Johannes Chrysostomus schrieb im 4. Jahrhundert: »Es gäbe keinen Heiden mehr, wenn wir wirklich Christen wären«.[9]

Daß die gesamte Reichsbevölkerung sich (bis auf Minderheiten) am Ende des 4. Jahrhunderts als geschlossen christliche Gesellschaft begriff, hat mit inzwischen erfolgter Gesetzgebung christlicher Kaiser und mit politischem Druck auf das Heidentum zu tun und ist nur zum Teil Folge der Mission. Die Erfolge der Mission lagen dieser neuen Situation freilich voraus und zugrunde. Die kirchliche Mission sparte übrigens, bis auf Ausnahmen, in reichskirchlicher Zeit die Juden als ihre Adressaten wegen Aussichtslosigkeit aus.

Ursprünglich gab es auch die ausdrückliche *Missionspredigt* in der Synagoge, auf Straßen und Plätzen. Was bot sie an, womit begann sie, was stellte sie besonders heraus? Ansatz und Schema der frühen christlichen Predigt für Juden liest man in Mk 1,15; Apg 7,2–53; 13,16–41. Sie redete in ausschließlich jüdischen Vorstellungen und Kategorien. Anders bei der Predigt für Heiden. Dort waren

---

[8] Vergleiche *P. Stockmeier*, Glaube und Religion in der frühen Kirche, Freiburg–Basel–Wien 1973.
[9] Homiliae in ep. ad Tim. 10,3.

heidnische Vorbedingungen zu berücksichtigen; die Predigt mußte zum Monotheismus führen, eine neue Ethik proklamieren, das kommende Gericht ansagen, mit der Auferstehung vertraut machen und Christus als Richter und Retter predigen (1 Thess 1,9f; 1 Kor 8,4–6; Apg 26,20). Leben und Sterben, Worte, Wunder und Passion Jesu kamen dann hinzu. Diese Predigt setzte auf Angst und Hoffnung der Menschen, indem sie den bedrohlichen Zustand jetziger Existenz beschrieb und in der christlich begriffenen Erlösung die Rettung anbot. Außer von Gott und Jesus Christus und vom Heil sprach die Predigt nachdrücklich von der moralischen Konsequenz eines veränderten Lebens. – Dieses Missionsinstrument der direkten Predigt von Missionaren spielte anfangs eine eminente Rolle. Dann ging seine Bedeutung zurück. Aber es gibt einzelne Texte auch von späteren Bischöfen,[10] aufgrund deren man ihre Missionspredigt rekonstruieren kann: Sie wies die Torheit des Heidentums nach, legte dann das Christentum dar und räumte alle Schwierigkeiten der Annahme des Glaubens aus dem Weg, indem sie das Christliche auf dem Umweg über heidnische Vorstellungen auf oft seltsame Weise erklärte und nahebrachte. Manche Bischöfe investierten große Mühe und viel Klugheit in die Gewinnung Ungläubiger über die christliche Predigt bzw. Bekehrung.[11]

Die Existenz des Christentums als Kirche in der damaligen Gesellschaft sowie die ausdrückliche Belehrung der Menschen über den neuen Glauben führten also zu den Konversionen. Die konkreten *Bekehrungsmotive* waren bei den einzelnen Taufbewerbern wohl verschieden. Ein vorrangiges Motiv war zweifellos, daß das Christentum auf seine Weise dem menschlichen *Verlangen nach Wahrheit* entsprach, das heißt nach der Kenntnis der tatsächlichen Wahrheit über Gott, Welt und Mensch angesichts der Frustration und Verunsicherung durch die Vielzahl der Angebote in Religionen und Philosophie. Von der Erkenntnis dieser Wahrheit ver-

---

[10] Zum Beispiel Ambrosius, Kommentar zum Lukasevangelium VI 104–109.
[11] Texte aus Ambrosius und Augustinus bei *W. Wilbrand*, Heidentum und Heidenmission bei Ambrosius von Mailand, in: Zeitschrift f. Missionskunde und Religionswissenschaft 28 (1938), 193–202; *Ders*. Ambrosius von Mailand als Missionsbischof: ebd. 31 (1941), 97–104; *G. Metzger*, Kirche und Mission in den Briefen Augustins, Gütersloh 1936.

sprach sich der Mensch Erlösung, die er in der Befreiung von Schicksal und Schuld suchte und im Christentum fand. *Freiheit* ist einer der Grundbegriffe des frühen Christentums für die im Glauben gewonnene neue Existenz. Der Christ in der Spätantike erlebte diese Freiheit spürbar zum Beispiel in der Entlastung von der Angst vor Dämonen, im Bußritual als Entlastung von schwerer sittlicher Schuld, in einer Sinngebung für sein Leben unabhängig von den irritierenden Vorgängen in Geschichte und Politik seiner Zeit. Ein weiteres Motiv war das attraktive *Ideal der christlichen Heiligkeit*, das man zuerst in jedem Getauften, dann lange im Märtyrer, ab dem 4. Jahrhundert im Mönch realisiert sah, prinzipiell aber als Pflicht aller Christen akzeptierte. Umkehr und Neuorientierung führten auf diesen Weg. Das Christentum bot als *Gemeinde* von Glaubenden die Hilfe gemeinsamer Anstrengung und gegenseitiger Bestärkung unter kraftvoller Führung (Bischof), mit konkret formuliertem Bekenntnis, mit klaren Forderungen. Natürlich waren auch die *sozialen Tätigkeiten* vielfacher Art, die die Kirche organisierte, für jedermann auffallend und für viele ein Grund des Interesses am Christentum. Die besonderen Formen des christlichen Kults, der *Liturgie* sind zu nennen, ebenso eine mögliche Anziehungskraft der *Bibel* wegen ihres Alters und Inhalts. Allerdings waren nicht immer diese anspruchsvollen Motive im Spiel, und oft waren sie nur in popularisierter oder trivialisierter Version wirksam. Wunderfreudigkeit, Teufelsglaube, magisches Verständnis der kirchlichen Sakramente, Märtyrerfrömmigkeit, Heiligenverehrung und dergleichen waren eine andere Art von Bekehrungsmotiven, die mit Sicherheit eine große Rolle gespielt haben. – Fatal war bei allem Erfolg der Mission für die Kirche von Anfang an die Tatsache von Schein- und Halbbekehrungen, deren Gründe in mangelndem Ernst oder Wissen, in Schwäche und Unbeständigkeit und ab dem 4. Jahrhundert auch im Kalkül mit dem politischen Vorteil lagen.

Literatur

Aland, K., Über den Glaubenswechsel in der Geschichte des Christentums, Berlin 1961

Brox, N., Zur christlichen Mission in der Spätantike, in: K. Kertelge (Hrsg.), Mission im Neuen Testament, Freiburg-Basel-Wien 1982, 192–239

Frohnes, H. – Knorr, U. W. (Hrsg.), Kirchengeschichte als Missionsgeschichte Bd. I. Die Alte Kirche, München 1974

Green, M., Evangelisation zur Zeit der ersten Christen, Neuhausen-Stuttgart 1977

Harnack, A. von, Die Mission und Ausbreitung des Christentums in den ersten drei Jahrhunderten, 2 Bde., Leipzig ⁴1924 (1965)

Hengel, M., Die Ursprünge der christlichen Mission, in: New Testament Studies 18 (1971/72), 15–38.

3 Gesellschaft, Staat und Christentum

Das Verhältnis zwischen diesen drei Größen ist unter Rücksicht sowohl auf die damaligen Interessen von Staat und Gesellschaft als auch auf diejenigen des Christentums zu beschreiben. Es handelt sich um die Geschichte einer für die Christen zunächst schwierigen Koexistenz, die dann auf offene Konflikte auf gesellschaftspolitischer und intellektueller Ebene hinauslief; aber schließlich kam es zu gegenseitigem Einverständnis zwischen Staat und Kirche infolge einer veränderten religionspolitischen Einschätzung des Christentums durch den Staat (Kaiser) und dadurch zur Identität von Gesellschaft und Christentum. Daß es zwischen dem römischen Staat und dem Christentum zunächst zu Konflikten kam, hatte seine Gründe in der Unvereinbarkeit der Ansprüche auf beiden Seiten.

3.1 Die vorkonstantinische Zeit (bis 312/313 n. Chr.)

3.1.1 Distanz und Isolation des Christentums

Der Staat sowie die gesellschaftlichen Einrichtungen und Zustände waren für das frühe Christentum etliche Zeit lang ein gleichgültiges Stück »Welt«, die, ohne Zukunft, kurz vor ihrem Ende und vor der Ablösung durch den neuen Äon steht. Die Christen waren Bürger einer anderen Welt (Phil 3,20; Joh 18,36), ohne konstruktives Interesse an den jetzigen Verhältnissen. Wie in Offb 17,1–6 konnte der Staat allerdings auch dämonisiert werden, aber verbreiteter ist die schon von Paulus (Röm 13,1–7) bezogene Position einer problemlosen loyalen Staatsbejahung und die Praxis des Gebets der Christen für den Kaiser. Das gegenseitige Verhältnis wurde zunächst kein ausdrückliches Thema: Der Staat beachtete diese kleine religiöse Gruppe unter vielen anderen nicht, und das Christentum beachtete nicht den Staat, der zur Konkursmasse der baldigen Endkatastrophe gehörte, aber noch seine Funktionen erfüllte. Dieser Zustand änderte sich erst damit, daß die Christen einen zahlenmäßig auffälligen und dann nennenswert großen Anteil der Bevölkerung ausmachten.

Aber faktisch schuf das Christentum in den drei ersten Jahrhunderten von sich aus, nämlich durch seine Erscheinungs- und Verhaltensweisen, ein sehr problematisches Verhältnis zu Staat und Gesellschaft, das durch christliche Besonderheiten und Abweichungen bedingt, durch Distanzierungen belastet und durch Verweigerungen gestört war. Die Öffentlichkeit mußte eines Tages darauf reagieren.

Eine erste Ursache lag in der *religiösen Differenz* und Fremdartigkeit, in der die Christen sich den Zeitgenossen darstellten. Ihre Andersartigkeit zog ihnen den gefährlichen Vorwurf der *Gottlosigkeit* zu, der zweierlei beinhaltete: Zum einen lastete er ihnen (wie z. B. auch schon dem Sokrates) an, die Götter der Gesellschaft (der Polis) verlassen zu haben und damit die stabilisierende und schützende Ordnung der Gesellschaft gefährlich zu stören. Die Christen bekannten sich offen zu diesem »Atheismus«.[1] Zum anderen hieß der Atheismus-Vorwurf im Fall der Christen auch, daß man ihnen wegen ihrer abweichenden religiösen Praxis den Status einer Religion bestritt, weil sie nämlich weder Bilder noch Tempel und Altäre hatten, wozu sie sich ebenfalls bekannten.[2] Die »atheistische« Andersartigkeit des Christentums irritierte und provozierte die Heiden, und sie isolierte die Christen. Der Gott der Christen bzw. seine Verehrung unterschied sich tatsächlich qualitativ vom heidnischen Kult- und Religionsverständnis.[3]

---

[1] Justin, Apologia I 6,1.
[2] Minucius Felix, Octavius 32,1; Origenes, Contra Celsum VII 62,2f. Es fehlten ihnen die Götterbilder, Opfer und Zeremonien, die zur paganen Religion gehörten, woraus man auf das Gemeindebild von damals zurückschließen kann: Mit dem Wortgottesdienst und der eucharistischen Mahlfeier als Liturgie, mit den Lebensformen der Gemeinde und allem weiteren war das frühe Christentum für seine Zeitgenossen nicht als Religion oder Kultverein im üblichen Sinn zu erkennen. Einzelheiten: *N. Brox*, Zum Vorwurf des Atheismus gegen die alte Kirche, in: Trierer Theol. Zeitschrift 75 (1966), 274–282.
[3] Die Anschaulichkeit dieses Unterschieds nahm freilich ab, als sich die Kirche im Laufe der Zeit Bilder, Tempel und Altäre zulegte und die Eucharistie ausdrücklich als kultisches Opfer mit Priestern zelebrierte.

Und ein weiterer Unterschied war nicht weniger problematisch. Mit ihrem biblischen *Monotheismus* stießen die Christen auf einen religionsgeschichtlich sehr anders geprägten paganen Begriff der Gottheit. Zwar kannte man im Pantheon des römischen Polytheismus die Vorstellung von einem dominierenden Gott; aber die anderen Götter waren nichtsdestoweniger existent. Und nach römischer Vorstellung hatten sie die historische und politisch relevante Funktion, nationale Gottheiten zu sein, das heißt, für die Regierung und den Schutz der ihnen zugeordneten Völker zuständig zu sein. Auf diesen Zuständigkeiten basierte die religiös-politische Weltordnung. Die Christen stellten aber mit ihrem absoluten Monotheismus dieses Weltbild in Frage und durchkreuzten damit grundlegende Ordnungsvorstellungen. Der heidnische Kritiker Kelsos (Ende 2. Jh.) legte Einspruch gegen Mt 6,24 (»niemand kann zwei Herren dienen«) und gegen die politische Anwendung dieser »Maxime« durch die Christen auf Gott und Götter ein: »Das ist die Sprache des Aufruhrs (stasis) von Leuten, die sich von den übrigen Menschen absperren und losreißen«.[4]

Der Gottesglaube der Christen war also *politisch gefährlich*, und er rückte sie auf große Distanz zur Gesellschaft. Die Bedenken der Heiden kamen aus der Sorge um Religion, Menschheit und Kultur. Sie sahen die Christen mit ihrem irrigen und als penetrant empfundenen Monotheismus die überkommene, bewährte Religiosität demontieren. Damit stellten sie eine Gefahr für die Gesellschaft dar. Der Götterhimmel, der die Vielfalt der Nationen unter römischer Herrschaft als die Weltordnung der göttlichen Vorsehung rechtfertigte, mußte von allen Bürgern anerkannt werden; die Christen ihrerseits kannten aber als Garanten für das Heil der Menschen und die Zukunft der Völker nur den *einen* Gott der Schöpfung und der Geschichte. Sie wurden infolge der Andersartigkeit ihrer religiösen Überzeugung und Praxis zu Außenseitern, im Ernstfall sogar zu Verweigerern der Loyalität und zu Opponenten gegen die politisch und religiös begründete Ordnung. Sie zogen damit bei gegebenem Anlaß die Aggressionen gegen den Religions- oder Gottesfeind auf sich.

---

[4] Origenes, Contra Celsum VIII 2.

Die beschriebene theologisch-religiöse Distanz mit ihren politischen Implikationen bedeutete für die Christen die *soziale Isolation*. Aufgrund ihrer abweichenden Vorstellungen mußten sie sich in vielen Bereichen des öffentlichen Lebens separieren, soweit diese nämlich religiös-kultisch »besetzt« waren. Die vielen volkstümlichen Feste zum Beispiel und das im Volk verwurzelte reiche Brauchtum aus langen Traditionen, also zentrale Elemente der Sozialisation einer Gesellschaft, wurden von den Christen gemieden oder abgelehnt, jedenfalls nicht mehr mitvollzogen, weil das alles religiös-kultischer Herkunft, Qualität und Sinngebung war und sich mit dem christlichen Glauben darum nicht vereinbaren ließ. Das betraf auch die Spiele in Theater und Zirkus, die für die Öffentlichkeit und den einzelnen als religiöses und gesellschaftliches Ereignis bzw. als Freizeitangebot eine beträchtliche soziale Rolle spielten.

Die Christen distanzierten sich also an den Brennpunkten des gesellschaftlichen Lebens- und Interessenbereiches. Den dadurch gelieferten Beweis von religiös-sozialer Außenseiterei mußten die Heiden dadurch bestätigt sehen, daß die Christen obendrein ihr fremdartiges und teils auch skandalös wirkendes religiöses Eigenleben in den Gemeinden führten. Da die christlichen Versammlungen nämlich nicht öffentlich und teils nachts stattfanden und das, was darüber landläufig bekannt war, sehr seltsam anmutete, wurden darüber von seiten der Heiden diskriminierende Vermutungen und Kritiken kolportiert, aber auch Verleumdungen und bösartige Karikaturen und Unterstellungen verbreitet. Die teils grotesken, gemeinen Vorwürfe gegen das Christentum beruhten auf Mißverständnissen und auch auf vulgären Aggressionen gegen die unbeliebte Minderheit.

Durch solche Aversionen wurde das Christentum von außen in die Isolation gedrängt, verstärkte aber die Isolation zweifellos auch von sich aus durch Abgrenzungen sowie durch eigene (kirchliche) Organisation und den Rhythmus des Gemeindelebens mit eigenen kultischen Festen, Praktiken und Lebensgewohnheiten. Eine folgenreiche Konsequenz daraus war, daß das Christentum in seiner frühen Epoche eine nahezu ausschließlich »defensive« Ethik der Weltdistanz entwickelte, die später auch dann noch beibehalten

wurde, als das Verhältnis zur »Welt« sich grundlegend geändert hatte.
Die Christen verstärkten ihre Distanz zur nichtchristlichen Umwelt noch durch weitere Elemente ihrer Tätigkeit und Selbstdarstellung. Denn vieles wirkte durch sich provokant. Wo die Christen etwa warben, taten sie dies in der Regel in Form einer vernichtenden Kritik am Heidentum oder durch den Beweis der Überlegenheit des Christentums über das Heidentum. Beides war für heidnische Ohren verletzend. Der Anspruch des gerade erst aufgekommenen Christentums auf alleinigen Besitz der Wahrheit und auf Allgemeingültigkeit seiner Ethik mußte abstoßend arrogant wirken, zumal die Umwelt Ansprüche dieser exklusiven Art kaum kannte. Der Bekehrungseifer wurde als aufdringlich empfunden, das zur Schau gestellte Erwählungsbewußtsein als grotesk. Außerdem kritisierte man am Christentum ein *Desinteresse* an den Belangen von Staat und Gesellschaft. Auch die christlichen Missionserfolge trugen zur verbreiteten Unbeliebtheit der Christen bei, weil man Ehen und Familien dadurch gespalten und viele Menschen von den bewährten, frommen Überlieferungen der Vorfahren abtrünnig geworden sah. Im Verhalten provokant, in der Substanz ein primitiver Aberglaube, in seinen gesellschaftlichen Folgen der Ruin des Reiches – das war das verbreitete Bild vom Christentum, wo man sich kritisch mit ihm auseinandersetzte. Was die Gesellschaft an Werten schätzte, Wissenschaft, Bildung, Kultur, Besitz, Karriere, das erklärten die Christen für wertlos (wobei ihre Grundsätze oft rigoroser waren als die Praxis); Eid, Ämter und Ansehen beurteilten sie skeptisch.[5]
Zu diesen Vorwürfen kam wegen des erklärten Desinteresses der Christen an den öffentlichen Angelegenheiten begreiflicherweise der Einwand der Nutznießerei ohne Beteiligung an den politischen Lasten. Er bezog sich besonders auf das neuralgische Problem des *Kriegsdienstes*. Bis gegen Ende des 2. Jahrhunderts, später abge-

---

[5] Namentlich daraufhin wurden sie von den Zeitgenossen nach ihrer politischen Loyalität gefragt bzw. als solche kritisiert, die »die Menschheit hassen« (*odium humani generis*: Tacitus, Annales XV 44,4), »sich von den anderen Menschen isolieren« (Origenes, Contra Celsum VIII 2), eben »Staatsfeinde« sind (*publici hostes*: Tertullian, Apologeticum 2,4; 35,1).

schwächt oder nur vereinzelt, verurteilten und verweigerten die Christen den Militärdienst (es gab allerdings damals keine allgemeine Wehrpflicht), und zwar aus moralischen (Mord, Macht, Brutalität) und kultischen (Fahneneid, Opfer) Einwänden. Die Selbstdispens der Christen von den tragenden Pflichten der Gesellschaft war hier besonders eklatant und wurde entsprechend kritisiert.

Die Christen haben sich freilich gegen die vielen Vorwürfe mit noch mehr Argumenten gewehrt, wobei sie alle Feindseligkeiten religiös als den Widerstand des ungläubigen Irrtums und der Gottesfeinde begriffen. Speziell haben sie energisch bestritten, als Bürger nutzlos, unbeteiligt, unzuverlässig, zersetzend und dadurch gefährlich zu sein. Sie beteuerten permanent ihren Respekt vor dem Kaiser und ihr Interesse am öffentlichen Wohl. Sie verwiesen vor allem auf ihr Gebet zum einzig wahren und hilfreichen Gott, das für Menschheit und Reich mehr Segen bringe als der ganze heidnische Kult. Das Verhältnis der Christen zum Staat war in den ersten drei Jahrhunderten also das einer grundsätzlichen Loyalität unter strikten Vorbehalten gegen die kultischen Ansprüche von Kaiser und Reich.

Mit der beschriebenen Distanz und ihrer zweifellos gegebenen Nähe zur Konfrontation ist aber nicht alles über das Verhältnis der frühen Kirche zu Staat und Gesellschaft gesagt. Es gäbe viel über problemloses *Einvernehmen* zwischen Christen und spätantiker Gesellschaft zu berichten. Erwähnenswert ist da beispielsweise die Wirkung der altkirchlichen karitativen Praktiken auf die heidnische Umwelt. Auch darin waren die Christen untypisch und abweichend, aber die heidnische Reaktion war hier in der Regel positiv und nur manchmal ironisch oder verleumderisch. Die soziale Pflicht des Menschen, mit der die Christen unter der Forderung der Nächstenliebe Ernst machten, wurde wohl als Defizit der eigenen Religion empfunden, jedenfalls aber positiv quittiert. Zudem zeigen die gleichzeitigen Missionserfolge des Christentums, daß viele Heiden die Andersartigkeit des Christentums nicht polemisch kritisierten, sondern als die Alternative ihres eigenen Lebens annahmen.

Aber immer wieder ergaben sich Situationen, in denen staatspolitische Bedenken, religiöse Kritik oder vulgäre Aversion den Ausschlag gaben und zu antichristlichen Maßnahmen führten. Das Christentum seinerseits kritisierte die heidnische Religion, beschwerte sich über ungerechtfertigte Repressalien und bot unverdrossen den eigenen neuen Glauben als Weg an.

3.1.2 Polemik und Verfolgung

Das Christentum war für den Heiden also unter einer Reihe von Aspekten kritisierbar. Seit urchristlicher Zeit ist bis ins 4. Jahrhundert hinein die Reaktion verbreiteter aktiver Ablehnung des Christentums durch die Bevölkerung bezeugt. Die Gesellschaft sah sich im Interesse ihrer »Weltanschauung« zunehmend zum Widerstand gegen die Ausbreitung dieser neuen Religion veranlaßt. Der Widerstand spielte sich auf verschiedenen Ebenen ab. Außer den zahllosen Vorurteilen und Attacken vulgärer Art gab es ab dem 2. Jahrhundert eine *philosophische Polemik* auf hohem Niveau, die in einigen wenigen Beispielen bekannt ist. Die wichtigsten Namen solcher Christentumskritiker sind *Kelsos* (Ende 2. Jh.), *Porphyrios* (234–304) und *Kaiser Julian* (331–363; Kaiser 361–363). Es handelt sich um philosophisch gebildete Männer, die aus Besorgnis um den Bestand der ehrwürdigen Religion und der humanen Denkkultur einer aus alter Überlieferung sich herleitenden Gesellschaft das Christentum als haltlosen, aller Vernunft hohnsprechenden Aberglauben analysierten und als gefährliche, verführerische, destruktive Neuerung leidenschaftlich angriffen. Die Kritik beruht auf relativ genauer und sachlicher Kenntnis des Christentums, zumal auch der Bibel, und formulierte heikle Einwände, denen der Durchschnittschrist nicht gewachsen war.[6] Aufgrund ihrer Motivation wurde sie philosophisch und religiös engagiert vorgetragen, sie war zugleich aber (wie die christlichen Erwiderungen) ausgesprochen polemisch.

---

[6] Von dieser polemischen Literatur sind nur wenige Bruchstücke in christlichen Gegenschriften erhalten geblieben; die kritischen Schriften selbst sind samt und sonders durch die reichskirchliche Bücherverninchtung im 4. Jahrhundert und danach zugrundegegangen. Darüber *W. Speyer*, Bücherverninchtung und Zensur des Geistes bei Heiden, Juden und Christen, Stuttgart 1981, 134–137. Aber die Grundrisse der Kritik lassen sich aus den Resten rekonstruieren.

So war das Christentum für den Philosophen aus einer Reihe von Gründen indiskutabel. Zunächst, so sagte diese Kritik, ist die Wahrheit nicht eine Sache jüngsten Datums in der Geschichte, sondern altehrwürdiger Tradition. Und wieso kam das Christentum, wenn es die entscheidende Wahrheit für alle Menschen bringt, so spät? Seine angebliche Wahrheit stammt noch dazu von einem ungebildeten Menschen (Jesus) mit seinen nicht klügeren Anhängern (die Apostel). Die Lehrer der Christen sind völlig unkompetente, unseriöse Leute. Kein Wunder, daß sie über Gott, Seele, Jenseits usw. die banalsten Vorstellungen hegen und sich aus den niedrigen, ungebildeten Bevölkerungsschichten ihren Nachwuchs holen. Wahrheit ist nur in kritischer Anstrengung von den wenigen Besten (Philosophen) erreichbar und mitteilbar; sie fällt nicht (durch behauptete Offenbarung) in den Schoß. Noch dazu ist das Christliche nicht originell und neu, wie die Christen behaupten, sondern es ist von den Juden übernommen. Das absolut unzulängliche Niveau zeigt sich auch in der dürftigen Qualität ihrer heiligen Schriften und im Verzicht auf vernunftgemäße Begründung und Rechenschaft bezüglich der zutreffenden Vorstellungen über die umstrittenen Themen. Das Christentum fordert (blinden) Glauben und glaubt ohne Grund. Die Wichtigkeit des Wunders bei Jesus und im Christentum unterstreicht den barbarischen und proletarischen Charakter des ganzen, denn das befriedigt (als Zauberei) die Wünsche des Pöbels.

So war schon im Vorfeld eine Deklassierung des Christentums erreicht, verächtlich und schonungslos vorgetragen. Aber schwerwiegender waren die Einwände, die mit der philosophischen Undenkbarkeit biblisch-christlicher Aussagen argumentierten. Daß zum Beispiel Gott in einen sterblichen Leib kam, also Veränderung an sich erfuhr, ist ganz unmöglich. Das Leben Jesu ist, als Offenbarung oder Epiphanie des Göttlichen verstanden, mit seinen Demütigungen, Mißerfolgen, Platitüden pervers und lächerlich, das Kreuz für einen Sohn Gottes ganz unmöglich. Diese Einwände richteten sich prinzipiell gegen die biblische Idee eines Gottes, der handelt, Entschlüsse dazu faßt, Emotionen (Liebe, Reue, Haß) zeigt, also – philosophisch gesehen – Veränderungen unterworfen ist. Die Tatsache der Auferstehung hält der heidnische

Denker nicht nur für erfunden, sondern nicht einmal für wünschenswert: Er möchte nicht *mit* dem Leib, sondern *vom* Leib erlöst werden – ein anderes Menschenbild. Ähnlich beim Weltbild: die biblisch-christliche Vorstellung, daß der Mensch die Mitte der Welt und ihr kostbarstes »Stück« sei und daß der Kosmos um des Menschen willen da sei, ist übermütige Arroganz. Der Mensch ist umgekehrt im Kosmos als dem Größeren geborgen.

Rundum alles an grundlegenden Kategorien, Ideen und Hoffnungen sah der griechisch-philosophisch Denkende anders als die Christen. Die im vorigen Abschnitt beschriebenen Gesichtspunkte der religiösen Differenz gehören mit in diesen Zusammenhang. Auch die politisch-gesellschaftlichen Schäden, die der Heide aus den Verirrungen und der Propaganda der Christen entstehen sah, spielen hier wieder ihre Rolle für den Elan, die Schärfe und das Ziel der Kritik: Die detaillierte, sorgfältige Beschäftigung gebildeter Heiden mit dem für sie an sich indiskutablen Phänomen Christentum hatte seinen Grund in der Verführbarkeit der Menschen durch – wie sie es sahen – solchen Unfug. Die Kritiker warnten und warben und hofften, daß die zum Christentum Übergetretenen sich wieder auf ihre Zugehörigkeit zur Welt der alten Religion und Kultur besinnen würden. (Zur Antwort der Christen s. Kap. 7.)

Die *Christenverfolgungen* der römischen Kaiserzeit haben ihre Ursachen in der Summe der dargelegten Konfliktpunkte. Die ersten Verfolgungen kamen zwar von seiten der Juden (s. Kap. 1.3 u. 1.4) und hatten ihre besonders gelagerten Gründe: Die Synagoge griff zu Sanktionen gegen einen Teil der Urgemeinde wegen Gotteslästerung und Ketzerei (Apg 6,8–8,3; 26,11; vgl. 12,1–4; Flavius Josephus, Antiquitates XX 200); und während des Zweiten Jüdischen Krieges gegen die Römer (132–135 n. Chr.) wurden Christen von den Aufständischen in Palästina blutig verfolgt, offenbar weil sie die Rebellion nicht unterstützten[7] und als Kollaborateure galten. Damit ist auch für den Ersten Jüdischen Krieg (66–70 n. Chr.) zu rechnen. Viel langwieriger und gravierender waren aber die sogenannten römischen Verfolgungen. Als Vorgang und

---

[7] Justin, Apologia I 31,6; Eusebius, Chronica ad a. Abraham 2149 (ed. J. K. Fotheringham, London 1923, 283); Orosius, Historiae adv. paganos VII 13.

Schicksal haben sie tiefe Spuren in Theologie, Spiritualität, Welt- und Geschichtsverständnis des frühen Christentums hinterlassen. Märtyrerberichte, theologische Schriften und Frömmigkeitsgeschichte bezeugen die intensive Beschäftigung der Alten Kirche mit diesem Thema.

Für die Kenntnis von *Daten und Verlauf* ist wichtig zu beachten, daß in dem Begriff »Christenverfolgungen« gewöhnlich zwei verschiedene Vorgänge zusammengefaßt sind, die nicht identisch sind. Es sind damit nämlich sowohl die behördlich zentral angeordneten und gesteuerten Maßnahmen des Staates (der Kaiser) gegen die Christen als auch die zahllosen spontanen Pogrome, also Übergriffe seitens der Bevölkerung gemeint. Beides muß man auseinanderhalten. Die Pogrome haben den Großteil der Verfolgungen ausgemacht, während es offizielle staatliche Aktionen gegen die Christen nur von der Mitte des 3. Jahrhunderts bis zum Anfang des 4. Jahrhunderts gegeben hat.

Die erste bekannte Anwendung von Gewalt gegen Christen durch Kaiser *Nero* (54–68) im Jahr 64 war keine Maßnahme aus Gründen der Religion und insofern keine Christenverfolgung im engeren Sinn. Nero hat damals, wahrscheinlich zur Beschwichtigung der öffentlichen Empörung über den von ihm selbst gelegten Brand Roms, eine hinreichend mißliebige Gruppe als Sündenbock gesucht, um an ihr ablenkende grausame Strafen vollziehen zu lassen, ohne daß jemand die Betroffenen darum bedauert hätte. Er konnte für seinen brutalen Übergriff gegen die Christen sogar Applaus von der Bevölkerung erwarten.[8] Das ist bezeichnend für das Bild, das man sich so früh schon von ihnen machte. Petrus und Paulus mögen damals zu Tode gekommen sein.

Anscheinend sind unter Kaiser *Domitian* (81–96), der für seine Person den Kaiserkult forcierte und politische »Säuberungen« üblicher Art vornahm, auch Christen hingerichtet worden, wobei das religiöse Loyalitätskriterium des Kults eine Rolle gespielt haben kann. Genaues ist nicht bekannt.

Im Laufe des 2. und 3. Jahrhunderts hat es dann zahlreiche Verfolgungen gegeben, die deutlich lokal begrenzt waren und von »un-

---

[8] Vergleiche Tacitus, Annales XV 44,2–5; Sueton, Claudius 29,1; Nero 16,2.

ten« betrieben wurden. Erst auf die Attacken und Anzeigen aus dem Volk hin beschäftigten sich gelegentlich die Behörden damit. In den dann fälligen Prozessen entstand eine chronische Rechtsunsicherheit darüber, was eigentlich den (regelmäßig unterstellten) Straftatbestand beim Christsein ausmache: Sind die Christen als solche und in jedem Fall zu belangen, weil Christsein sich zwingend mit Straftaten deckt, oder ist Christsein an sich straffrei und müssen Straftaten von Fall zu Fall erst nachgewiesen werden? Durch die Publikation des Briefwechsels eines Statthalters *Plinius* in Kleinasien mit Kaiser *Trajan* (98–117) über diese Frage (ca. 112 n. Chr.)[9] entstand für die Folgezeit offenbar die zweifelhafte Rechtsgewohnheit, daß zwar der Staat nicht von sich aus nach Christen fahndete, daß aber auf private Anklage hin doch gerichtliche Strafen verhängt wurden, falls der Angeklagte der gerichtlichen Aufforderung zum Ablassen vom Christentum nicht nachkam. Obwohl in Verhören der Nachweis für das Gegenteil erbracht war, wurde für das Christsein damit generell der Tatbestand der Kriminalität angenommen. Zumindest wurde aus dem aufsässig wirkenden Festhalten am Christentum der Straftatbestand des Widerstands und der Hartnäckigkeit gegen die Behörde konstruiert. Der Hintergrund dieser Kriminalisierung war freilich die Gesellschaftsfeindlichkeit, die man den Christen nachsagte. Trotz eines gewissen Rechtsschutzes für die Christen vor anonymen und falschen Anklagen durch Kaiser *Hadrian* (117–138)[10] war diese Situation für sie permanent bedrohlich und ermöglichte die für die verschiedensten Reichsteile belegten Aburteilungen von Christen aufgrund von Beschwerden aus der Bevölkerung. Diese Verfolgungen waren lokal begrenzt, oft zufälliger Art und meist nur kurzfristig.
Planmäßig angelegte Unterdrückungsmaßnahmen (als Eliminierungsversuche) des Staates setzten erst im 3. Jahrhundert ein, allerdings mit unerhörter Härte. Die bedrohlichen Krisen dieses Jahrhunderts (Wirtschafts- und Finanzkrise, militärische Rückschläge, Epidemien) verlangten vom Staat wirksame Maßnahmen

---

[9] Text und Erklärung bei *A. Wlosok*, Rom und die Christen, 27–39, und Textbeilage 4f.

[10] Text des einschlägigen Reskripts bei Justin, Apologia I 68; Eusebius, Kirchengeschichte IV 9.

zur Konsolidierung. Dazu gehörte eine restaurative Religionspolitik in Form der Sorge um den Kult zur Vergewisserung göttlicher Hilfe. Kaiser *Decius* (249–251) verordnete im Jahre 250 den allgemeinen Opferzwang unter Todesstrafe, der für alle Reichsbewohner galt, offenkundig aber namentlich die inzwischen zahlreich gewordenen Christen betreffen sollte. Das Ziel war die Vernichtung des Christentums, nicht die der Christen. Sie sollten über den Loyalitätsbeweis im Kult zur Religion und Tradition des Reiches zurückgeführt werden. Die Verweigerung zog unvermeidlich die Strafe nach sich. Die Kirche erlitt damals schwere Verluste. Sie hatte viele Märtyrer, aber noch viel mehr Abgefallene. Danach betrieben auch *Valerian* (253–260) und *Gallienus* (253–268) Verfolgungspolitik, aber Gallienus hat im Jahre 260 bereits ein Toleranzedikt erlassen, diese Politik also eingestellt. Der nähere Grund dafür, daß die Kaiser sich jetzt politisch mit den Christen befaßten, ist die spürbare Zunahme dieser politisch bedenklichen Minderheit im 3. Jahrhundert gewesen (s. Kap. 2), die sich noch dazu also in einer Phase wachsender Probleme der Zeit in Politik, Wirtschaft usw. abzeichnete, als Geschlossenheit und Loyalität der Bürger sowie die Gunst der Götter wichtiger waren als je. Das alles fand seine Auswirkung auch in der Politik *Diokletians* (284–305), die aufgrund ihrer Härte für die Christen katastrophal wurde. Die methodisch angelegte und gestuft (gegen Klerus, dann auch Laien) durchgeführte Repression ab 303 hatte deutlich wieder die Vernichtung des Christentums und die Rückführung der Christen zu besserer Einsicht zum Ziel. Bei Diokletian sind wie bei seinen Vorgängern diese Maßnahmen im Rahmen einer umfassenden Reform- und Restaurationspolitik zu sehen. Daß der erwartete Erfolg aber ausblieb, ist am deutlichsten dadurch belegt, daß *Galerius* (305–311), zunächst ein Mitkaiser und dann Nachfolger Diokletians und ausgesprochener Christenfeind, als Verfolger das *Toleranzedikt vom 30. April 311* erließ und diese Politik kurz vor seinem Tod für beendet erklärte.[11] Er gesteht darin das Scheitern wörtlich ein; fast wichtiger noch ist aber, daß er die Christen aufforderte,

---

[11] Der Text ist bei Laktanz, De mortibus persecutorum 34 und Eusebius, Kirchengeschichte VIII 17,3–10 überliefert.

»zu *ihrem* Gott zu beten für unser (des Kaisers) Heil (*salus*), für das des Staates und für ihr eigenes«. Das ist das erste Mal in der Geschichte von Christentum und Römerreich, daß in den politischen »Richtlinien« eines heidnischen Kaisers die Macht und Hilfe des Christengottes und somit also ein positiver Beitrag der Christen zur Politik (durch Gebet oder Kult) offiziell ins Kalkül gezogen wird. Christen darf es jetzt geben, besagt das Galerius-Edikt, aber »unter der Bedingung, daß sie in keiner Weise gegen die Staatsverfassung handeln«. Da wird das Verlangen der Loyalität in dem Augenblick fiktiv noch einmal erneuert, als es aufgegeben wurde, weil es gescheitert war: Christen konnten die Ansprüche des heidnischen Staates im Bereich des Kultischen nicht erfüllen. Dann, so Galerius, soll dem Reich wenigstens der christliche Kult zugute kommen. Das war eine Wende im Verhältnis von Römerreich und Christentum.

Nach diesem Edikt des Galerius kam es – trotz der Toleranzerklärung im Mailänder Protokoll (313) von Konstantin und Licinius – zu weiteren Verfolgungen im Osten durch Mit- bzw. Gegenkaiser Konstantins (*Maximinus Daia, Licinius*) bis zu dessen Alleinherrschaft im Jahre 324. Sie trafen die Christen als potentielle Parteigänger des Rivalen Konstantin, waren also eher taktisch als religiös motiviert, wurden aber mit religiöser Ideologie durchgeführt.

Insgesamt sind alle staatlichen Verfolgungen relativ inkonsequent und uneinheitlich durchgeführt worden. Daher war ihre Wirksamkeit begrenzt. Im Westen des Reiches wurden sie durchweg weniger konsequent und hart durchgeführt als im Osten. Als Galerius 311 das Toleranzedikt erließ, widersprachen Christenverfolgungen als Mittel der Politik längst der Auffassung und Praxis im Westen. Außerdem gab es die langen, sogar überwiegenden Zeitspannen ohne Verfolgung, wenn auch oft nicht ohne Gefahr. Aber natürlich waren die Vorgänge eine schwere Probe für die Kirche, an deren Widerstandskraft sie letztlich gescheitert sind. In der intensiven Nähe zum Martyrium hat die Kirche sich zunehmend stärker darauf einstellen können. Die angewendeten »Strafen« gegen die Gemeinden bestanden in Verhaftung der Vorsteher, Enteignung von Friedhöfen und Gebäuden und Beschlagnahme kultischer Schriften (Bibel u. a.) und Geräte; gegen den einzelnen Christen in Verhaftung, Behinderungen, Vermögens- und Rechtsentzug, Verbannung, Zwangsarbeit, Folter und Verstümmelung und als Extrem in der Hinrichtung. Es gab aber nicht nur die staatlichen Strafmaßnahmen, sondern eben auch die unkontrollierte Brutalität der Pogrome.

Die *Gründe* für die Verfolgungen sahen beide Seiten sehr verschieden. Die Kirche sah die eigentliche Ursache in Gottlosigkeit und moralischer Schlechtigkeit der Verfolger und in ihrer Besessenheit durch den Teufel, der gegen die Diener des wahren Gottes tobte, oder auch in Gottes Strafe für schlechte kirchliche Zustände. Das waren also rein religiöse Aspekte. Von seiten des Staates und der Gesellschaft war aber das ganze Syndrom der oben aufgezählten rationalen und emotionalen Barrieren ausschlaggebend, die zwischen Christentum und Umwelt standen und bei denen die politischen Aspekte entscheidend waren. Es ging um Loyalität und Übereinstimmung der Christen mit allen Menschen im religiös-politischen Weltbild. Es war grundsätzlich die Denkart der Römer, alles und auch die Religion zuerst und vor allem unter politischen Aspekten zu sehen.[12] Urteil und Entscheidung hing im Fall von Fremdreligionen immer von innen- oder auch außenpolitischen Rücksichten ab (öffentliche Ruhe und Sicherheit, Ansehen des Staates). Weil solche Rücksichten oft nur eine momentane Bedeutung haben und sich schnell ändern können, war römische Religionspolitik gegenüber Fremdkulten oft so wechselhaft und inkonsequent wie im Fall der Behandlung des Christentums. Dafür gibt es noch weitere Gründe: Die Römer waren überzeugt, auch den fremden Göttern verpflichtet zu sein; außerdem suchten sie als »Welteroberer« die politischen Tugenden der Großzügigkeit, Milde und Toleranz hervorzukehren, wo es um die Fremdvölker, deren Sitten und Religionen ging. Diese verschiedenen Rücksichten konnten also zu einer recht inkonsequenten Politik zwischen Verfolgung und Toleranz führen.

Neben der politischen hat das ganze auch seine juristische Seite gehabt. Man muß nach der *Rechtsgrundlage* fragen, auf der die

---

[12] Für das Folgende: *K. Kempter*, Der Kampf des römischen Staates gegen die fremden Kulte, Diss. Tübingen 1941.

Maßnahmen gegen das Christentum standen. Ein allgemeines Gesetz gegen nicht-römische Kulte im Reich gab es nicht. Fremdreligion war für die Römer kein Delikt. Aber sie hatten ihre klaren Wertvorstellungen von der Verehrung der Götter, der Sitte der Vorfahren und der Autorität des Staates. Wo diese Grundlagen bedroht schienen, brauchte es keine eigenen Gesetze, um Gegenmaßnahmen zu treffen; sie genügten als Leitlinien für das politische Handeln. Der Staat hat erst im 3. und anfangs des 4. Jahrhunderts Gesetze (Edikte) gegen das Christentum erlassen. Bis dahin genügte das generelle Bestrafungsrecht der Behörden zur Aufrechterhaltung der öffentlichen Ordnung (*coercitio*). Ohne genaue Gesetze blieb freilich immer ein Ermessensspielraum, ob eine Fremdreligion strafbaren Charakter hatte oder nicht. Daher rührte im 2. Jahrhundert die erwähnte Rechtsunsicherheit bezüglich der Christen. Im Zweifelsfall ging das aber auf Kosten der Christen, weil der Zweifel durch die vielen negativen Vorurteile in Richtung einer Verurteilung tendierte. Als dann ab Decius einschlägige Gesetze das Christsein unter Strafe stellten, war die rechtliche Situation eindeutig, so daß sie durch gegenläufige Toleranzedikte eigens aufgehoben werden mußten, wenn der Kurs sich änderte.
Bewertungen dieser Vorgänge durch Heiden sind kaum bekannt. Dagegen sind innerhalb des Christentums eine Reihe von *Reaktionen* wichtig, die teils Voraussetzung, teils Folge des Überlebens des Christentums waren. Von entscheidender Bedeutung war, daß den Christen in ihrer Not nicht nur allgemeine Tugenden der Treue, Standhaftigkeit, Todesverachtung usw. als Halt blieben, sondern daß sie in ihrem neuen Glauben ganz singuläre *Bewältigungs-* und *Trostmöglichkeiten* für diese Situation besaßen: Der gefolterte, hingerichtete und auferstandene Jesus, das Ideal seiner Nachfolge im Schicksal als Durchgang durch gewaltsamen Tod zum Leben, die handgreifliche Ähnlichkeit mit ihm im Leiden (Passion) – das alles ließ unmittelbar Sinn im grausamen Geschehen erkennen. Die Verfolgungsansagen Jesu in den Evangelien (Mk 13,9–13; Mt 10,16–25 u. a.), die bewußte Erwartung der Wehen am Weltende, die Vorstellung vom dramatischen Kampf zwischen Wahrheit und Irrtum ließen keine Panik entstehen: Es »*mußte*« so kommen. Natürlich gab es nicht nur Glaubenshelden, aber aus diesen Quellen

kam für die Gemeinde und den einzelnen die Erklärung der Vorgänge. In der *Elite der Märtyrer* als der Christusähnlichen fand die ganze Gemeinde die Verwirklichung ihres Ideals und so ihre Identität, ohne daß alle dieses Ideal erreichten. Die praktische Gemeindetheologie bekam entsprechende Züge in Ethik und Frömmigkeit. Zudem verstärkte der Druck von außen den Zusammenhalt der Gemeinde, beschleunigte den Ausbau einer festen Organisation (s. Kap. 4.2) und förderte durch entstehende Probleme die binnenkirchliche Kommunikation auf den dazu erforderlich gewordenen Synoden. Zu den Reaktionen auf die Verfolgung gehört auch die Selbstverteidigung gegen ungerechte Vorwürfe und Maßnahmen. Sie steigerte sich vereinzelt bis zu ausgesprochener Aggression gegen die Verfolger.

Im Zusammenhang der Reaktionen der Christen auf die Verfolgungen war von *Rückwirkungen* dieser Ereignisse auf Spiritualität, Theologie und Zusammenhalt der Gemeinde die Rede. Die harten Prüfungen und die Tatsache des Abfalls vieler (besonders unter Decius) ließ die Gemeindedisziplin straffer werden, um vorzubeugen. Glaube, Moral und asketische Einstellung bereiteten den einzelnen auf den Ernstfall vor. Innerhalb dieser schwierigen Lebensbedingungen bekamen Amt und Person des Bischofs in der Aufgabe geistlicher und organisatorischer Führung der oft verunsicherten Gemeinden eine gesteigerte Bedeutung (s. Kap. 4.2.1). Speziell im Zusammenhang eines für die Alte Kirche dramatischen Konflikts wuchs die bischöfliche Autorität, nämlich im sogenannten *Bußstreit*. Es war kurzfristig darüber zu entscheiden, ob die vielen in der decischen Verfolgung schwach gewordenen Christen auf ihren dringenden Wunsch hin wieder in die Kirche aufgenommen werden konnten, also eine Bußmöglichkeit bekamen. Es ging dabei um ihre Heilschance. Die Meinungen darüber bei den Kirchenführern reichten von der Großzügigkeit der »Bekenner«[13], die kraft eigener Vollkommenheit die Abgefallenen (*lapsi*) ohne weiteres wieder aufnahmen, bis zur rigorosen Position, wonach es

---

[13] So nannte die frühe Kirche solche Christen, die in der Verfolgung ihren Glauben trotz der Bedrohung bekannt und nicht verraten hatten und womöglich dafür inhaftiert und mißhandelt worden waren.

für die Unglücklichen keine Möglichkeit mehr gab als die, daß die Kirche sie dem Gericht Gottes überließ. Die Diskussion weitete sich aus zum Streit um Ideal und Kompromiß im Christentum, der hauptsächlich vom Bischof *Cyprian* (gest. 258) in Karthago und der römischen Kirche ausgetragen wurde. Cyprian, mit seiner Theologie und Praxis für die Entwicklung des Bischofsamts im Westen generell von großer Bedeutung, setzte sich (nicht nur in Nordafrika) mit dem Modus durch, daß in einem geregelten, sehr strengen Bußverfahren, das allein in der Hand des von Gott mit entsprechender Vollmacht ausgestatteten Bischofs lag, die Rückkehr zur Kirche für die Abgefallenen möglich ist. Die Oppositionsbewegung dagegen formierte sich aus Protest zu einer rigorosen Sonderkirche der »Reinen« (*katharoi*), unter Ausschluß aller Sünder. Ihr führender Kopf war der römische Presbyter *Novatian*. Dieses Schisma bestand Jahrhunderte, die *novatianische* Kirche (*Novatianismus*) gab es im ganzen Reich. Auch das war eine Folge der Verfolgungen, wie noch ein weiteres großes Schisma, das im Jahr 307 (oder 311/312) in Nordafrika entstand: Im Sinn der strengen afrikanischen Kirchendisziplin hielten einige Bischöfe, unter ihnen ein *Donatus*, die Weihe des Bischofs Caecilian in Karthago für ungültig, weil unter den Bischöfen, die ihn geweiht hatten, ein sogenannter *traditor codicum* gewesen sei, das heißt ein Bischof, der in der Verfolgung schwach geworden war und den Behörden heilige Schriften oder Geräte ausgehändigt hatte. Es ging, dogmatisch gesehen, um die Abhängigkeit der Gültigkeit und Wirksamkeit eines Sakraments von der moralischen Qualität des Spenders. Die Kirche spaltete sich über diesen Streit ein weiteres Mal; es entstand neben der katholischen die *donatistische* Kirche (*Donatismus*), in Afrika noch zu Augustins Zeit (4./5. Jahrhundert) die größere von beiden (s. auch u. 3.2.4 u. Kap. 5).

Theologisch und kirchenpraktisch brachten beide Auseinandersetzungen, die um den Novatianismus und die um den Donatismus, für die Kirche Klärungen von bleibender Haltbarkeit: Gegen den novatianischen Rigorismus wurde die Überzeugung von der bischöflichen Bußvollmacht der Kirche und die Praxis einer barmherzigen Gemeinde durchgesetzt; gegen die Großzügigkeit der Bekenner wurde allerdings eine Verharmlosung der Sünde (des Abfalls) unterbunden. Gegenüber den donatistischen Einwänden blieb es bei der Unabhängigkeit des Sakraments vom Zustand des Spenders, die den Empfänger vor einer unzumutbaren Unsicherheit schützt. Beide Schismen haben die Kirche viel Kraft, Substanz und Glaubwürdigkeit gekostet. Als Folgeerscheinungen der Christenverfolgungen gehören sie zur Geschichte der Konfrontation von Staat und Kirche hinzu.

3.2 Die veränderten Verhältnisse seit Konstantin

Nachdem die wiederholt und von mehreren Kaisern unternommenen Beseitigungsmaßnahmen gegen das Christentum gescheitert waren, vollzog sich mit dem von Galerius im Namen aller vier damals regierenden Kaiser (Galerius, Maximinus Daia, Konstantin, Licinius) proklamierten Toleranzedikt im Jahr 311 ein politischer Kurswechsel in dieser Frage binnen weniger Jahre. Aus der offiziellen Duldung des Christentums durch den Verfolgerkaiser Galerius wurde bei *Konstantin* (306–337) die volle Anerkennung, Gleichstellung und Förderung, und sie führte dann Ende des 4. Jahrhunderts zur exklusiven Position des Christentums als Reichskirche und Staatsreligion (*Theodosius I.*, 379–395), die im 6. Jahrhundert (*Justinian I.*, 527–565) ihre ausgebildeten Strukturen zeigt. Dieser Prozeß ist von der staatlichen Politik und Religionsgesetzgebung des 4. bis 6. Jahrhunderts »verordnet« und gesteuert worden. Für die Kirche ergaben sich stark veränderte Verhältnisse und einschneidende Folgen.

3.2.1 Konstantins prochristlicher Kurs

Konstantin (306–337) war seit 306 Kaiser über einige Teile des Westreiches (Gallien, Britannien). Im Sieg über seinen Rivalen im Westen, Maxentius, im Jahr 312 an der sogenannten Milvischen Brücke vor Rom, der für ihn die Herrschaft über den gesamten Westen samt Rom bedeutete, sah er sein Leben lang den entscheidenden Durchbruch seiner Karriere. Ganz im Sinn römischen Religionsverständnisses und im Stil zeitüblicher politischer Propaganda stellte er diesen militärisch-politischen Erfolg als unmittelbaren Eingriff der Gottheit dar, die ihn zu ihrem Instrument und Repräsentanten der Weltlenkung erwählt hatte. Auch das Volk sah in den Vorgängen bereitwillig ein Zeichen des Himmels zugunsten Konstantins. Und zwar hatte Konstantin sich offenbar schon vor der Entscheidungsschlacht für den Fall des Erfolgs auf einen prochristlichen Kurs in der Religionspolitik festgelegt. Als ihm der für die Herrschaft im Westen entscheidende Sieg trotz unsicherer Ausgangslage gelungen war, führte der Kaiser ihn darauf zurück, daß er die Schlacht unter Verwendung christlicher Symbole (Sonne und Kreuz) als militärischer Feldzeichen und unter dem Gelöbnis des prochristlichen Kurses errungen hatte. Und er setzte danach sofort Signale, um den neuen Kurs anzuzeigen, indem er zum Beispiel in offiziellen Reden oder Verlautbarungen die Namen der römischen Götter durch abstrakte Begriffe (»Gottheit«/divinitas) ersetzte, obligate Riten des heidnischen Kults (Opfer nach dem Sieg) nicht mehr vollzog und Münzen mit dem Christuszeichen ☧ prägen ließ. Für die Untertanen, Heiden und Christen, kam diese religionspolitische Wende überraschend. Daß im Zuge der Politik ein bestimmter Kult eines bestimmten Gottes vom Kaiser neu forciert wurde, kam zwar oft vor. Konstantin hat keine neue Art von Politik gemacht, sondern im Prinzip die Politik Diokletians formal fortgesetzt, in Verfassungs-, Verwaltungs-, Verteidigungs- und auch Religionsangelegenheiten. Seine historische und kirchengeschichtliche Bedeutung liegt darin, daß er seine Wahl für das Christentum traf, was eben weittragende Folgen hatte. Und unermüdlich erklärte Konstantin der Bevölkerung den Aufstieg seiner Herrschaft als Anbruch einer neuen Epoche, wie es andere Kaiser für ihre Regierung auch getan hatten. Und er illustrierte seine eigene religiös-politische Entscheidung für das Christentum propagandistisch in Form einer von ihm erlebten *Vision* vor der Schlacht gegen Maxentius.

Solche Visionen als Wink der Gottheit wollen auch andere Kaiser (z. B. Diokletian, Licinius) gehabt haben, und von Konstantin selbst wurde damals aus früheren Jahren bereits eine Vision des Sonnengottes Apollo in Gallien behauptet (Panegyrici latini VII 21,4f). Wichtige Entschlüsse und entscheidende Ereignisse waren für den Menschen der Spätantike mit Wunderzeichen und Traumgesichten verbunden. Die Vision Konstantins im Jahr 312, in der ihm sein Sieg gegen Maxentius und damit seine künftige

Rolle angesagt wurde, ist in recht verschiedenen Fassungen überliefert (Laktanz, De mortibus persecutorum 44,5; Eusebius, Vita Constantini I 26–29), die darin übereinstimmen, daß Konstantin ein Kreuz- bzw. Christuszeichen sah, sich für ihn sein politischer Weg ab 312 also mit dem Christentum verband.

Die Gestalt Konstantins wird bis heute verschieden beurteilt, und speziell diese Vorgänge am Anfang seiner Karriere sind umstritten. Die Christen, die den Umschwung selbst erlebten, waren überzeugt, daß der heidnische Kaiser sich durch göttliche Fügung von den Götzen zum Christengott bekehrt hatte und nun der Durchsetzung der Wahrheit des Evangeliums in Welt und Geschichte diente und allen Repressionen gegen das Christentum ein Ende machte. Historisch genau stellt sich die Sache jedoch anders dar. Konstantin hat keine Bekehrung erlebt; es findet sich keinerlei Anzeichen von Glaubenswechsel bei ihm. Nie hat er von sich gesagt, er habe sich einem anderen Gott zugewendet. Vielmehr tendierte der Kaiser längst vor der Entscheidung für das Christentum in seiner Religiosität ganz klar und zunehmend zum Henotheismus, den er im Kult einer mit recht abstrakten Attributen beschriebenen Gottheit praktizierte. Zur Zeit seiner Hinwendung zum Christentum war das für ihn der *Sol Invictus* (der siegreiche Sonnengott), mit dem er sich auf Münzen darstellen ließ. Und nach Euseb (Vita Constantini I 28) verband sich in der Vision die Sonne (der Sonnengott) mit dem Kreuz.

Diesen Gott Sol hat Konstantin nicht verlassen. Der spektakuläre Wechsel bestand darin, daß er den *Kult* (die Art der Verehrung) für diesen Gott *wechselte* und daß er das Christentum dazu wählte. Für ihn war der Gott der Christen identisch mit dem Gott, den er selbst verehrte. Aus Konstantins Perspektive brauchte der Staat eine Religion strikter Monarchie im Gottes- und Weltbild, die sich in der politischen Monarchie des absolutistischen Kaisertums auf Erden abbildete und fortsetzte. In seinem Bild von der religiös-politischen Weltordnung hat ein einziger (oberster) Gott die Herrschaft über die Welt. Das Instrument seiner Herrschaft auf Erden ist der eine und einzige Kaiser (als welcher Konstantin sich gegen seine Rivalen noch durchsetzen würde), der das (römische) Weltreich regiert. Konstantin hat seine Wahl nach diesen Kriterien getroffen, als er dem Christentum mit seinem exklusiv einzigen Gott den Vorzug vor den alten Religionen der vielen Götter gab. Die beliebte Alternativfrage, ob Konstantin nun aus berechnend-politischen oder redlich-religiösen Motiven »Christ geworden« sei, ist demnach falsch gestellt, weil Staatsräson und Religion römisch nicht trennbar waren. Konstantin hat im Christentum eine Kult-Religion im römischen Verständnis gesehen (die Bedeutung des Bekenntnisses im Christentum wurde von ihm erst später begriffen), die sich aufgrund ihrer erkennbaren Strukturen (hierarchische Organisation, reichsweite ideelle Einheit, Universalismus, historisches Durchsetzungsvermögen) optimal eignete, die Staatsaufgabe mitzutragen.

Konstantin traf im Jahr 313 mit seinem Mitkaiser *Licinius* in Mailand eine religionspolitische Vereinbarung im Sinn seiner Politik. Dieses *Mailänder Protokoll*[14] von 313 wurde der Reichsbevölkerung bekanntgegeben. Es enthielt die Gleichstellung des Christentums mit den vorhandenen Kulten. Später schaltete Konstantin Licinius als Rivalen im Osten auf militärischem Weg aus und war ab 324 Alleinherrscher. Damit war sein Kurswechsel reichsweit angebahnt und durchsetzbar. Konstantin verfuhr in der Religionspolitik aber geduldig und tolerant, das heißt ohne beschleunigende Gewaltanwendung gegen die altgläubigen Heiden und die Juden. Er betrieb aber konstant die Christianisierung von Reich und Gesellschaft durch Gesetzgebung, Kirchenbau, Kirchenpolitik, Propaganda. Seine eigene Frömmigkeit blieb dabei in vielem römisch-politisch, gewann allmählich christliche Elemente hinzu, aber verlangte nicht, daß der Kaiser sich taufen ließ. Konstantin empfing die Taufe erst unmittelbar vor seinem Tod. Als »Bischof (Aufseher) für die draußen« (das heißt für Christen *und* Nichtchristen), wie er sich offenbar selbst bezeichnet hat,[15] nahm er in seiner religiösen Praxis wie in der Politik Rücksicht auf die Heiden, für die er eben auch Kaiser war, sorgte aber – wie jeder römische Kaiser – für den Kult, und das heißt jetzt: für das Christentum.

---

[14] Es handelt sich nicht, wie man oft liest, um ein Edikt (= Gesetz), sondern um eine politische Vereinbarung. Der Text ist bei Laktanz, De mortibus persecutorum 48 überliefert.
[15] Eusebius, Vita Constantini IV 24.

Die Kirche hat diese Religionspolitik als sehr vorteilhaft erlebt und auch begrüßt. Neben den heidnischen Kulten erhielt jetzt auch sie Subventionen und Privilegien. Ihre Bischöfe wurden in einen sozial gehobenen Status mit renommierten staatlichen Beauftragungen (Gerichtsbarkeit) eingesetzt. Es gab kaiserlichen Schutz für das Christentum. Bedenken und Kritik kamen nur vereinzelt und erst bei negativen Folgen der neuen Rolle des Christentums auf. Der Bischof *Eusebius von Cäsarea* (gest. ca. 339) ist der Typ eines von den neuen Verhältnissen begeisterten Kirchenmannes gewesen, der diesen überraschenden Gang der Dinge in seinen Schriften mit großem Optimismus auch christlicherseits als Gottes Lenkung der Geschichte beschrieb.[16]

3.2.2 Die Entwicklung zur Reichskirche

Während Konstantin selbst also nicht totalitär vorging, sondern Christentum und Heidentum politisch gleichrangig sein ließ (obwohl er das Heidentum subjektiv und verbal inzwischen scharf ablehnte), suchten die Kaiser der Folgezeit Vorteile und Übergewichte für die Kirche forscher durchzusetzen, andererseits aber auch die Kirche als Instrument der Politik klarer zu kontrollieren. Unter den Konstantinsöhnen war es hauptsächlich *Constantius II.* (337–361), nach ihm dann weitere Kaiser des 4. Jahrhunderts, die die Verhältnisse in beiden Richtungen durch intolerante Politik und Gesetzgebung vorangetrieben haben. Das Heidentum geriet zunehmend unter Druck, und die Juden wurden in ihren Möglichkeiten eingeengt. Die Kirche dagegen wurde immer enger ins Staatssystem integriert, was andererseits zur Folge hatte, daß sie an Selbständigkeit und Freiheit verlor und ebenfalls massive Repressionen des Staates erlebte. Und schließlich wurden die Häretiker als primäre Störfaktoren im neuen System mit besonderer Härte angefaßt.

Wir nehmen gleich den vorläufigen Höhepunkt dieser Entwicklung im 4. Jahrhundert in den Blick. Er ist darin zu sehen, daß unter Kaiser *Theodosius I.* (379–395) das Christentum als Reichs-

---

[16] Eusebius, Kirchengeschichte IX 10 – X 9; Vita Constantini.

kirche tatsächlich die Rolle der Staatsreligion zugewiesen bekam. In einem Edikt vom 28. 2. 380 verpflichtete dieser Kaiser alle Untertanen im Reich auf das Christentum (verbot damit das Heidentum), und zwar (so heißt es) auf den Glauben der Bischöfe Damasus von Rom und Petrus von Alexandrien, was bedeutete: auf das Bekenntnis des Konzils von Nizäa 325 (s. Kap. 8.3). Dieser Einzelmaßnahme entsprach eine konsequente Kirchenpolitik von kaiserlichem Dirigismus ohne Konsultation der Bischöfe bzw. Synoden.[17] Der Staat also setzte das Christentum in die Funktion ein, die der Kult im Römerreich immer schon gehabt hatte, nämlich die notwendige Gottesverehrung zu sichern und die Bevölkerung in der Religion zu integrieren. Und außerdem entschied der Kaiser über diese Staatsreligion, für die er nach der römischen Tradition zuständig war, kraft eigener Kompetenz, indem er während einer dogmatisch sehr verworrenen Epoche ein bestimmtes Bekenntnis des Christentums exklusiv setzte und im Häretikergesetz von 381 die Opposition gegen dieses Bekenntnis staatlicherseits autoritär zur Häresie erklärte.

Solche Vorgänge ergaben sich aus der neuen Rolle der Kirche als Staatsreligion. Der reichskirchliche Zustand des Christentums beruhte auf einem Konsens zwischen Staat und Kirche, der nicht konfliktfrei war. Die Regierung des Kaisers *Justinian I.* (527–565) zeigte die Symptome noch einmal mit besonderer Deutlichkeit. Als Monarch wußte Justinian sich als den Erstverantwortlichen für Reich und Religion. Politik, Verwaltung und Theologie waren nur verschiedene Bereiche einer einzigen Zuständigkeit. Darum führte er Kriege zur Wiederherstellung des zerfallenden Reiches, verfolgte aber zum selben Ziel mit Gesetzen Häretiker, Juden, Fremdreligionen und Heiden (erst Justinian hat im Jahr 529 die heidnische Universität von Athen geschlossen), schrieb dogmatische Traktate und berief (wie seine Vorgänger seit Konstantin) Konzile ein. Hier ist das Christentum als Religion total in die Funktionen des Staatssystems eingesetzt. Das hat schon bei Konstantin seine exakte juristische Basis: Das römische Recht betraf mit sei-

---

[17] W. *Enßlin*, Die Religionspolitik des Kaisers Theodosius d. Gr., München 1953; A. *Lippold*, Theodosius der Große und seine Zeit, München ²1980, 123–138.

ner Ordnung des Reiches ganz zentral auch Kult und Priester der Religion, jetzt also des Christentums. Damit war die Kirche Teil des römischen Rechtssystems und dem Gesetzgeber (Kaiser) unterstellt als Bestandteil der öffentlichen Ordnungsstruktur. Sie besaß in ihrer neuen Eigenschaft als »Körperschaft« (*corpus*) im Sinn des Rechts freilich auch den Rechtstitel, auf den hin der Kaiser ihr Subventionen, Schenkungen und dergleichen zukommen lassen konnte.

3.2.3 Die christlichen Kaiser und die Heiden

Für Konstantins Zeit muß man noch von einer klaren zahlenmäßigen Unterlegenheit der Christen ausgehen. Infolge der neuen Religionspolitik dürfte sich das bald geändert haben. Aber die Vorstellungen der christlichen Kaiser von einer raschen Vereinheitlichung des Reiches im christlichen Bekenntnis waren doch nicht leicht durchzusetzen, weil ein ganz beträchtlicher Anteil der Bevölkerung aller Schichten heidnisch oder indifferent blieb. Man hielt konservativ an den alten Traditionen fest. Die Christentumskritik der vorkonstantinischen Zeit setzte sich unter veränderten Bedingungen auch jetzt fort. Die Heiden sahen in der konstantinischen Wende ein politisches Unglück von der Tragweite des Verlustes jedes göttlichen Beistandes. In der Person des Kaisers *Julian* (361– 363) bekam diese konservative Reaktion vorübergehend sogar noch einmal die politische Macht. Julian reduzierte und kritisierte das Christentum und versuchte, die heidnische Religiosität durch gezielte Impulse neu zu beleben und (unter anderem in Konkurrenz zur christlich-kirchlichen Lebensform) attraktiv zu machen. Das blieb eine kurze Episode, aber die heidnische Opposition bestand fort. Je länger der neue Zustand dauerte, desto stärker versteifte sie sich in fanatisch-reaktionäres Beharren in passivem, manchmal auch aktivem Widerstand. Ein berühmter Vorfall ist der Streit um den Victoria-Altar,[18] in dem sich der alte Glaube der römischen Senatsaristokratie laut zu Wort meldete. Kaiser *Gratian*

---

[18] Vergleiche *R. Klein*, Symmachus, Darmstadt 1971; *Ders.*, Der Streit um den Victoriaaltar, Darmstadt 1972.

(367–383) ließ im Jahr 382 aus dem Sitzungssaal des Senats in Rom den Altar entfernen, der dort seit 29 v. Chr. vor der Statue der Göttin Victoria stand, damit vor den Sitzungen geopfert werden konnte. Natürlich war das ein religiöses Prestigeobjekt ersten Ranges. Constantius II. hatte 356 schon einmal die Beseitigung veranlaßt, Julian sie aber rückgängig gemacht. Durch Gesuche, Anträge und Argumentationen in den Jahren 382 und 384 hatten die Senatskreise beim Kaiser fast erreicht, daß er die Anordnung zurücknahm. Aber die Bischöfe Damasus von Rom und noch viel wirkungsvoller Ambrosius von Mailand machten dem Kaiser klar, worin seine Herrscherpflicht gegenüber der wahren Religion lag. Der Altar wurde nicht wieder aufgestellt. Die Heiden bekamen es ab jetzt permanent mit dem unduldsamen Gebaren der neuen Religion zu tun.

Ein weiteres Signal der Trennung des römischen Kaisertums vom alten Kult, das für die Zeitgenossen sehr unmißverständlich gewesen sein muß, war die Verweigerung des kaiserlichen Titels *Pontifex maximus* (Oberpriester) durch Theodosius I. im Jahr 379 und Gratian im Jahr 382. Zwar hatten die Kaiser faktisch die alte politisch-religiöse Position nach ihrem Selbstverständnis weiter inne (weshalb ihre Vorgänger seit Konstantin keinen Anlaß zum Verzicht auf den Titel sahen), aber eben nicht mehr im alten Kult.

Seit Konstantins Söhnen setzten auch die *gesetzgeberischen Maßnahmen* des Staates ein: Verbot heidnischer Opfer und Bilderverehrung, Schließung der Tempel, Einstellung der staatlichen Subventionen für die Priesterschaften und andere Repressalien, die früher gegen die Christen praktiziert worden waren. Nicht alle Kaiser betrieben diese Politik. Das politische Kalkül änderte (wie früher gegenüber den Christen) die Wahl der Mittel zwischen Druck und Toleranz. Generell waren die kaiserlichen Gesetze wohl stärker auf den Effekt der Drohung als auf Anwendung angelegt. Die politische Praxis mußte viele Rücksichten nehmen. Das ändert allerdings nichts am grundsätzlichen intoleranten Charakter der Reichspolitik. Es gibt viele Beispiele dafür, daß Kirche und Christen den Staat in dieser Intoleranz bestärkten, sogar ihrerseits antiheidnische Stimmung machten und zu Gewalttätigkeiten gegen Andersgläubige griffen und diejenige Toleranz zu üben nicht imstande waren, die sie in vorkonstantinischer Zeit als die Leidtragenden oft eingeklagt hatten. Durch die neuartige Aktualität der dogmatischen Wahrheitsfrage, die das Christentum in die spätantike Gesellschaft einbrachte, ist als problematische Kehrseite eine Geschichte permanenter religiöser Intoleranz ausgelöst worden.

3.2.4 Die christlichen Kaiser und die Kirche

Das Verhältnis zwischen Kirche und Staat wurde durch die neuen reichskirchlichen Umstände auf bisher nicht gekannte Art zum Problem. Es mußte in komplizierten Prozessen geklärt bzw. sehr wechselhaft als Konflikt ausgetragen werden. Denn die christlichen Kaiser handelten aus einer Kaiseridee heraus, die unverändert aus antiker politischer Philosophie kam und mit religiösen Grundbegriffen ausgestattet war, die nicht dem Christentum entstammten. Es mußte Kollisionen geben. Die Kaiser und ihre Verwaltung hatten mit der Kirche mindestens ebenso viele aufwendige Konflikte durchzustehen wie mit den Heiden, Juden und Häretikern. Und die Kirche ihrerseits hatte oft alle Mühe, sich die Freiheit zur Regelung ihrer Lebensbereiche gegenüber dem Staat zu bewahren. Es gab eine Interessenverschiedenheit zwischen Staat und Kirche im Bereich von Dogma und Kircheneinheit. Für die Kirche hatte das Dogma, für den Staat die religiös-politische Einheit Vorrang. Außerdem gab es von seiten des Christentums keine Theorie, mit der sich die singuläre Stellung des Kaisers in oder gegenüber der Kirche umschreiben ließ: Er war weder Bischof noch Papst und hatte doch eine (prinzipiell von allen anerkannte) Kompetenz, die über die bischöfliche in manchem hinausging. Und weiter: Das Christentum hatte von sich aus keine Formel, keine Theorie für sein Verhältnis zum Staat bzw. für das Verhältnis der zwei »Gewalten«, wie es später heißen wird, der bischöflich-geistlichen und der staatlich-weltlichen, zueinander. Und das wurde im 4. Jahrhundert darum so kompliziert, weil – gut römisch – auch vom Kaiser Zuständigkeit im religiös-kultischen Bereich reklamiert wurde, die nach christlichen Begriffen aber dem Bischof allein zustand. Das alles war und wurde in altkirchlicher Zeit nicht wirklich geklärt. Und selbst unter den Christen waren, teilkirchlich oder parteilich oder theologisch bedingt, die Ansichten darüber sehr verschieden. Es gab etliche Vorgänge, an denen sich die für den spätantiken Staat neuen Schwierigkeiten demonstrieren lassen.

So erlebte *Konstantin* sehr bald nach seinem Kurswechsel eine erste Enttäuschung mit dem Christentum in Form des *Donatismusstreits* (s. o. 3.1.2 u. Kap. 5). Die Kirche, der er die einheitsstiftende Kraft im Reich zugetraut hatte, war in sich selbst uneins geworden und nicht fähig, ihre Einheit wiederherzustellen. In der Reichskirche wurde ein Problem dieser Art unvermeidlich zum politischen Fall, weil sich der Kaiser wegen des übergeordneten Postulats der politischen Einheit und Ordnung engagieren mußte. Es ging im Donatismusstreit einerseits um das religiöse Heiligkeitsideal und um Kirchendisziplin und andererseits um dogmatische Positionen. War Cäcilian von Karthago im Jahr 311/312 rechtmäßig und gültig zum Bischof geweiht, falls es stimmte, daß er von einem Traditor, also einem in der Verfolgung schwach gewordenen Bischof geweiht worden war? Oder mußte sein von der rigorosen Partei in einer unangreifbaren Wahl als Gegenbischof eingesetzter Konkurrent (Majorinus, sein Nachfolger Donatus) anerkannt werden? Der Streit war durch politische, soziale, religiöse und ethnische Komplikationen in Nordafrika zusätzlich verhärtet und als Schisma mit zwei getrennten Kirchen (und zwei getrennten Bevölkerungsteilen) faktisch unlösbar.

Konstantin behandelte zuerst allein die »Katholiken« (Cäcilianer) als Kirche (was finanzielle und andere Folgen für sie hatte). Auf Protest der Donatisten hin veranlaßte er dann ein Schlichtungsverfahren und beauftragte drei Bischöfe aus Gallien unter dem Vorsitz des Bischofs Miltiades von Rom mit einem Schiedsspruch.[19] Auf den Mißerfolg dieser Maßnahme hin (die unterlegenen Donatisten akzeptierten das Urteil nicht) versuchte Konstantin dasselbe mit einem größeren Gericht von Vertretern aller westlichen Kirchen

---

[19] In dieser Versammlung von gallischen (und italischen) Bischöfen im Jahr 313 in Rom erblickte die Kirche eine Synode; für den Kaiser war es ein herkömmliches juristisches Verfahren zur Zusammenführung streitender Parteien: Ein Schiedsgericht zuständiger Richter (hier also der Bischöfe) trifft im Auftrag des Kaisers eine Entscheidung.

als Richter auf der Synode in Arles 314. Seine Erwartung, die Einheit dem christlichen Ethos gemäß einvernehmlich wiederherstellen zu können, wurde wieder enttäuscht. Die Donatisten protestierten und agitierten gegen das für sie wieder ungünstige Urteil. Der Kaiser sah die Sache jetzt als seine unmittelbare Aufgabe an, überzeugte sich von der Unrechtmäßigkeit der donatistischen Position und setzte Gewalt gegen sie ein. Ordnungskräfte gingen gegen donatistische Kirchenbesetzungen vor, wobei es wegen des offensiven Widerstandes zu Blutvergießen kam. Die Donatisten proklamierten sich ab jetzt verstärkt als die wahre, getreue Märtyrerkirche, die das Heiligkeitsideal der Märtyrerzeit bewahrte und vom neuen Kaiser neuerdings verfolgt wurde.

Bezeichnend ist daran vor allem zweierlei: 1) Als die Donatisten unter dem Rechts- und Polizeidruck zu leiden hatten, das staatliche Eingreifen in den kirchlichen Streit also ihr Nachteil wurde, da erst erhoben sie den wörtlich überlieferten Protest: »Was hat der Kaiser mit der Kirche zu schaffen?« Dabei hatten sie selbst den Kaiser als erste angerufen. Dies wiederholt sich noch oft in der frühen Kirchengeschichte, daß die von der kaiserlichen Politik Bevorteilten das staatliche Eingreifen in Ordnung fanden und sich gefallen ließen, die Benachteiligten aber nicht nur Beschwerde führten, sondern die Rechtmäßigkeit der staatlichen Einwirkungen auf die Kirche grundsätzlich bestritten. Man sieht, wie sich das Fehlen einer grundsätzlichen Klärung der Frage für parteiliche Optionen nutzen ließ. – 2) Genauso bezeichnend ist die Position des Kaisers und die Zustimmung der katholischen Bischöfe dazu. Konstantin sah seine Pflicht darin, für die öffentliche Ordnung zu sorgen, die durch den Donatismus zumindest in Nordafrika erheblich gestört war. Und zwar sah er Ordnung und Einheit ausgerechnet im Bereich des Kults verloren, der für ihn zum Wichtigsten gehörte. Die Kirche, die als Reichsreligion den Erfolg der konstantinischen Ära mitgarantieren sollte, setzte den Frieden aufs Spiel. Die Abhilfe lag in der Zuständigkeit des Kaisers, wie das römische Staatswesen sie kannte. Und die Christen sahen in Konstantins Maßnahmen der Religions- (jetzt: Kirchen-)Politik wie alle Zeitgenossen die Erfüllung kaiserlicher Pflichten und Funktionen, die das römische Recht ihm auferlegte. Aber ihre Zustimmung dauerte in der Regel nur so lange, wie daraus Vorteil und Begünstigung entstand. Das Verhältnis von Kirche und Kaiser war nicht geklärt. – Konstantin übte nach einigen Jahren der repressiven Politik ohne Erfolg schließlich Toleranz gegenüber den Donatisten, um sie Gottes Gericht zu überlassen. Die Gewaltanwendung war für ihn offenbar kein adäquates Dauermittel der Politik. Der Donatismus lebte zwischen Toleranz und Verfolgung bis ins 5. Jahrhundert, als er zusammen mit der katholischen Kirche durch die Vandalen-Einfälle in Afrika ausgelöscht wurde.

Symptomatisch für die Kirchenpolitik Konstantins waren auch seine Maßnahmen im sogenannten *Arianismusstreit*, der eine weitere Enttäuschung des Kaisers mit der von ihm als Fundament der Reichseinheit gewählten neuen Religion bedeutete.[20] Es handelt sich um die kontrovers geführte dogmatische Debatte über das christliche Gottesbild bzw. über das Trinitätsverständnis oder die Relation zwischen Gott und Jesus Christus (Logos). Im Jahr 318 war die Auseinandersetzung in Alexandrien zwischen dem Bischof Alexander und dem Priester Arius ausgebrochen; mit viel Polemik, Aggression und Verurteilung hatte sie schnell reichsweit um sich gegriffen und verursachte eine deprimierende Zerstrittenheit der Christen. Die Synode zu *Nizäa* im Jahr 325, später als 1. Ökumenisches Konzil gezählt, traf eine Entscheidung, ohne den Streit beenden zu können, der bis zum Ende des 4. Jahrhunderts fortdauerte und auch danach noch auflebte.

Als Konstantin im Jahr 324 Alleinherrscher wurde, kamen Alexandrien und die anderen Regionen, in denen diese Debatte geführt wurde, neu in seinen Zuständigkeitsbereich. Der Kaiser brachte wenig Verständnis für diesen Streit auf, hielt den Streitgegenstand für bedeutungslos, spielte die Notwendigkeit der Diskussion ständig herunter und appellierte eindringlich an den Willen, sich auf der gemeinsamen christlichen Überzeugung sofort zu einigen. Die Einheit war diesmal eklatant im Bereich des Dogmas verloren. Und für Konstantins Religions- wie Christentumsbegriff ist es bezeichnend, wie er empfand: Den Streit um die Stellung des Logos

---

[20] Wir befassen uns an dieser Stelle nur mit den wichtigsten reichskirchlichen Symptomen der Vorgänge; im übrigen dazu Kapitel 8.3 und 8.4.

zu Gott kann, ja muß man sofort beenden, weil seine verwirrenden, spalterischen Folgen im Volk verheerend sind. Die Bewahrung der *Einheit* hatte für Konstantin ein viel größeres Gewicht als die dogmatische Klärung der Definition. Dabei verhielt er sich in der Sache völlig neutral, unterschätzte aber die Tiefe der Differenzen. Für die streitenden christlichen Theologen ging es darum, die Einheit der Kirche auf die Weise herzustellen, daß man das *rechtgläubige Bekenntnis* definierte, an ihm alle geäußerten Lehren maß und die Häretiker ausschloß. Dem Kaiser konnte am Ausschluß ganzer Gruppen aber nicht gelegen sein, weil das eine Spaltung der Reichsbevölkerung und nie eine Politik der Einigung bedeutete. Nach gescheiterten diplomatischen Vermittlungsversuchen wählte der Kaiser dann den Weg über die Synode von Bischöfen. Der Intention nach war das Konzil von Nizäa 325 das erste Reichskonzil, obwohl die Teilkirchen sehr unterschiedlich stark, die westlichen Kirchen offenbar nur durch fünf Teilnehmer vertreten waren. Für Konstantin war die Beilegung des Konflikts so dringlich und inzwischen auch in der Sache so wichtig, daß er die Synode in die Nähe der Residenz legte, um dabeisein zu können.

Und so stand die Synode ganz im Zeichen seiner Einflüsse. Aus dem festen Willen des Kaisers, Einigkeit und Frieden zu erreichen statt den Sieg einer Partei über die andere (eine unterlegene Partei bedeutet die Fortdauer des Konflikts), ergab sich eine Verhandlungsführung, die als Ergebnis eine Formel erzielte, der – wenn teils auch nur vorläufig – die große Mehrheit des Konzils zustimmte. Konstantin hat das Konzil einberufen; er hat das Zeremoniell und die Geschäftsordnung bestimmt, hat in die Debatten eingegriffen, hat offenbar auch den Schlüsselbegriff des *homoúsios* (der Sohn ist *eines / gleichen Wesens* mit dem Vater) vorgeschlagen, jedenfalls favorisiert und durchgesetzt; und er hat schließlich das nizänische Glaubensbekenntnis bestätigt.

Das Ziel, Frieden und Einheit herzustellen, konnte das Konzil nicht erreichen, wie die Nachgeschichte zeigt. Die Einheit hat nur kurz gedauert. Konstantin hatte den Ausgang der Synode noch zu einer Vision, einer Vorwegnahme der Zukunft arrangiert: Am Schluß lud er die Bischöfe zu einem Bankett anläßlich seines Regierungsjubiläums ein. Einmütig lagen sie mit dem Kaiser zu Tisch und hörten seine Worte an; alle Disharmonien lösten sich auf. Die Bischöfe als Gottes Diener helfen dem Kaiser bei der Errichtung des Friedensreiches, in dem es nur noch Anhänger der neuen Religion gibt. Kaiser und Kirche waren miteinander Subjekte des politischen Handelns.[21] Aber das blieb Vision. Nizäa bedeutete nicht das Ende des innerkirchlichen Kampfes um die Durchsetzung von Glaubensformeln (und Machtansprüchen).

An den beiden Ereignissen (Donatismus- und Arianismusstreit) läßt sich die neue Situation der Kirche gut erkennen: Ihre internen Probleme um Disziplin, Dogma und Einheit sind jetzt politisch-öffentliche Angelegenheiten, zu deren Lösung sie nicht mehr allein, ja bald nicht einmal mehr autonom war. Ständig waren in der Person des Kaisers der Staat und die Gesellschaft mitinteressiert und auch aktiv. Kirchliche Lebensvorgänge hatten einen neuen Bedeutungsrahmen bekommen und gerieten unter bisher unbekannte Einflüsse. Die Bereitschaft der Bischöfe, diese neuen Bedingungen zu akzeptieren, ist wohl aus den traditionellen rechtlichen und religiösen Vorstellungen zu erklären, in denen auch sie lebten, wie andererseits aus dem Erlebnis des großen Umschwungs der Geschichte, den man zuerst nur in seinen befreienden und vorteilhaften Auswirkungen für das Christentum wahrnahm. Die Aporien stellten sich erst später ein. Die relativ naive Anfangsbegeisterung hat auch mit dem eindeutig vorhandenen Defizit einer politischen Ethik der Kirche zu tun, das aufgrund der bisherigen Existenz im sozialen Ghetto gegeben war. Es fehlten Kategorien und fast jede Reflexion, um das Neue der politischen Verklammerung, des gesellschaftlichen Rollenspiels und der Handlungseinheit mit Staat und Kaiser einzuordnen – außer nach konventionellen (römischen) Mustern. Den Kaisern umgekehrt war in der römischen Tradition ihre Praxis von Politik und Religion vorgegeben; das Christentum hat sie darin im Lauf der Zeit höchstens zu einigen »Korrekturen« gezwungen.

Auch in der Zeit nach Konstantin gerieten Kirche und Kaiser immer wieder in die Konfliktsituationen, die unter den gegebenen Voraussetzungen nicht ausbleiben konnten. Als zum Beispiel der

---

[21] Vergleiche Eusebius, Vita Constantini III 15.

Konstantinsohn *Constantius II.* (337–361) als Kaiser des Ostreiches im Streit um den Trinitätsglauben auf der Seite der stärker verbreiteten »arianischen« Theologie, also der Opposition gegen das Konzil von Nizäa, stand (wie in seinen letzten Lebensjahren übrigens auch Konstantin), wurde er für seine Parteinahme und politische Begünstigung von den Konzilsanhängern kritisiert. Und zwar waren es Bischöfe der Westkirche, die während der nachnizänischen Konfusion zu einer (dann gescheiterten) Einigungs-Synode mit orientalischen Bischöfen in *Serdika* (Sofia) im Jahr 342 oder 343 versammelt waren und schriftlich vom Kaiser forderten, er solle seinen maßgeblichen Beamten die Anweisung erteilen, mit ihren Interventionen im kirchlichen Leben aufzuhören und bei ihren politischen Aufgaben zu bleiben, als hätte sich dies damals noch trennen lassen. Es ging um den Streit mit oder gegen Athanasius, für oder gegen die Konzilstheologie von Nizäa.

Das ist einer der Fälle, wo anscheinend die Trennung von Kirche und Staat verlangt wird, tatsächlich aber die vom Staat nicht begünstigte Seite, die sich freilich für die orthodoxe hält, die staatliche Hilfe für die andere Seite verhindern will, um sich durchsetzen zu können. Es wird dann die Abstinenz des Staates von Parteilichkeit erwartet, wenigstens in Form von Toleranz für beide Seiten. Die Situationen waren immer dadurch unlösbar, daß die christlichen Gruppen unter sich unversöhnlich waren und sich gegenseitig als Häresie denunzierten. Daher blieb dem Kaiser, der die Einheit suchte, nichts anderes als Parteilichkeit übrig, oft in der erfolgversprechenden Weise, die jeweilige Majorität zu stützen. So verfuhr Constantius II., als er im Jahr 350 Alleinherrscher wurde und damit die politische Möglichkeit zur Vereinheitlichung des reichskirchlichen Glaubensbekenntnisses sah. Er setzte als entschiedener »Arianer« das arianische Bekenntnis als das offizielle an und erzwang zum Beispiel auf Synoden (353 Arles; 355 Mailand) mit Gewalt die Unterschriften der Bischöfe im Westen, die an Nizäa und Athanasius festhielten. Es kam zu grotesken Übergriffen des Kaisers, zu Zwang und Verbannung von sich widersetzenden Bischöfen, zur Einsetzung linientreuer Bischöfe durch den Kaiser. Constantius praktizierte darin lediglich die herkömmliche Herrscheridee, aber innerhalb der Kirche kam nun massive Kritik und Opposition auf.

Was man aus den üblen Erfahrungen mit einem christlichen Kaiser anderen Bekenntnisses allerdings ableitete, war nicht etwa die Trennung von Staat und Kirche, sondern die Notwendigkeit genauer *Abgrenzung der Kompetenzen*. Man sah den Kaiser seine Grenzen brutal übertreten, aber die Grenzen waren eben nicht abgesteckt, sondern wurden fallweise seitens der benachteiligten Parteien beschworen. Zu den Widerständlern unter Constantius II., die für ihren Widerstand schwer bestraft wurden, gehören zum Beispiel die Bischöfe Ossius (Hosius) von Cordoba, Lucifer von Calaris, Eusebius von Vercelli, Hilarius von Poitiers, Paulinus von Trier.

Insgesamt nahm das Verhältnis von Kirche und Staat im Westen eine andere Entwicklung als im Osten, und zwar über die Spätantike hinaus. Die Bischöfe der östlichen Reichsteile waren, kurz gesagt, in der Regel willfähriger gegenüber der staatlichen Kirchenpolitik und bereitwilliger in der Zustimmung zum autoritären kaiserlichen Selbstverständnis. Freilich gab es auch hier Widerstände (z.B. Basilius, Athanasius). Aber eine prinzipiell distanziertere und souveränere Position hat sich die Westkirche erkämpft. Eine Reihe von Vorgängen gegen Ende des 4. Jahrhunderts führte zur Abgrenzung bzw. Durchsetzung beiderseitiger Ansprüche.

Der Bischof *Ambrosius* von Mailand (374–397), politisch und theologisch von herausragendem Profil, hat mit großer Entschiedenheit den Kaisern seiner Zeit gegenüber das Verhältnis von Kirche und Staat aus der kirchlichen Perspektive heraus erläutert und in der Praxis geprägt. Es ergaben sich für ihn verschiedene Gelegenheiten, grundsätzlich einen Autonomiebereich der Kirche auszugrenzen, vor dem die kaiserliche Zuständigkeit aufhört und in dem der Kaiser umgekehrt der Zuständigkeit der Kirche unterworfen ist. Das ist zunächst der Bereich des *Dogmas*. Wenn Kaiser *Gratian* (367–383) der heidnischen Opposition die Wiederaufstellung des Victoria-Altars im Senatssaal verweigerte (s. o. 3.2.3) und wenn er außerdem ein (vorläufiges) Toleranzedikt für alle verschiedenen christlichen Richtungen widerrief, dann ging das auf den massiven Einfluß des Ambrosius zurück. Er hat den Kaiser, der ohnehin schon im staatskirchlichen Stil fast kompromißlos zugunsten des nizänischen Bekenntnisses operierte, veranlaßt, noch strenger vorzugehen. Hier machte der Bischof dem Kaiser die Durchsetzung der kirchlich-dogmatischen Wahrheit mit politischen Mitteln (auch mit Zwang) zur Aufgabe. Dazu gab er dem Kaiser auch die notwendige inhaltliche Belehrung über die Orthodoxie und ging bei allen Maßnahmen mit der Härte dessen vor, der sich der ausschließlichen Vertretbarkeit der eigenen Position sicher ist. Die problematische Basis für diese Sicherheit war der absolute Begriff einer Wahrheit, die neben sich selbst für nichts anderes ein Lebensrecht zuläßt, denn das andere ist Irrtum, der unterdrückt werden muß.

Eine andere Episode steht im gleichen Zusammenhang. Kaiser *Valentinian II.* (375/383–392) verlangte überall und auch in Mailand von den Katholiken Bereitstellung von Kirchenraum für die arianischen Christen in den Städten. In diesem sogenannten Basilikenstreit verweigerte Ambrosius wieder absolut kompromißlos das (diesmal häretische) Ansinnen des Kaisers, und er formulierte im Laufe dieser Auseinandersetzungen die theoretischen Überlegungen zu seinen praktischen Stellungnahmen, die auf grundsätzliche Abklärungen zielten, wie es sie noch nicht gab. Er reklamierte, daß in Sachen des Glaubens Bischöfe zu entscheiden haben und nicht Kaiser, welche Laien und unter Umständen erst Katechumenen sind (ep. 21). Als kaiserliche Soldaten im Jahr 386 seine Basilika belagerten, hielt er eine leidenschaftliche Rede mit der Pointe: »Der Kaiser ist *in* der Kirche, nicht *über* der Kirche«. Das waren neue Töne in der Auseinandersetzung. Ambrosius markierte Unterschiede zwischen Bischof und Kaiser auf Kosten der überkommenen Kaiser-Ideologie.

Und er weitete den Bereich der »Glaubenssachen«, in dem die Kirche auch dem Kaiser Vorschriften macht, weit aus: Als *Theodosius I.* (379–395) im Jahr 388 anordnete, daß der Bischof der Ortschaft Kallinikon (am Euphrat) den Wiederaufbau der jüdischen Synagoge finanzieren müsse, die von Christen in Brand gesteckt worden war, hielt Ambrosius das in der Sache für falsch und zudem für eine Kompetenzüberschreitung. Im Fall des Konflikts zwischen Christentum und Judentum liegt die (religiöse) Alternative von

Wahrheit und Irrtum vor, mit einseitigem Lebensrecht. Zuständig ist hier die Kirche und maßgeblich die Wahrheit. Und tatsächlich zwang Ambrosius den Kaiser in Mailand, die Anordnung zurückzunehmen. Die – auch religiöse – Allzuständigkeit des Kaisers aufgrund paganer Herrschaftstheorien fand hier ihre Grenze, allerdings an seltsamen, folgenschweren Maximen des christlichen Bischofs. Er argumentierte: »Dein Motiv, Kaiser, ist die Sorge um die öffentliche Ordnung. Was wiegt nun schwerer: das Ideal der öffentlichen Ordnung oder die Sache der Religion? Die staatliche Aufsichtspflicht hat sich den Ansprüchen der Gottesverehrung unterzuordnen« (ep. 40,11). Nach der Toleranz bleibt hier auch der gesellschaftliche Friede bzw. die Gerechtigkeit zugunsten einer abstrakten, doktrinären Wahrheitsvorstellung auf der Strecke. Absoluten Wert über alles hat die (dogmatische) Wahrheit in ihrer kirchlichen Ausformulierung. Ihre Identität und ihre Rechte zu umschreiben ist Sache der Kirche. Der Kaiser darf seine Politik nicht von damit konkurrierenden Gesichtspunkten leiten lassen, sonst verfehlt er schuldhaft seine Aufgabe.

Ein Vorfall anderer Art gehört schließlich noch hierher. In der Stadt Thessalonich war im Jahr 390 wegen lokaler Querelen ein kaiserlicher Beamter umgebracht worden. Theodosius ließ durch das Militär an der Bevölkerung eine drakonische Strafe mit offenbar zahlreichen Toten vollstrecken. Es geschah das »Unglaubliche«, daß der Bischof daraufhin vom Kaiser ein Schuldgeständnis und öffentliche kirchliche Buße verlangte. Das bedeutete dem Sinn nach, daß der Kaiser in der Kirche eben Laie und der kirchlichen Disziplin unterworfen war wie jeder Christ. Die Überlieferung berichtet, daß Theodosius sich tatsächlich der Kirchenbuße unterzogen hat. Dogma und Disziplin oder Sakrament machen keinen Unterschied zwischen Kaiser und einfachen Gläubigen.

Ambrosius wollte deutliche Unterschiede im Kompetenzbereich von Staat und Kirche markieren. Und das macht das *westliche* Profil der Reichskirche aus: Sie hat gegenüber dem Kaiser ihre autonomen Bereiche, wie seinerseits der Staat sie hat; aber der Staat muß (nach kirchlichen Direktiven) zur Durchführung kirchlicher Notwendigkeiten seine Mittel und Hilfe zur Verfügung stellen. Es bleibt, anders als im östlich-byzantinischen Typ totaler Verklammerung von Kirche und Kaiser, eine relative Distanz bei relativer Gleichheit der Ziele. Das sakrale Herrscherideal traditioneller Art wurde auf diesem Weg beträchtlich reduziert. Es gibt Bereiche ohne kaiserliche Befugnis. Bei Ambrosius finden sich auch die Anfänge einer Sprachregelung für die ausdrückliche Gewaltenteilung. Er unterschied zwischen dem *Imperium* (des Kaisers) und dem *Sacerdotium* (der Bischöfe), um eine strenge Scheidung zwischen den beiden Zuständigkeiten zu markieren, die er zugleich eng aufeinander angewiesen sah.

Ambrosius hat das alles in Auseinandersetzung nicht mit einem schwachen Kaiser klargestellt. Theodosius I. brachte, auch gegenüber der Kirche und ihrem Klerus, die staatliche Autorität seines Regimes immer mit Nachdruck zur Geltung; offenbar aber hat er (als Getaufter) die »Belehrungen« durch den Bischof Ambrosius akzeptiert. Und zugleich ist es dieser Kaiser, durch den das Christentum im ganzen Reich definitiv in seine Funktion als Staatskirche eingesetzt wurde.

Beim Thema Kirche und Staat muß auch *Augustinus* (354–430) genannt werden, und zwar nicht, weil er dieses Verhältnis zu seiner Zeit besonders maßgeblich beeinflußt hätte, sondern weil aus seinen Ideen die grundlegenden Ordnungsvorstellungen des Mittelalters gewonnen worden sind. Augustin zählte das Staatswesen zum Bereich des Vorläufigen oder Vergänglichen. Seiner Qualität nach sah er es neutral-pragmatisch, unter Umständen auch – je nach der Tendenz der staatlichen Interessen (etwa Stolz, Genuß von Macht und Laster) – sündhaft. Der Staat steht unter dem Anspruch der christlichen Moral, ist nach Augustin aber nicht (wie andere meinten) direkt zur Ausbreitung und Durchsetzung der Wahrheit (des Christentums) berufen. Seine Aufgabe ist die Ordnung und Sicherung der diesseitigen Lebensbedingungen. Was der Kirche (etwa im Donatismusstreit) an öffentlicher Hilfe gewährt wird, ist nicht eigentlich die Pflicht des Staates, sondern die der Christen in einflußreichen Positionen. Wo Augustin den Glaubenszwang rechtfertigte (nämlich mit dem Schutz der Allgemeinheit vor den Schäden von Unglaube und Häresie, vor allem aber mit dem Erfolg der Bekehrung durch Zwang), wollte er nicht das Verhältnis von Kirche und Staat klären, das für ihn kein direktes, zentrales Problem ge-

wesen zu sein scheint, weil der Staat ihm so wichtig nicht war. Augustin hat nahezu »säkularisierte«, aufgeklärte Vorstellungen vom Herrschertum, wenn man ihn mit den heidnischen und christlichen Zeitgenossen vergleicht: der Staat ein zeitliches, irdisches Ding.
Aber ein bestimmtes Gedankenmodell Augustins hat in einer ganz anderen Richtung nachgewirkt. Er interpretierte Welt und Geschichte mit der Idee von den zwei »Städten«, »Staaten« oder »Reichen« (*civitates*), dem »Staat Gottes« (*civitas Dei*) und dem »Erdenstaat« (*terrena civitas*; auch *civitas diaboli*). Obwohl beide nach Augustin durchaus nicht mit Kirche und Staat zusammenfallen und vor dem Ende der Welt ihre Bereiche nicht unterschieden werden können (die Grenzen gehen quer durch alle sichtbaren Institutionen wie Kirche und Staat hindurch), wurde seine Idee später so verstanden, daß die Dualität (Zweiteilung) der Wirklichkeit in Zugehörigkeit zu Gott oder Satan schon innerhistorisch identifizierbar sei und sich das Verhältnis von Staat (»Welt«) und Kirche durch die Unterscheidung dieser zwei Herrschafts- oder Gewaltbereiche beschreiben lasse. *Papst Gelasius* (492–496) formulierte, für die Folgezeit maßgeblich, die Theorie von den zwei Gewalten (*utraque potestas*) des Priestertums (*sacerdotium*) und des Herrschertums (*imperium*) (ep. 12). Er sah gleichberechtigt und auf Christi Anordnung hin mit je eigener Zuständigkeit ausgestattet »die geheiligte Autorität der Bischöfe« und »die Gewalt der Könige« nebeneinander. Kaiser und Bischöfe anerkennen und brauchen einander in ihren Kompetenzen. Zuvor hatte schon *Papst Leo I.* (440–461) im politischen Feld diese Trennung forciert. Es zeigt sich, daß seit Leo die im 5. Jahrhundert zunehmende Bedeutung des römischen Papsttums im Westen die Selbständigkeitstendenz der Kirche gegenüber dem (im Osten residierenden) Kaiser verstärkte. Während es im frühbyzantinischen Reich des Ostens bei der Unterordnung der Kirche unter den Kaiser als das Oberhaupt des christlichen Imperiums blieb, emanzipierte sich die westliche Kirche weiter vom Kaiser in Byzanz und gewann ein neues Verhältnis zu den Germanenstaaten, die sich in den ehemaligen römischen Reichsgebieten des Westens infolge der Völkerwanderung etabliert hatten. *Papst Gregor d. Gr.* (590–604) hat diese Entwicklung stark beeinflußt, als er aus primär pastoralen Gründen Beziehungen zu den

Franken und Westgoten aufnahm. Die Westkirche wurde in der Folge dem Schutz und Einfluß des oströmischen Kaisers entzogen. In der Begegnung mit den neuen Staaten des Westens und deren germanischen Vorstellungen von Politik und Religion entstanden neue Bedingungen des Verhältnisses von Staat und Kirche, die das westliche Frühmittelalter mitformten.

3.2.5 Die veränderte Kirche

Die neuen Bedingungen seit Konstantin hinterließen ihre Spuren im Erscheinungsbild der Kirche. Zwar ging nicht alles, was die Kirche des 4. Jahrhunderts von der des 2. oder 3. Jahrhunderts unterscheidet, auf die »Konstantinische Wende« zurück. Aber Entwicklungen, die sich vorher schon eingestellt hatten, wurden durch die neuen Verhältnisse begünstigt. Anderes war wirklich neu und verändert. Zunächst einmal bekam die Kirche also als Körperschaft des öffentlichen Rechts, die sie durch die Gleichstellung mit den übrigen Religionen im Reich geworden war, eine völlig veränderte gesellschaftliche Position, wenn man das mit ihrer früheren Lage als politisch bedenkliche, gesellschaftlich bestgehaßte und schließlich staatlich verfolgte religiöse Minderheit vergleicht. Sie hatte nun öffentliche Reputation. Das war auch für jedermann sichtbar: In den Städten standen jetzt überall ihre Kultbauten (Basiliken), vom Kaiser finanziert. Ab dem Jahr 321 gab es den Sonntag als wöchentlichen christlichen Feiertag der ganzen Gesellschaft mit Arbeitsruhe und Kult. Finanzielle staatliche Förderung ermöglichte zahlreiche auffällige Aktivitäten, zumal im sozial-karitativen Bereich. Die Bischöfe als die Repräsentanten der neuen Reichsreligion erhielten den Status von Beamten mit den zugehörigen Privilegien wie etwa Hoheitsrechten, Steuerfreiheit u. ä. Sie bekamen zum Beispiel im Jahr 318 die Gerichtsbarkeit in Zivilprozessen, an denen Christen beteiligt waren, und weitere juristische Kompetenzen. Damit hatten sie gleichzeitig ihren entsprechenden Platz im höfischen Protokoll, womit sich wieder Titel, Ehrenrechte und dergleichen verbanden. Dies alles wurde sichtbar in Insignien, die sie trugen, wie Pallium, besondere Kopfbedeckung, eigene Schuhart, Ring u. ä. Je nach Rang hatten sie das Recht auf Thron, Weih-

, Handkuß, Sängerchor. Solche noch heute in der Kirche bekannten rituellen Elemente sind also auf diesem Weg aus dem Hofzeremoniell des spätantiken Kaisers in die kirchliche Liturgie hinübergeraten. Mit diesen Hoheitsattributen änderte sich zwangsläufig das kirchliche Amtsverständnis (vgl. Kap. 4.2). Die Bischöfe waren als Würdenträger, nicht mehr als Diener erkennbar.

Die Veränderungen reichten aber tiefer. Im vorigen Abschnitt wurde die christliche Übernahme der von Haus aus heidnischen Sakralisierung des Kaisers besprochen. Weil von der Repräsentation Gottes bzw. Christi im Kaiser ausgegangen wurde, beeinflußte die Kaiservorstellung das Gottes- und vor allem das Christusbild. Es war folgerichtig, daß man sich Christus nun nach dem Muster des Imperators vor- und darstellte, was bis ins hohe Mittelalter nachwirkte. Christus war jetzt Herrscher, Pantokrator, in der altchristlichen Kunst entsprechend abgebildet mit den Hoheitsattributen von Thron, zur Hoheitsgeste erhobener Hand, Nimbus, Palast, Dienerschaft usw. Auch die Kirchenbauten entsprechen dem: die Basilika als kaiserlicher Thronsaal mit Triumphbogen, der Thron mit Baldachin, das Bild des Pantokrators. Das darstellende Bild prägt natürlich auch die Frömmigkeit und das Verhältnis zu dem so dargestellten Christus, der mit kaiserlichen Hoheitsprädikaten angebetet wurde.

Im Anschluß an römisches Religionsverständnis verstand sich das reichskirchliche Christentum sehr stark als *Kult*, wobei das Kultverständnis selbst wieder eher römisch als neutestamentlich-urchristlich geprägt war. Bezeichnend dafür ist, daß die biblischen Begründungen kultischer Einrichtungen der Kirche ab dem 4. Jahrhundert ausschließlich aus dem Alten Testament bezogen wurden, ohne Berücksichtigung der jesuanisch-urchristlichen Kritik bzw. Korrektur. Das gilt zumal für Opfer-, Priester- und kultische Reinheitsvorstellungen, die nur alttestamentlich und außerchristlich (römisch) abgeleitet werden konnten, weil sie dem Urchristentum fremd waren.

In der kirchlichen Frömmigkeit gab es eine Menge von religiösen Praktiken, die eindeutig oder teilweise heidnischer Herkunft waren und nur darum so unbedenklich eingeführt bzw. beibehalten werden konnten, weil man in der neuen Ära lebte, in der das Heidentum als überwunden galt und man die Berührungsangst vor dem Fremden weitgehend abgelegt hatte. In Märtyrer-, Toten- und Reliquienkult lebten heidnische Relikte fort, ebenso im Wallfahrtswesen, im Wunderglauben, in magischen Bräuchen usw. Viele Bischöfe kritisierten das und riefen die Leute zur wirklichen Bekehrung, zur christlichen Form des frommen Lebens auf. Vieles stellte sich eben als Symptom unzulänglicher Bekehrung und mangelhafter Kenntnis des Christentums heraus.

Die Kirche war im konstantinischen 4. Jahrhundert nicht nur die Gewinnerin; wie sie sich im Verhältnis zu Staat und Gesellschaft zahlreiche Probleme für die eigene Identität eingehandelt hat, so auch auf der Ebene der Pastoral. Die Bischöfe und Gemeinden bekamen unter einem in Glaube und Moral unzureichenden Niveau eines Konjunktur-Christentums schwer zu leiden und reagierten vielfältig darauf (s. Kap. 4.4).

Insgesamt sind die aufgezählten Veränderungen der Kirche »gleitend« geschehen. Aber die Verhältnisse seit Konstantin haben sie beschleunigt und viele neue Möglichkeiten eröffnet. Miteinander zeigen sie die »Verzahnung« der Kirche mit den jeweiligen Wertvorstellungen und Interessen ihrer Zeit und ihre Beeinflussung durch politisch-kulturelle Bedingungen einer Epoche.

Literatur

Berkhof, H., Kirche und Kaiser, Zürich 1947
Dörries, H., Konstantin der Große, Stuttgart ²1967
Gigon, O., Die antike Kultur und das Christentum, Darmstadt ²1969
Instinsky, H. U., Die alte Kirche und das Heil des Staates, München 1963
Klein, R. (Hrsg.), Das frühe Christentum im römischen Staat, Darmstadt 1971
Klein, R. (Hrsg.), Constantius II. und die christliche Kirche, Darmstadt 1977
Kraft, H. (Hrsg.), Konstantin der Große, Darmstadt 1974
Lippold, A., Theodosius der Große und seine Zeit, München ²1980
Nestle, W., Die Haupteinwände des antiken Denkens gegen das Christentum, in: Archiv für Religionswissenschaft 37 (1941/42), 51–100
Rahner, H., Kirche und Staat im frühen Christentum. Dokumente aus acht Jahrhunderten und ihre Deutung, München 1961

Ruhbach G. (Hrsg.), Die Kirche angesichts der konstantinischen Wende, Darmstadt 1976
Vogt, J., Constantin der Große und sein Jahrhundert, München ²1960
Wlosok, A., Rom und die Christen, Stuttgart 1970

4 Kirchliches Leben und Organisieren

Das Hauptinteresse der altchristlichen Kirche lag darin, ihr Leben als Gemeinschaft der Glaubenden zu realisieren. Das geschah im Aufbau der Gemeinden, in der Organisation ihrer Lebensfunktionen, in der liturgischen Feier der Mysterien des Glaubens, in der Formulierung und Aktualisierung des christlichen Bekenntnisses und in der ethischen Praxis des Christentums. All das lag ihr näher als etwa die prinzipielle Regelung ihres Verhältnisses zu Gesellschaft und Staat und auch näher als planmäßige geographische Ausbreitung des Christentums. In der Entfaltung ihrer Lebensformen und ihres Bekenntnisses bewies die Alte Kirche eine große Sicherheit und Kreativität und war dabei an der Bibel, an wachsenden und gewachsenen Traditionen und an der Notwendigkeit des Augenblicks orientiert.

4.1 Die Teil- und Ortskirchen und ihre Praxis der Einheit

Wo das Christentum Fuß faßte, bildete es Gemeinden, das heißt (Klein-)Gruppen von Menschen mit derselben Überzeugung, demselben Lebensethos und mit intensivem Gruppenleben. Darum ist das Wort *Kirche* zuerst die Bezeichnung für die *einzelne Gemeinde* an einem bestimmten Ort gewesen. Das war schon im Urchristentum so und blieb Wortgebrauch auch in den folgenden Jahrhunderten. Als *Ortskirche* war die Gemeinde immer die konkrete Größeneinheit des Christentums. Ihren Bestand hatte sie im Christusglauben ihrer Glieder, in der gemeinsamen Taufe, in der Gemeinschaft der Eucharistie, in den Begabungen und Diensten der einzelnen und schließlich in den Ämtern. Die einzelne Ortskirche war auf nichts außerhalb ihrer selbst angewiesen, um Kirche im Vollsinn zu sein. Zugleich bedeutete Kirche aber von vornherein die Gemeinschaft der Ortskirchen. Sie bildeten in einer überschaubaren Region Kirche über die Einzelgemeinde hinaus. »Kirche«

war darum auch der Begriff für die *Gesamtheit der Gemeinden* einer Region und auch der ganzen Welt. Der römisch-westlichen Tradition der Kirchengeschichte ist das Bild vertraut, wonach die Gesamtkirche zentralistisch organisiert ist, das heißt, im Bischof der Gemeinde von Rom als dem Papst ihre rechtlich-organisatorische und theologische Zentralinstanz hat. Dieses Kirchenbild hat sich jedoch nur in der Westkirche entwickelt, war auch hier nicht schon am Anfang gegeben und konnte nie für die gesamte Christenheit durchgesetzt werden. Die Kirche der ersten Jahrhunderte glich einem weltweiten, regional sehr verschieden dichten Netz von gleichrangigen Ortskirchen mit ihren Bischöfen. In diesem Netz bildeten sich nachträglich Schwerpunkte sowie Über- und Unterordnung heraus (s. u. 4.2.2 u. 4.2.3).

Aufgrund der Selbständigkeit der einzelnen Orts- und Teilkirche ergaben sich *Unterschiede* von Kirche zu Kirche, zum Beispiel in der Liturgie, in der die Kirchen verschiedene Ordnungen, Texte, Termine und Feste kannten (s. u. 4.3). Die Verfassung der Kirche hatte ebenfalls ihre lokalen Besonderheiten (s. u. 4.2). Die kirchliche Disziplin (der Umgang mit Sünde und Versagen) war nicht überall gleich. Der Kanon der neutestamentlichen Bibel war recht lange unterschiedlich abgegrenzt. Nicht einmal die Bekenntnisformeln waren identisch, weder im inhaltlichen Bestand noch in der Formulierung. Und dasselbe gilt für viele fromme Gewohnheiten der Gemeinden wie für Gebete, Fasten, Buße usw. Entsprechend vielfältig ist auch die Theologie der Alten Kirche. Wir erkennen in den Schriften der Kirchenväter verschiedenste Anschauungen, »Systeme«, Traditionen, Perspektiven und Sehweisen (s. Kap. 6 u. 7). Die Teilkirchen entwickelten ihr Bekenntnis je unter den zeit- und kulturgeschichtlichen Bedingungen, und diese waren etwa in Syrien, Afrika und Gallien nicht dieselben.

Diese *Pluralität* war den Kirchen bewußt; sie mußte bei allen Kontakten zwischen den Gemeinden auffallen. Man sah darin aber nicht an sich einen Mangel und konnte sogar sagen, daß konkrete Unterschiede im kirchlichen Leben die *Einheit* der Christen im Glauben erweisen. Begreiflicherweise entstand aus den Unterschieden oft genug aber auch Uneinigkeit, Konflikt und Streit. Aber Gleichschaltung in allen Dingen ist kein Grundzug der Alten

Kirche gewesen. Man war sicher, daß in den unterschiedlichen Zungen der Ortskirchen derselbe Glaube, die eine Christuspredigt laut wird. Das erklärt sich daraus, daß sich alle Teilkirchen gegenseitig auf dem Boden des apostolischen Ursprungs stehen sahen und sich respektierten. Die verschiedensten Gebietskirchen reklamierten apostolische Autorität für sich, weil in ihrer Stadt, in ihrem Land ein Apostel gepredigt, die Kirche gegründet, den ersten Bischof eingesetzt und seinen Tod und seine Ruhestätte gefunden habe. So entfalteten sich die Teilkirchen selbständig und individuell aus der Überzeugung heraus, in der Tradition »ihres« Apostels zu stehen, der mit allen anderen Aposteln übereinstimmte, so daß auch die Kirchen überall übereinstimmten.

So sah man die Einheit wesentlich im übereinstimmenden Glauben und in der Gemeinschaft der Orts- und Teilkirchen gegeben. Man hatte dafür einen bezeichnenden Begriff: lateinisch *communio*, griechisch *koinonía*. Beides heißt »Gemeinschaft« und meint hier die Universalität der Kirche, insofern zu ihr alle Christen überall im einen Glauben gehören.[1] Die frühe Kirche hat mit auffallendem Nachdruck dafür gesorgt, die Einheit mit Christus, die Einheit der Christen und die Communio der vielen Einzelkirchen miteinander erfahrbar zu machen. Das geschah dadurch, daß man die Communio in konkreten Formen praktizierte. Vor allem war die Eucharistiefeier (s. u. 4.3.2) der Vollzug der Communio: Einheit mit Christus und Einheit der Kirche. Der Ort der Eucharistie war aber die Ortskirche. Communio wurde von den zusammengekommenen Feiernden buchstäblich erlebt im einen Brot und im Miteinander von Bekenntnis und Hoffnung. Im 4. Jahrhundert hat man dieses Wort *communio / koinonía* darum auch als direkte Bezeichnung der Eucharistie gebraucht. In den großen Städten, in denen wegen der großen Zahl von Christen nicht alle ohne weiteres in einem Raum versammelt werden konnten, gab es seit dem 4. Jahrhundert wenigstens an einigen Tagen im Jahr eigens solche Gottesdienste, an denen alle Christen der Stadt teilnehmen konnten (sog. Stations-

---

[1] Von der urchristlichen Wortbedeutung her wurde mit diesem Begriff *communio* zwar die Gemeinschaft der Glaubenden mit Christus benannt; aber von daher eignete sich das Wort dazu, auch die kirchliche Gemeinschaft der Christen untereinander und die besondere Struktur der Kirche zu markieren.

gottesdienst), damit sie ihre Einheit erlebten. Bezeugt ist das zum Beispiel für Rom, Jerusalem, Antiochien, Tours. Und wo sich der Stationsgottesdienst räumlich nicht mehr durchführen ließ, weil es keine Kirche am Ort gab, in der alle Christen der Stadt Platz fanden, da verteilten sie sich auf die sogenannten Titelkirchen der Stadt, in denen dann gleichzeitig mit der Feier des Bischofs überall die Eucharistie gefeiert wurde. Der Bischof schickte aber zum Zeichen der Communio Teile des eucharistischen Brotes aus seiner Feier zu den Gemeinden in den Titelkirchen, wo sie in den eucharistischen Kelch gelegt wurden und augenfällig die Einheit demonstrierten. In diesem Zusammenhang ist auch der Brauch zu sehen, denen, die aus akzeptablem Grund abwesend waren, die Eucharistie nach Hause zu bringen,[2] und auch die strenge Regel, daß Sünde die Communio annulliert und also von der Eucharistie ausschließt.

Dieses Bestreben um Einheit griff über die Ortskirchen hinaus. Man praktizierte die Einheit auch mit anderen Gemeinden. Ein ganz bezeichnendes Phänomen ist die Tatsache eines umfangreichen *Briefwechsels* zwischen den Kirchen seit dem 1. Jahrhundert. Der sogenannte 1. Klemensbrief, ca. 96 n. Chr. von Rom nach Korinth geschickt, ist das älteste außerbiblische Beispiel dafür. Solche Briefe spiegeln das Interesse der jeweiligen Ortskirchen aneinander. Sie suchen Kommunikation und Austausch, damit sich die Kirchen gegenseitig in einem Konflikt oder einer Notlage fördern. Der Stil ist unterschiedlich: ermahnend, werbend, kritisierend, korrigierend oder direktiv. Dabei bestanden keine (rechtlichen) Abhängigkeiten zwischen den Kirchen, sondern innerhalb der Communio korrespondierten gleichrangige Kirchen miteinander. Um 160–170 n. Chr. hat der Bischof Dionys von Korinth eine ganze Reihe von Briefen an andere, teils weit entfernte Kirchen (in Lakedaimon, Athen, Nikomedien, auf Kreta, in Kleinasien, in Rom) geschrieben, für die er nicht etwa von Amts wegen zuständig war.[3] Die hauptsächlichen Themen solcher Briefe betreffen die größten Sorgen der Zeit: den rechten Glauben, die Häresie, die

---

[2] Zuerst bezeugt bei Justin, Apologia I 67,6.
[3] Bericht bei Eusebius, Kirchengeschichte IV 23,1–11.

Bereitschaft zu Frieden und Einigkeit sowie zum sittlich einwandfreien, christlich engagierten Leben. Oft wurde an die exzellente (apostolische) Herkunft der ermahnten Kirche oder an ihre frühere Vorbildlichkeit erinnert; mit Lob und Trost ermutigte man sich gegenseitig in heiklen Situationen; man gab sich Belehrungen über Bibelauslegung, heiligmäßige Askese, pastorale Richtlinien usw. Außerdem informierte man sich gegenseitig über den Tod oder die Wahl eines Bischofs, über durchgestandene Verfolgungen,[4] über Bedrohungen durch neue Häresien usw.; man stellte Anfragen und erteilte Ratschläge.

Solche Briefwechsel konnten Verbundenheit und Vertraulichkeit schaffen, Bekanntschaft und Nahverhältnisse. Die Gemeinden hoben die Briefe bezeichnenderweise als wichtige Dokumente über den konkreten Anlaß hinaus auf, und man las sie in der Versammlung als lebendigen Vollzug der Communio immer wieder vor. Und weil man die Briefe nicht auf eine amtliche Post geben konnte, brachten sie noch engere Kontakte zwischen den Gemeinden mit sich. Sie wurden nämlich von beruflich reisenden oder eigens auf die Reise geschickten Christen überbracht. Diese Boten kamen in die Gemeinden, wurden dort unentgeltlich beherbergt, es ergab sich Kommunikation und Communio. *Gastfreundschaft* war eine der geläufigen, hoch angesetzten Tugenden der altkirchlichen Zeit; als christliche Praxis war sie zugleich eine weitere Form der Communio im Glauben. Um Mißbrauch auszuschließen, stellte der Bischof einem Christen seiner Gemeinde, der auf Reisen ging, ein Schreiben aus, mit dem er sich bei auswärtigen Gemeinden ausweisen konnte. Man nannte das *Communio-Brief*, auch Empfehlungs- oder Friedensbrief. Ein solcher Ausweis brachte nicht nur praktische Vorteile, sondern garantierte ein regelmäßiges Zustandekommen zahlloser Kontakte zwischen Gemeinden und Einzelchristen.

Allerdings gab es in der Praxis das Problem, daß sich im Lauf der Zeit Bischöfe durch *Häresie* oder *Sünde* außerhalb der Communio gestellt hatten, so daß man ihre Empfehlungsbriefe nicht mehr akzeptierte. Da mußte man in den Gemeinden jetzt Listen der recht-

---

[4] Eusebius, Kirchengeschichte V 1,1–2,8.

gläubigen Bischöfe führen, um die Communio nicht unterlaufen zu lassen. Diese Erfahrung, daß die Communio durch Sünde oder Streit zerbrach, war für die Kirchen äußerst belastend. Die Communio als Einheit und Friede war Realität und Aufgabe zugleich. Die Gesamtkirche hat bekanntlich ihre Communio nicht bewahren können, sondern ist im Lauf der Geschichte in verschiedene Kirchen auseinandergebrochen (vgl. Kap. 5).

Ein Ende der Communio gab es nicht nur zwischen Orts- und Teilkirchen, sondern auch innerhalb der einzelnen Gemeinde, und zwar durch Sünde und Häresie. Die Kirche praktizierte die *Exkommunikation*, den Ausschluß aus der Communio. In der beschriebenen Kirchenstruktur konnte jeder, der in der Communio stand, sie bei triftigem Grund aufkündigen: der Bischof dem Laien, dem Presbyter oder einem anderen Bischof, unter Umständen aber auch der Laie bzw. die Gemeinde ihrem Bischof,[5] was natürlich die Ausnahme war. Die Möglichkeit gegenseitiger Exkommunikation hat zu unübersehbaren Verwirrungen und Unerquicklichkeiten geführt. Communio und Exkommunikation wurden als taktische Waffen in Macht- und Lehrstreitereien mißbraucht. Es verband sich damit das problematische Prinzip, die Grenze der kirchlichen Communio auch die Grenze der christlichen Verständigung und Versöhnung sein zu lassen.[6]

Zur Praxis der Einheit der Orts- und Teilkirchen gehörte die *Synode* bzw. das *Konzil* (s. Kap. 8.1). Seit der 2. Hälfte des 2. Jahrhunderts sind ungezählte Synoden abgehalten worden, also Versammlungen, auf denen benachbarte Kirchen eines kleinen oder großen Sprengels oder später – im Prinzip jedenfalls – alle Kirchen der bewohnten Welt vor allem durch ihre Bischöfe repräsentiert waren, um Fragen der Kirchenordnung, der Lehre, der Liturgie und Disziplin, die gerade akut waren, zu besprechen. Die gemeinsamen Beschlüsse führten zu gemeinsamer Praxis, in der die Einheit

---

[5] Siehe Cyprian, ep. 67,3.
[6] Eine Synode in Antiochien im Jahre 341 bestimmte zum Beispiel in Canon 2: »Es ist nicht erlaubt, mit Exkommunizierten Communio zu haben; und auch nicht, mit ihnen in Häusern zusammenzukommen und gemeinsam zu beten, da sie nicht in der Kirche mit uns gemeinsam beten; und auch nicht, diejenigen in der einen (Orts-)Kirche gastfreundschaftlich aufzunehmen, die nicht zur Gemeinschaft einer anderen (Orts-)Kirche gehören«.

der Ortskirchen untereinander manifest wurde. Man teilte sie schriftlich allen Kirchen anderswo mit. Der historische Anlaß für die ersten Synoden war im späteren 2. Jahrhundert offenbar die Entstehung des Montanismus als einer christlichen Sonderbewegung, also eine »Häresie«; und außerdem auch ein Streit zwischen den Teilkirchen über das Osterdatum, also ein Problem der rituellen Einheitlichkeit der Gesamtkirche. Die Synoden waren, ohne immer alle Differenzen endgültig lösen zu können, das ideale Instrument für die Realisation oder Rettung der Communio in heiklen Situationen. Im versammelten Episkopat stellte sich die Kirche überörtlich geeint (oder zerstritten) dar. Wo im Streitfall keine Einigung erzielt wurde, verlangte die Mehrheit (unter Umständen ohne Erfolg) die Unterwerfung der Minderheit, um die Communio zu bewahren. Freilich brachte die Synodenpraxis ein Autoritätsgefälle unter den Bischöfen und Ortskirchen mit sich, weil die Bischöfe großer Städte die Regionalkonzile zwangsläufig dazu einsetzten, die Kirchenleitung ihrer Region an sich ziehen (s. u. 4.2.2).

Literatur

Beinert, W., Die Kirche Christi als Lokalkirche, in: Una Sancta 32 (1977), 114–129

Elert, W., Abendmahl und Kirchengemeinschaft in der alten Kirche hauptsächlich des Ostens, Berlin 1954

Hertling, L., Communio und Primat, in: Una Sancta 17 (1962), 91–125

Speigl, J., Ortskirche – Weltkirche, in: Ortskirche, Weltkirche (Festg. f. J. Kard. Döpfner), hrsg. von H. Fleckenstein u. a., Würzburg 1973, 75–86

4.2 Die Entwicklung der kirchlichen Verfassung

Die neutestamentlichen Schriften als älteste Quellen berichten relativ wenig über kirchliche Verfassung und Organisation in der urchristlichen Zeit; andere Themen waren ihnen wichtiger. Außerdem hat die Kirche ihre Organisations- und Ordnungsformen im sakramentalen und kirchenrechtlichen Begriff späterer Epochen erst im Lauf der Geschichte gefunden und auch variiert. Für die Zeit des Urchristentums ist mit der Ausbildung solcher Elemente nur sehr begrenzt zu rechnen. Denn die Entwicklung in den ersten Jahrzehnten stand ja keineswegs unter der Erwartung einer langen Zukunft für die Kirche und darum nicht unter den Interessen einer dauerhaften Ordnung. Allerdings kennt das Urchristentum selbst bereits eine Reihe von Ordnungselementen. Jedoch waren sie noch von anderer Qualität als die Einrichtungen, die im Lauf der Zeit daraus wurden.

4.2.1 Die kirchlichen Ämter

In den urchristlichen Gemeinden stellte sich notwendig eine gewisse Ordnung der Zuständigkeiten ein. Sie war am Selbstverständnis, an den Lebensfunktionen und den gestellten Aufgaben der Gemeinde orientiert. Die biblischen Schriften lassen verschiedene frühe Gruppen von Autoritäten erkennen. Der älteste Kreis von herausragenden Männern in der frühesten Kirche waren die *Zwölf* (*Apostel*). Er geht aller historischen Wahrscheinlichkeit nach auf Jesus zurück (Mk 3,14), hatte aber nach den Evangelien die real-symbolische Funktion, Repräsentant des alten und neuen Israel zu sein (vgl. Mt 19,28). Kirchenamtliche Rollen der Zwölf sind nirgends bezeugt, und auffälligerweise gibt es über die Mehrzahl der Zwölf keine historischen Nachrichten (nur spätere Legenden) für die Zeit nach Jesu Tod.
Anders steht es mit der Autoritäten-Gruppe *Jakobus, Petrus* und *Johannes*, die nach Paulus (Gal 2,9) als die »Säulen« in Jerusalem galten, und das heißt als die Maßgeblichen in der dortigen Gemeinde. Sie waren offenbar die autoritativen Wortführer (Gal 2,12). Jakobus war ein Bruder Jesu, Petrus und Johannes kamen aus dem Zwölferkreis. Und schließlich gab es die Gruppe der »*Sieben*« in Jerusalem, Männer mit ausschließlich griechischen Namen, aus denen die Apostelgeschichte (6,1–6) die sieben »Diakone« machte, die in Wirklichkeit aber das Leitungsgremium der »Hellenisten« unter den ersten Jesus-Anhängern in Jerusalem gewesen sein dürften (s. Kap. 1.3), also auch eine Gruppe von Autoritäten waren.

Der Grund für die Autorität dieser Männer in der frühesten Kirche war bei den Zwölfen, daß sie mit Jesus gelebt hatten, von ihm beauftragt worden und zudem Zeugen seiner Auferstehung (1 Kor 15,5) waren. Das gilt damit auch für zwei der drei »Säulen«, für Petrus und Johannes; für Jakobus, der nicht zu den Zwölfen gehörte, weiß Paulus (1 Kor 15,7), daß auch er Auferstehungszeuge war, und bei ihm spielte sicherlich auch seine Verwandtschaft mit Jesus eine Rolle. Die Sieben endlich sind eben die Anführer und Sprecher der hellenistischen Christen in Jerusalem gewesen, ohne daß bekannt wäre, wie sie das wurden. Und Paulus leitete wenig später seine eigene Autorität als Apostel ganz betont aus einer direkten Beauftragung durch den Auferstandenen ab.

Die Herkunft der Autorität ist also unterschiedlich. Und diese hier vorliegenden Arten von Kompetenz und Zuständigkeit sind strenggenommen unwiederholbar; man kann sie nicht als Amt im rechtlichen und sakramentalen Sinn bezeichnen. Es handelt sich bei den Aposteln und Auferstehungszeugen um eine singuläre Autorität am Ursprung, bei den Sieben um die pragmatische Lösung der Leitungsaufgabe in einer zweisprachigen Urgemeinde. Freilich war gerade das Auferstehungszeugnis der Jerusalemer Autoritäten von bleibender, nie überholter Bedeutung für alle Gemeinden, aber diese Zeugen-Qualität war unübertragbar; aus ihr ergab sich urchristlich weder ein bleibendes »Amt« oder dergleichen noch etwa ein rechtlicher, institutioneller Vorrang Jerusalems über die neu entstehenden Kirchen, sondern immer »nur« eine »Liebesverbindung« (z. B. in Form einer Kollekte für die Jerusalemer Kirche: Röm 15,25–27; 1 Kor 16,1–3; 2 Kor 8,19; Gal 2,10; Apg 24,17), also keine eigene institutionelle Relation.

Im Laufe der christlichen Ausbreitung blieb es nicht bei den aufgezählten Autoritätsträgern. Die Gemeinden brauchten Instanzen und Kompetenzen am Ort, also verantwortliche Leiter des Zusammenlebens. Die entsprechende Entwicklung verlief nicht überall gleichförmig, weil alle diese Vorgänge weder nach einem gegebenen Programm verliefen noch unter zentraler Steuerung standen, sondern nach den jeweiligen Erfordernissen und Möglichkeiten geregelt wurden. Die Formen der Leitung und die Bezeichnung der Autoritäten waren unterschiedlich. Einheitlich scheint allerdings gewesen zu sein, daß die einzelne Gemeinde in der Frühzeit nicht von einem einzelnen Leiter, sondern von einem »Kolle-

gium«, einem Kreis von Zuständigen geleitet wurde. Die Apostelgeschichte zeigt (11,30; 15; 21,18 u. ö.), daß sie in den palästinischen Gemeinden *Presbyter* (Älteste) genannt wurden. Die Form und Bezeichnung lag nahe: Das Judentum kannte diese Organisationsform *kollegialer Leitung* und auch den Vorrang der »Ältesten« in einer Gruppe. Die Christen, ehemalige Juden, übernahmen diese Ordnung, die sie kannten, wie selbstverständlich. Die Presbyter trugen also die organisatorischen Aufgaben.
Anders sah das für Paulus und seine Missionsgebiete aus. Paulus verstand sich selbst sowohl als ihre apostolische Ursprungsautorität als auch in der Rolle dessen, der in den Fragen von Predigt und Disziplin die direkte Autorität in der Einzelgemeinde war. Aber er konnte nicht überall gleichzeitig sein. Es gab in seinen Gemeinden zuständige Gemeindevertreter. Zwei Dinge fallen daran auf: Paulus nannte sie nicht Presbyter, sondern hatte verschiedene, teils vertauschbare, teils unterscheidende Bezeichnungen für die Zuständigen. Er nannte dieselben Leute zum Beispiel *»solche, die sich abmühen«*, *»Mitarbeiter«* (1 Kor 16,16); *»Vorsteher«* (1 Thess 5,12; Röm 12,8), aber er unterschied andererseits *Apostel, Propheten* und *Lehrer* (1 Kor 12,28), die verschiedene Aufgaben hatten. Man findet bei Paulus keinen einheitlichen Amtsbegriff, wohl aber Bezeichnungen für Aufgaben, Positionen und Funktionen in der Gemeinde. Die Stellung der Aufgabenträger stützte sich nicht auf Recht und institutionelle Autorität, sondern wurde als *Dienst (diakonia)* begriffen, von Paulus wie später in den Evangelien (Röm 12,7; 1 Kor 3,5; 12,5; 2 Kor 1,24; 5,18; Mk 10,42–45; Mt 23,1–12).

Zwar stellte die paulinische Kirche nicht ein enthusiastisches Chaos von Charismatikern dar; es gab leitende und ordnende Kräfte in ihr. Aber Paulus reagierte auf Konflikte nicht mit einem Ausbau von Autorität und Amt, sondern mit der Beschreibung der Begabungsvielfalt und mit der Forderung, daß alle ihre Geistbegabungen zugunsten der Erbauung der Kirche (und nicht konkurrierend) einsetzen müssen (1 Kor 12; 14). Wohl kehrte Paulus oft genug und mit unerhörter Schärfe seine persönliche Autorität gegenüber einer widerspenstigen Gemeinde heraus (1 Kor 4,21; 2 Kor 13,2–4.10; Gal 1,8). Aber da ging es um seinen Rang als Apostel und um die Durchsetzung des (gesetzesfreien) Evangeliums, nicht um kirchliche Verfassung.

An einer einzigen Stelle seiner erhaltenen Briefe hat Paulus die Vorsteher und ihre Helfer als »*Bischöfe* und *Diakone*« (Phil 1,1) bezeichnet. Es muß sich bei ihnen um »Aufseher« (das ist die Bedeutung des Wortes »Bischof«) und um Organisatoren handeln, was noch nicht viel mit den Vollmachten des späteren Bischofs (s. u.) zu tun hatte. Bei Paulus hatten sie die Aufsicht über die Gemeinden und deren Leben.

Es ergibt sich eine wichtige Unterscheidung: Das Urchristentum kannte zwei verschiedene Gemeindeverfassungen oder -ordnungen, nämlich die *Presbyter-Verfassung*, die jüdischer Herkunft war und sich vor allem in Gemeinden auf jüdischem Gebiet fand, sowie die *Bischofs-Verfassung* in den paulinischen Gemeinden. Wichtig ist zu beachten, daß beide *kollegiale Struktur* hatten: Ein Leitungsgremium besorgte die Leitungsaufgaben. Hier bestand es aus Presbytern, dort aus Bischöfen (Episkopen).

Die Bedingungen des Anfangs und der Naherwartung des Weltendes, unter denen Verfassung und Organisation nur eine relative Bedeutung haben konnten, fanden ihr Ende. Die Apostel und die ersten Generationen starben aus. Die Zeit des Urchristentums war vorbei. Das ergab – um die Wende zum 2. Jahrhundert – eine neue Mentalität, neue Bedürfnisse und Notwendigkeiten. Und sie schlugen sich deutlich in der Entwicklung von Amt und Verfassung der Kirche nieder. Eine bleibende Kirche in bleibender Welt mußte sich *auf Dauer* einrichten. Die Fragen der Organisation bekamen ein größeres Gewicht als zuvor. Die Aufgabe der Vorsteher wurde jetzt zu einem kirchlichen *Amt*, das heißt zu einer etablierten Einrichtung mit sakralem Charakter, nämlich mit einer von den Aposteln abgeleiteten Vollmacht in Fragen der Lehre und der Disziplin. Der Amtsträger wurde feierlich durch *Ordination* in sein Amt bestellt; die Ordination bestand in der sakramentalen Übertragung amtlicher Vollmachten (Weihe als rituelle Geistmitteilung). Er war Garant der Lehre, Traditionsträger in der Kette der Tradenten des Evangeliums vom Ursprung her (1. Klemensbrief; 1 und 2 Tim; Tit). Das Denken wurde institutionell und rechtlich ausgerichtet, was auf die Absicherung der Identität des Christentums abzielte und durch das Entstehen von Abweichungen (Häresie) beschleunigt wurde.

Mit der Zeit drängten die Umstände auf eine Vereinheitlichung der Verfassung. Darum findet man zunächst Mischformen zwischen Presbyter- und Bischofsverfassung. Etliche Quellen (Apg; 1 und 2 Tim; Tit; 1. Klemensbrief; Briefe des Ignatius; Brief des Polykarp an die Philipper) kennen beides zugleich, Presbyter und Bischöfe, aber das Verhältnis beider zueinander ist schwer zu rekonstruieren. Damit waren jedenfalls auch Über- und Unterordnung der vorhandenen Ämter verbunden, also Anfänge von Hierarchie. Und ein wichtiges Phänomen: Es wurden jetzt Kirchenbilder dominierend, in denen das Amt den Rang der Gemeinde theologisch überdeckte.

Diese frühchristliche Wende zur deutlichen Institutionalisierung, zu Verfassung, sakraler Rechtsbildung und sakramentalem Amtsbegriff ist etwas Neues in der frühen Kirchengeschichte gewesen. In der historischen Theologie spricht man von der Entstehung des *Frühkatholizismus*. Mit diesem Begriff läßt sich die neue Epoche, die nun vom Urchristentum zur katholischen Kirche der folgenden Jahrhunderte überleitete, sehr zutreffend beschreiben.

Allerdings ist der Begriff »Frühkatholizismus« oft als Kritik dieser Entwicklung gemeint, wo man diese nämlich für im Prinzip dekadent hält. Die charismatische, also aus dem Geist des Evangeliums lebende und Christus unmittelbar verantwortliche Gemeinde, als die sich das Urchristentum verstanden hatte, sei durch eine verfaßte Kirche mit juristischen Strukturen von Autorität und Unterordnung ersetzt worden; aus dem freien Angebot des Evangeliums sei eine vom Amt verwaltete, an die Institution gebundene Doktrin geworden, in Lehrsätze von rechtlichem Charakter geronnen, die den einzelnen mit der Folge von Heil oder Unheil verpflichten. In diesem pauschalen Stil übersieht die kritische Bewertung der Vorgänge aber, daß das Urchristentum durchaus nicht prinzipiell unverträglich war mit der Entwicklung von Verfassung, Amt usw., vielmehr selbst seine Ordnungselemente kannte. Und außerdem gab und gibt es zu solcher Institutionalisierung prinzipiell keine Alternative. Ihre konkreten Formen freilich waren (kirchen-)geschichtlich nicht vorweg festgelegt. Was tatsächlich wurde, war nirgends zwingend vorentworfen. Hypothetisch sind auch andere Entwicklungen denkbar. Was aber geworden ist und sich im Lauf der Kirchengeschichte vielfach auch wieder geändert hat, kann folglich nicht als »göttliche Einsetzung« mythischer Art beschrieben und bis auf Jesus oder die Apostel zurückdatiert werden. Zwar war es die Alte Kirche selbst, die das Gewordene auf Einsetzung durch Jesus und die Apostel zurückgeführt hat, doch tat sie dies, wie man heute wissen kann, nicht aufgrund historischer Erinnerung, sondern unter dem Einfluß theologischer Leitideen, wonach die Apostel die Kirche in der später bekannten Gestalt »hinterlassen« haben. Die altkirchliche Ordnung mit Verfassung und Ämtern stand nicht am Anfang, sondern war das Ergebnis einer Entwicklung. Und wenn man sagt, daß es zu dieser historischen Entwicklung hin zum sogenannten Frühkatholizismus prinzipiell keine Alternative gab, dann in dem Sinn, daß jede Religion Tradition und Institution braucht, um sich zu vermitteln. Das Vermittelte ist dabei wichtiger als die Vermittlungsorgane. Und im Christentum steht das Verhältnis von Amt und Evangelium unter den Kriterien von Dienst und Kreuz, unter Ausschluß von Herrschaft (Mk 10,42–45; 2 Kor 1,24), nicht von Autorität. Und da gilt freilich, daß nicht alle gewordenen Strukturen vor der urchristlichen Maxime standhalten, wonach Amt und Verfassung der Kirche Diakoniecharakter haben müssen, um sich auf Jesus beziehen zu können.

Der *1. Klemensbrief* (ca. 96–98)[7] ist, neben den neutestamentlichen Spätschriften, ein typisches Beispiel dieses Frühkatholizismus in nachapostolischer Zeit. Er nennt die Vorsteher Führer (1,3), Bischöfe (42,2) oder Presbyter (44,5) und erwähnt erstmals für sie eine kultische Funktion, nämlich »Darbringung der Gaben« (44,4). Vor allem aber kommt hier die eben erwähnte Idee zur Wirkung, daß die Apostel die kirchlichen Ämter unmittelbar eingesetzt haben. Das wird dahin ausgewertet, daß deshalb die konkrete Kirchenordnung für immer unantastbar, unveränderlich und letztlich gottgewollt, sakral ist. Gehorsam gegen die Presbyter ist die notwendige Reaktion der Gemeinde. So wurde also das historisch Gewordene theologisch begründet und gegen Änderungen immunisiert. Die Qualität der *Apostolizität* (als historisch-dogmatische Begründung der Kirchenstruktur) spielte ab jetzt eine eminente Rolle für die Verfassung wie für die Lehre der Kirche. Ein weiteres Beispiel ist die *Didache* oder »Zwölfapostellehre«, eine um 140 n. Chr. in Syrien entstandene Schrift, die eine sogenannte »Kirchenordnung«, also Regulierungen des kirchlichen Lebens enthält. Zur Geschichte des kirchlichen Amts bringt sie die interessante Information, daß es zu ihrer Zeit Propheten, Lehrer und Apostel gab, die nicht ortsfest waren, sondern wandernde Amtsträger, die die Gemeinden besuchten (11; 13,1–2). Es wird dazu aufgefordert, am Ort selbst Bischöfe und Diakone zu wählen; sie werden hier also erst neu

---

[7] Zu den in diesem Passus genannten frühchristlichen Schriften siehe Kapitel 7.

eingeführt, um ständig anwesend zu sein und auch die Aufgabe der Belehrung zu übernehmen (15,1). Wir treffen auf das Phänomen einer *doppelten* Ämterordnung mit wandernden (Propheten, Lehrer, Apostel) und ortsansässigen (Bischöfe, Diakone) Amtsträgern. Es spiegelt sich darin ein früher Zustand mit Wahl durch die Gemeinde (statt Einsetzung).

Die Zeit des Frühkatholizismus läßt sich vom späten 1. bis zur Mitte des 2. Jahrhunderts bemessen. Danach, etwa in den Schriften des gallischen Bischofs *Irenäus* (Eirenaios) von Lyon um 185 n. Chr., findet man dann die Institutionalisierung der Zuständigkeit für die Lehre des Glaubens voll ausgebildet vor: Zur Abgrenzung der Wahrheit von der Häresie entwarf Irenäus das Prinzip, die Wahrheit ausschließlich den Bischöfen (und Lehrern) der Kirche vorzubehalten, weil sie allein die Wahrheit von den Aposteln übernahmen und bewahrten. In lückenloser Aufeinanderfolge *(Sukzession)* steht jeder derzeitige Bischof mit dem ersten Inhaber seines Bischofsstuhls in Übereinstimmung, und diesen ersten hat ein Apostel (oder »Apostelschüler«) dort direkt eingesetzt. Diese Konstruktion historischer *Kontinuität* garantierte jetzt die Rechtgläubigkeit mit Hilfe des Amtes.

Die Kirchenordnung des Bischofs *Hippolyt* (?) von Rom kurz nach 200 zeigt dann, was weitere Dokumente bestätigen: Das Ämterwesen fächerte sich, teilkirchlich wieder verschieden, in eine Vielfalt von Aufgaben, Funktionen und auch Ständen aus, so daß Begriff und Abgrenzung des Amts oft nicht einfach anzugeben sind: Es gab nämlich außer Bischöfen, Presbytern und Diakonen (jetzt in dieser Rangfolge) auch Bekenner, Witwen, Lektoren, Jungfrauen, Subdiakone, Lehrer, Akolythen, Exorzisten, Ostiarier. Wie immer das Amt strikt zu definieren ist, es hatte im 2. und 3. Jahrhundert noch eine gewisse Breite und Unschärfe. In der Frühzeit gab es auch *Frauen* in Ämtern (Leitung, Prophetie), aber eben nur in der Frühzeit.[8] Und bei Hippolyt liegt auch die scharfe Unterteilung der Gemeinde in *Klerus* und *Laien* aufgrund der Ordination vor (Traditio

---

[8] Darüber K. *Thraede*, Ärger mit der Freiheit. Die Bedeutung von Frauen in Theorie und Praxis der alten Kirche. in: G. $charffenorth – K. Thraede, »Freunde in Christus werden...«, Gelnhausen 1977, besonders 94–128.

apostolica 8–10.19). Es fällt bei ihm auch ein Wechsel im Vokabular auf: Seine Kirchenordnung spricht beim Amt weniger von Dienst als von *Herrschaft* und Regieren. Vom 2. bis 4. Jahrhundert verlagerte sich das theologische Verständnis des kirchlichen Amts stark auf seinen Bezug zum *Kult*; unter Rückgriff auf alttestamentliche Ideen wurden Bischof und Presbyter zunehmend als *Priester* verstanden, die die Eucharistie als Opfer darbringen (vgl. Kap. 3.2.5). Aus den damit verbundenen alttestamentarischen Begriffen von kultischer Reinheit des Priesters ist auch die Entstehung des *Amtszölibats* zu erklären, dessen frühe Spuren ins 4. Jahrhundert zurückreichen.

Innerhalb der wechselhaften frühkirchlichen Verfassungsgeschichte hat sich das *Bischofsamt* als zentrales und wichtigstes aller Ämter herausgebildet. Die Anfänge waren, wie zuvor beschrieben, unauffällig. Das Bischofsamt war ursprünglich ein »*Aufseheramt*«, das heißt die Beauftragung mehrerer Männer, eines Kollegiums von Episkopen, mit organisatorischen, administrativen Aufgaben in der Gemeinde. Im Laufe der Geschichte wurden dann diesem Amt aber weitere Kompetenzen übertragen, angefangen bei der Befugnis zur *Lehre* (Didache 15,1), so daß das Bischofsamt mit der Zeit das stärkste und wichtigste Amt wurde. Bis zum 3. Jahrhundert hat es sich zu der Form entwickelt, in der es bis heute die Kirchenverfassung prägt, nämlich zum Amt des *monarchischen Bischofs*. Dieser Ausdruck besagt, daß jede Gemeinde einen einzigen Bischof als Vorsteher hatte, also nicht mehr ein Kollegium von mehreren Bischöfen.

Die 7 Briefe des *Ignatius* von Antiochien sind die ältesten bekannten Dokumente für die Existenz des monarchischen Bischofsamts. Ignatius, selbst monarchischer Bischof in Antiochien, setzt in den fünf kleinasiatischen Kirchen in Ephesus, Magnesia, Tralles, Philadelphia und Smyrna, an die er ca. 115–117 seine Briefe schrieb, ebenfalls dieses Amt voraus. Wie die Entwicklung dahin verlaufen war, ist unbekannt. Sicher ist, daß zur gleichen Zeit anderswo, zum Beispiel in Rom, noch kollegiale Kirchenleitungen amtierten. Die Entwicklung der kirchlichen Ämter ging verschieden und unterschiedlich schnell vor sich. Im Laufe des 2. Jahrhunderts hat das Amt des monarchischen Bischofs sich dann in allen Teilkirchen einheitlich durchgesetzt. Wichtig ist (schon bei Ignatius), daß die Einzigkeit des Bischofs die Einheit der Gemeinde symbolisiert, ferner die Leitung der Eucharistie durch den Bischof; der Bischof ist in jeder Hinsicht die Mitte und das Haupt der Gemeinde, die ihm folgt. Unter dem Bischof stehen die Presbyter als eine eigene Gruppe und außerdem die Diakone. Wichtig ist die Art der Begründung dieser Hierarchie und Struktur von Ämtern: Diese kirchliche Ordnung ist Abbild bzw. Fortsetzung dessen auf Erden, was die Ordnung im Himmel ist. In variablen Weisen leitet Ignatius die Ordnung der Kirche mit Bischöfen, Presbytern und Diakonen von der himmlischen Ordnung Gott – Christus – Apostel ab.

Das ist in altkirchlicher Zeit ein ungemein effektives Begründungs- und Autorisierungs-Muster gewesen: Die Kirchenordnung korrespondiert (als Abbild) der himmlischen Ordnung, ist also so und nicht anders von Gott gewollt und darum unantastbar. Daraus wurde eine Amts- und Gemeinde-Ethik der Über- und Unterordnung abgeleitet. Die theologische Idee von der Abbildung der himmlischen Hierarchie durch die kirchliche Hierarchie hat über Ps.-Dionysius um 500 n. Chr. sogar einen großen Einfluß auf die Ordnungsvorstellungen noch des Mittelalters gehabt. In der frühen Kirche finden sich solche Vorstellungen nicht nur bei Ignatius. Der Bischof handelt »an Gottes Stelle«, die Gemeinde gehorcht ihm wie Gott (z. B. An die Magnesier 6,1; 7,1). Der eine Bischof handelt als Abbild des einen Gottes und garantiert die Einheit der Kirche in bedrohlichen Zeiten. Darum darf es auch nur ein Bischof sein, der die Orstkirche lenkt, weil anders das Abbild Gottes und die Einheit der Kirche nicht deutlich sind. Die Alte Kirche war infolge des monarchischen Bischofsamts sehr geschlossen und widerstandsfähig. Die Einheit von Lehre und Kult unter dem einen Bischof ermöglichte eine wirksame Führung der Einzelgemeinde.

Die Herleitung der kirchlichen Verfassung aus der *himmlischen Ordnung* ist eine andere Art ihrer theologischen Begründung neben derjenigen aus der *Apostelnachfolge* bzw. aus der *Einsetzung durch die Apostel*. Die Bischöfe als Nachfolger der Apostel sind in der altkirchlichen Zeit das verbreitetere Bild, aber die Idee von der Parallelität zwischen himmlischer und kirchlicher Hierarchie ist ebenfalls alt. Auf beide Weisen wurde die kirchliche Verfassung im Nachhinein theologisch als das einzig Denkbare und Legitime und als das immer schon so Gewesene und Unveränderbare abgestützt. Im 2. Jahrhundert garantierte der Bischof also die Reinheit der *Lehre,* leitete die Gemeinde, wachte über die *Kirchendisziplin* und damit auch über die Zulassung zur Eucharistie, war bei der Eucharistie der *Vorsteher* und symbolisierte durch sich die *Einheit*. Im 3. Jahrhundert (in Hippolyts Kirchenordnung) wird außerdem von ihm gesagt, daß er Gott die *Opfer* der Kirche darbringt, Männer zum Klerus *ordiniert* und die Sünden nachläßt (also die *Bußvollmacht* besitzt). Der Bischof wird jetzt in erster Linie der *Führer* und *Hohepriester* seiner Kirche.

Ein besonders wichtiger Theologe und Organisator des Bischofsamts war Mitte des 3. Jahrhunderts der Bischof *Cyprian* von Karthago in Nordafrika. Die Kirche war für ihn Bischofskirche, das Bischofsamt geradezu das Prinzip der Kirche. Auch hier garantierte der Bischof Einheit und Frieden, und er sicherte zugleich die Verbindung der Ortskirche mit der Gesamtkirche. Und darüber hinaus begründete Cyprian die *Einheit der Bischöfe* untereinander in *Petrus*: In Petrus begann (zeitlich vor den anderen Aposteln) dieses Amt; daher hat er einen zeitlich-idealen Vorrang vor allen und symbolisiert als Einzelgestalt die Einheit der Bischöfe. Auf jede Kirche ist Mt 16,18 f zu beziehen; jeder Bischof ist Petrus und Fundament seiner Kirche (De ecclesiae unitate 4 f). Die »gegenseitige Eintracht« der Bischöfe ist der Vollzug des Petrusamts als Einheit der Gesamtkirche. Bischofsamt ist *Einheitsdienst*. Daß Cyprian so stark auf die Einheit abhob, erklärt sich von der Situation her: In der Verfolgungszeit unter Decius gab es verschiedene Ansichten über die Möglichkeit der Wiederaufnahme der vielen abgefallenen Christen in die Kirche. Die Rigorosen schlossen jede Möglichkeit aus, die Großzügigen wollten sie ohne große Umstände gewähren. In dieser Uneinigkeit zog Cyprian alle Kompetenz an den Bischof: Er allein ist maßgeblich, das heißt, er hat auch die *Bußvollmacht*, führt ein strenges Bußverfahren durch und entscheidet über die Wiederaufnahme. Durch Theologie und Kirchenpraxis hat Cyprian dieses Amt weiter gestärkt.

Das Bischofsamt ist also durch einen ständigen Zuwachs an Aufgaben, Zuständigkeiten und Macht zu dem *zentralen Kirchenamt* geworden. Der Bischof versammelte praktisch alle kirchlichen Funktionen und Kompetenzen in sich. Das geschah nicht ohne Widerstände gegen die damit verbundene Vorstellung von kirchlicher Vollmacht und führte zum Verlust schismatischer Kirchen (Kap. 5).

Die Communio-Struktur der Kirche (s. o. 4.1) sah eine Gemeinsamkeit und Beteiligung aller Christen am Ort an den Vorgängen der Gemeinde vor. So ist vom 3. bis zum 5. Jahrhundert von großen und wichtigen Teilkirchen wie Rom, Afrika, Spanien und anderen bekannt, daß an der *Auswahl* eines neuen Bischofs das Kirchenvolk beteiligt wurde. Der Einfluß des Volkes dürfte darin bestanden haben, daß es dem vom Klerus vorgeschlagenen Kandidaten die Zustimmung gab oder verweigerte. Der Sinn dieser Beteiligung war es, den geeigneten Bischof zu finden. Die Ordination zum Amt wurde nicht im später gewohnten Sinn als unwiderrufbar, »unauslöschlich« aufgefaßt. Absetzung von Bischöfen wegen Häresie oder mangelnder »Heiligkeit« war keine Seltenheit. Schließlich ist durch die weitere Geschichte des Episkopats eine Veränderung in die Communio-Struktur, das heißt in das Verhältnis der gleichrangigen Einzelkirchen untereinander, gekommen. Die »Symmetrie« wurde verzerrt, weil bald nicht mehr alle Bischöfe gleichrangig waren. Und mit ihren Bischöfen bekamen die Teilkirchen größeres oder geringeres Gewicht. Ursachen für Rangunterschiede zwischen Bischöfen waren zum Beispiel die verschieden illustre Vergangenheit ihrer Kirche (von einem Apostel gegründet oder nicht) oder auch das politische Ranggefälle zwischen den Städten (vgl. 4.1 u. 4.2.2).

Die altkirchlichen Bischöfe stellten die *Führungsschicht* der unter schwierigen Umständen expandierenden Kirche dar. Viele sind uns als Gebildete, hervorragende Theologen und Schriftsteller sowie als realistische und fähige (Kirchen-)Politiker und Kirchenführer bekannt. Außerdem hatten sie als die Repräsentanten des auffällig auftretenden Christentums ihre Reputation in der nichtchristlichen Gesellschaft. Als Prominente waren sie in der Verfolgung oft als erste betroffen, es gibt aber auch Beispiele für gesellschaftliche Hochschätzung von Bischöfen in vorkonstantinischer Zeit. Und ab Konstantin hatten sie die neuen Erwartungen der Gesellschaft zu erfüllen (s. Kap. 3.2).

4.2.2 Die Entstehung der Patriarchate

Vom Anfang ihrer Geschichte an hat die Kirche in ihrer geographischen Ausdehnung eine gewisse regionale Gliederung oder Organisation gehabt. Und zwar hat sich diese Gliederung von vornherein nahezu vollständig mit der politischen Einteilung des römischen Reiches in Provinzen gedeckt, was offenbar der natürlichste Weg war. Wie sich das politische und soziale Leben der Provinzen in deren Hauptstädten konzentrierte, so war auch die christliche Gemeinde einer Hauptstadt der Mittelpunkt für die Christen der Provinz. Und wie die verschiedenen Städte in der politischen Ordnung einen verschiedenen Rang einnahmen, so erging es ihren Kirchen: Unter ihnen entstand ein Bedeutungsgefälle, das dem politischen entsprach.

Diese Entwicklung bewährte sich auch, als sich die Kirche großräumiger zu organisieren begann, weil ihre Kommunikation und ihre Probleme großräumiger wurden. Die Synoden wurden ab dem 3. Jahrhundert in der jeweiligen Provinzhauptstadt abgehalten, einberufen und geleitet vom dortigen Bischof, der dadurch eine Art Vorrang vor den Bischöfen der Provinz erhielt. Das entsprach exakt der politischen Praxis, nach der die Jurisdiktion der Behörden in der Provinzhauptstadt für die ganze Provinz galt. Es entstand die Institution des *Metropoliten*: ein Bischof mit Vorrang vor den anderen Bischöfen seines Sprengels. Er überwachte die Disziplin, hatte hohe gerichtliche Zuständigkeiten innerhalb der Kirche, beaufsichtigte und bestätigte Bischofswahlen, berief und leitete die Synoden für die ganze Provinz. Am Ende der Entwicklung (um 400) hatte jede Provinz ihren Metropoliten und jeder Metropolit (nur) eine Provinz. Diese pragmatisch gewachsene Organisation wurde von Konzilen und Päpsten mehrfach bestätigt. Das Gefälle konnte auch dadurch mitbedingt sein, daß in der Regel von den Städten aus das Umland christianisiert worden war und von daher ein Abhängigkeitsverhältnis fortbestand.

Als das Konzil von Nizäa im Jahr 325 die Metropolitan-Ordnung bestätigte (Canon 4), da bestätigte es zugleich eine weitere Größenordnung, ein übermetropolitanes Gebilde der Kirche, das es schon gab: Es soll, so sagt das Konzil (Canon 6), bei der »alten

Ordnung« bleiben, wonach der Bischof von Alexandrien und der Bischof von Rom und auch die Kirchen von Antiochien und Kirchen anderer Provinzen die Obergewalt über mehrere Gebiete, nicht nur über eine Provinz hatten. Das war also schon lange der Fall, und dafür gab es keine andere Begründung als die des Faktischen. Und auch darin lag eine Angleichung der Kirchenstruktur an die Reichsorganisation. Das Reich war nämlich in Diözesen mit jeweils mehreren Provinzen eingeteilt, jede Diözese geleitet von einem hohen Beamten. Diese Anpassung war so sehr Prinzip, daß die Kirche in der Regel staatliche Verwaltungsreformen in Form veränderter Verwaltungsbezirkseinteilungen ihrerseits mitmachte. Die Bischöfe der größeren Städte waren also auf die Dauer keineswegs lauter gleichrangige Metropoliten. Und aus der skizzierten Entwicklung ergab sich die Großgliederung der Alten Kirche in *Patriarchate* mit jeweils einem *Patriarchen* an der Spitze (diese Begriffe waren seit dem 6. Jahrhundert gebräuchlich). Im Lauf der Zeit gelangten nämlich fünf Städte in einen Rang, den alle anderen nicht erreichten: Alexandrien, Antiochien, Rom, Konstantinopel und zuletzt Jerusalem. Vier altkirchliche Patriarchate gab es also im Osten, Rom war alleiniges Patriarchat im Westen. Auch diese Position des »Groß-Metropoliten«, später also Patriarch genannt, entstand nach dem Prinzip der Anpassung an die Verwaltungseinheiten des Reiches und wegen der Zweckmäßigkeit solcher hierarchischer Strukturen. Mit der Zeit mußten die Zuständigkeiten von Metropolit und Patriarch in Fragen der Ordination oder Abberufung von Bischöfen, des Synoden-Vorsitzes, der Entscheidung in Streit- und Strafsachen u. a. geregelt werden.

Was die Entstehung der Patriarchate betrifft, scheint ein so großer Kirchenverband zuerst in Ägypten, das ein einheitliches und relativ geschlossenes Land war, gebildet worden zu sein. *Alexandrien* war, spätestens seit dem 3. Jahrhundert, die kirchliche Metropole aller ägyptischen Provinzen, also ein »Patriarchat«. Vom 3. bis 5. Jahrhundert war die alexandrinische Kirche in Disziplin- und Glaubenssachen für ganz Ägypten maßgeblich. *Antiochien* hatte nicht dasselbe geschlossene Hinterland von kultureller und politischer Einheitlichkeit und brachte es darum erst etliches später zu dieser zentralen Bedeutung. Für *Rom*, von dessen Sonderrolle noch eigens zu reden ist (4.2.3), gab es allen Grund für eine auch kirchlich herausragende Bedeutung in seiner Eigenschaft als Hauptstadt des Reiches und – zunächst noch – als Kaiserresidenz. *Jerusalem* hatte christlich jede Sonderbedeutung durch die beiden Jüdischen Kriege (66–70 und 132–135 n. Chr.) verloren. Im 4. Jahrhundert, durch Konstantin und im Zuge der damals entstehenden Heiliglandfrömmigkeit und Pilgerfahrt, wurde die Stadt als Stadt des Ursprungs und Mutter aller Kirchen dann aber in eine Vorrangstellung gerückt, die historisch nicht mehr vorhanden gewesen und kirchenpolitisch auch nicht bedeutsam war. Immerhin war Jerusalem aber Patriarchat über die drei palästinischen Provinzen. Schließlich wurde auch *Konstantinopel* zum Patriarchat. Diese Stadt hatte Konstantin, der erste christliche Kaiser, als christliche Kaiserstadt erbauen und im Jahr 330 als »Zweites (bzw. Neues) Rom« einweihen lassen. Schon vor Konstantin war nicht mehr Rom die Residenz des römischen Kaisers (sondern Mailand, Trier, Nikomedien). Auch hier gab der politische Rang den Ausschlag: Der Bischof des »Neuen (christlichen) Rom« bekam zwingend seinen Vorrang.[9] Das hatte zuerst nichts mit einer Konkurrenz Konstantinopels gegenüber dem Alten Rom zu tun, sondern eher gegenüber Alexandrien. Und doch ist mit dieser Patriarchatsgeschichte die tragische Entwicklung zur Trennung der orientalischen von den westlichen Kirchen verbunden. Die Rivalität der Patriarchen des Alten und Neuen Rom gehört zu den historischen Ursachen des Schismas, dessen endgültigen Vollzug man auf das Jahr 1054 datiert.

Die Entstehung der fünf alten Patriarchate ist also politisch-pragmatisch zu erklären. Aber wir haben auch hier das Phänomen, daß das historisch Gewordene nachträglich theologisch abgeleitet und begründet wurde, um es zu sichern. Das geschah in diesem Fall meist in Streit- und Konkurrenzsituation. Was sich behaupten wollte, mußte auf apostolische Ursprünge zurückführbar sein. Dabei scheint es, daß zuerst allein die Bischöfe von Rom auf theologische bzw. apostolische Fundierung ihres Vorranges insistiert haben, während sich die Kirchen des Ostens zunächst mit der politischen Begründung begnügten. Die Bedeutung der Apostolizität war im Westen,

---

[9] Canon 3 des Konzils von Konstantinopel im Jahr 381 und Canon 28 des Konzils von Chalzedon im Jahr 451.

wo allein Rom als apostolische Gründung (Petrus) galt, kirchenpolitisch generell viel höher eingeschätzt als in den Kirchen des Ostens, in denen es zahlreiche auf die Apostel zurückreichende Ortsüberlieferungen gab (z. B. für Korinth, Philippi, Ephesus, Gortyna), durch deren Vielzahl der Privilegcharakter des Apostolischen relativiert war. Als aber zum Beispiel Rom die seit dem 4. und 5. Jahrhundert erhobenen kirchenpolitischen Ansprüche Konstantinopels zurückwies und dazu auf seinen Ursprung im Apostel Petrus pochte, da spielte man auf der anderen Seite, nachweislich seit dem 7./8. Jahrhundert, ebenfalls das Prinzip der Apostolizität aus und erzählte die Legende von der Gründung der Kirche zu Konstantinopel (Byzanz) durch den Apostel Andreas und glaubte, damit Rom rangmäßig übertroffen zu haben, weil nach Joh 1,40–42 Andreas, der Apostel Konstantinopels, *vor* Petrus Apostel geworden war. Und außerdem reklamierte Konstantinopel den Apostel Johannes für sich. Aus derartigen »Argumenten« wurden damals historische Legitimationen gewonnen.

Die Geschichte der Patriarchate war weitgehend eine Geschichte von Konkurrenz und Rivalität, die häufig als dogmatische Richtungsstreitigkeiten mit gegenseitigem Bann usw. ausgetragen wurden oder sich in der Einflußnahme auf die Besetzung der Bischofsstühle und in anderen machtpolitischen Maßnahmen auswirkten. Rom hat aus seinem Patriarchatsrang und seiner apostolisch-petrinischen Tradition einen universalkirchlichen Primatsanspruch abgeleitet. Die Kirchen des Ostens haben diesen Anspruch nicht anerkannt, namentlich die dortigen Patriarchate nicht. Man kann sagen, daß sich hier zwei verschiedene Vorstellungen von kirchlicher Einheit unvereinbar gegenüberstanden. Weil es im Osten eben mehrere apostolische Ursprungstraditionen verschiedener Ortskirchen nebeneinander gab, konnte die kirchliche Einheit hier nie in einem einzigen vorrangigen Bischof gegeben sein; sie mußte in der Einheit mehrerer Patriarchen bestehen. Für die Kirche des Westens sah das anders aus. Für sie lag es nahe, die gesamtkirchliche Einheit unter dem einen Bischof von Rom, der als einziger im ganzen Westen Patriarch und Nachfolger eines Apostels (Petri) war, zu sichern. Aus den Perspektiven und Überlieferungen der Teilkirchen heraus konnten verschiedene Verfassungsformen der Kirche entstehen und theologisch begründet werden.

4.2.3 Die Geschichte des römischen Primats

Seit dem 3. Jahrhundert hat es den ausdrücklichen Anspruch römischer Bischöfe auf einen überregionalen bzw. dann gesamtkirchlichen Vorrang gegeben, der im historischen Verlauf zum römischen Papsttum geführt hat. Der *Primat* des römischen Bischofs besteht nach westkirchlich-lateinischem Verständnis in einem *zentralen Leitungsamt* für die Gesamtkirche, das der Papst als *Nachfolger des Petrus* als des »ersten Bischofs von Rom« innehat.

Historisch sind wir gehalten, die Entstehung und Geschichte dieses Vorranges des Papstes vor allen Bischöfen möglichst verläßlich zu rekonstruieren und sie im Zusammenhang der gesamten Verfassung und Struktur der Kirche der ersten Jahrhunderte zu sehen, wie sie sich bisher in der Darstellung zeigte. Im letzten Abschnitt wurde klar, daß die Westkirche mit ihrer einzigen Apostelgründung (Rom) zu der zentralistischen Verfaßtheit der Kirche unter dem einen Patriarchen in Rom neigte, während die Ostkirche mit ihren vielen Apostelüberlieferungen keinen Anlaß haben konnte, sich um einen einzigen Ort und einen einzigen Bischof zu organisieren. Die konkurrenzlose Rolle Roms für den Westen scheint für die Entwicklung des theologischen Selbstverständnisses des römischen Bischofs eine große Rolle gespielt zu haben, außerdem natürlich auch der kulturelle sowie politisch-ideologische Rang der Stadt und deren Nimbus als »Haupt« des Reiches.

Die traditionelle theologische Begründung des römischen Papsttums bezieht sich maßgeblich auf die »Einsetzung« oder Anordnung dieses Amtes »durch Christus«, ferner auf die Tatsache, daß Petrus »erster Bischof von Rom« war, und schließlich auf die Lückenlosigkeit der Reihe von Bischöfen, die als die »Nachfolger« des Petrus bezeugt sind und als solche die Funktionen und Vollmachten innehaben, die Petrus als das erste Oberhaupt der Gesamtkirche besaß. Diese Angaben müssen auf ihren historischen Wert hin besprochen werden.

Die »*Einsetzung durch Christus*« (womit gemeint ist: Einsetzung durch den historischen Jesus) gilt in der traditionellen Primats-Begründung in erster Linie durch Mt 16,18–19 und Joh 21,15–17 als historisch garantiert. Dazu muß hier als sicheres Ergebnis der biblischen Exegese berücksichtigt werden, daß beide Bibeltexte Sätze der frühchristlichen Theologie, nicht historische Worte Jesu sind. Und als solche beweisen sie zusammen mit anderen neutestamentlichen Texten allein den Umstand, daß die Gestalt des Petrus im Urchristentum eine herausragende Bedeutung hatte.

Diese Bedeutung hat aber nicht ursprünglich mit dem Papsttum zu tun. Sie bestand darin, daß Petrus (mit seinem symbolträchtigen Namen »Fels«) urchristlich zum Typ des Jüngers und Apostels, zum Repräsentanten des einen kirchlichen »Amtes« der Verkündigung wurde, symbolhaft für alle Jünger und Missionare.[10] Ein einzelnes, besonderes Petrusamt (Papsttum) als gesamtkirchliches Leitungsamt gab es in der Urkirche nicht, und es läßt sich hier auch noch nicht als Absicht (»Stiftung«) erkennen. Als sich später der römische Primat herausgebildet hatte (s. u.), wurde nachträglich der Zusammenhang zwischen den biblischen Petrusstellen und dem römischen Papsttum hergestellt. Für die Alte Kirche (auch des Westens) hatten die beiden genannten biblischen Texte durchaus ihren Sinn, bevor es das Papsttum gab.[11]

Die Aussage, daß *Petrus der erste Bischof Roms* gewesen sei, entstand im 2. Jahrhundert und war damals dogmatisch motiviert. Wir wissen mit großer Sicherheit, daß Petrus zwar in Rom und dort Märtyrer war, aber über seine Tätigkeit in der Stadt und über seine Rolle in der römischen Gemeinde ist nichts bekannt. Daß er ihr Bischof war, ist ausgeschlossen, denn aus der Geschichte des monarchischen Bischofsamtes (s. o. 4.2.1) ist völlig sicher, daß es vor der Zeit um 140 n. Chr. in Rom wie auch in anderen Teilkirchen noch keine Einzelbischöfe, sondern immer ein Bischofskollegium gegeben hat.[12] Im Westen entstand der monarchische Episkopat offenbar noch später als im Osten.

Und was schließlich die überlieferte *Reihe aller römischen Bischöfe* seit Petrus betrifft, so gibt es zwar (bei Irenäus, Adv. haereses III 3,3) eine Liste ihrer Namen, aber sie ist erst im späteren 2. Jahrhundert aufgestellt worden und beruht auf theologischen Vorstellungen, nicht auf historischen Recherchen.

---

[10] Genaueres: *F. Mußner*, Petrus und Paulus – Pole der Einheit, Freiburg–Basel–Wien 1976; *Ders.,* Petrusgestalt und Petrusdienst in der Sicht der späten Urkirche, in: J. Ratzinger (Hrsg.), Dienst an der Einheit, Düsseldorf 1978, 27–45; *P. Hoffmann*, Die Bedeutung des Petrus für die Kirche des Mattäus, ebd. 9–26; *J. Blank*, Vom Urchristentum zur Kirche, München 1982, 89–147.

[11] Vgl. *J. Ludwig*, Die Primatworte Mt 16,18.19 in der altkirchlichen Exegese, Münster 1952.

[12] Ignatius von Antiochien setzt ca. 115 n. Chr. gerade in seinem Brief nach Rom als einzigem auffälligerweise keinen monarchischen Bischof bei den Adressaten voraus.

Die westliche Kirche leitete ihre Apostolizität im späten 2. Jahrhundert von Petrus (und Paulus) in Rom her. Dabei setzte sie schon für den Anfang dieselben kirchlichen Verhältnisse voraus, wie sie sie aus der eigenen Zeit kannte (monarchischer Bischof), und sicherte die eigene Glaubensüberlieferung durch Aufzählung von Bischofsnamen seit Petrus, deren Liste aber eben erst aufgrund dieses Bedürfnisses entstand. Der Rekurs auf Petrus war die regionale (westkirchliche) Version des Apostolizitätsbeweises. Er hat also im 2. Jahrhundert noch nichts mit einem petrinisch-römischen Primat über die Gesamtkirche zu tun. Im Osten praktizierte man dasselbe mit den dort naheliegenden Apostelnamen.

Die Existenz eines zentralen Leitungsamtes für die ganze Kirche war schwer mit der anfänglichen Kirchenstruktur der vielen gleichrangigen Apostelgründungen und der Communio aller Gemeinden zu vereinbaren. Da waren zuvor erhebliche Veränderungen vonnöten, um den Primat einer Einzelkirche über viele oder alle anderen Kirchen zu ermöglichen. Es mußten die beschriebenen strukturellen »Verschiebungen« in der Communio-Struktur vorausgehen, wonach es mehr und weniger gewichtige Einzelkirchen gab. Die Bedingungen für einen kirchlichen Zentralismus waren also in der Frühzeit der Kirche noch nicht gegeben.
So überrascht es nicht, daß die Anfänge des römischen Papsttums nicht vor der Mitte des 3. Jahrhunderts liegen. Zwar hat gegen Ende des 2. Jahrhunderts im Osterfeststreit (s. Kap. 5) *Viktor I.* von Rom (189–199) in massivem Stil gesamtkirchlich etwas dekretieren wollen, aber die Formulierung und Begründung, die er für seine Zuständigkeit gegeben hat, sind unbekannt, sein Anspruch wurde kritisiert und zurückgewiesen. Ob dieser Vorgang in die Primatsgeschichte gehört, bleibt zweifelhaft. Die erste sichere Äußerung des Primatsanspruchs eines römischen Bischofs wurde dagegen Mitte des 3. Jahrhunderts laut. Bischof *Stephan I.* von Rom (254–257) hat im damaligen *Ketzertaufstreit* (s. Kap. 5) versucht, sich mit seiner Meinung zum Streitfall durchzusetzen, indem er sich als den Nachfolger des Petrus auf dem Bischofsstuhl von Rom und als den für alle Kirchen maßgeblichen, vorrangigen Bischof beschrieb. In seiner Argumentation hat er zugleich auch erstmals den Text Mt 16,18f für diesen römischen Anspruch eingesetzt. Er hat energischen Widerspruch aus verschiedenen Teilkirchen bekommen, nirgends wurde seine Vorstellung anerkannt.

Anders wurde das erst im Laufe des späten 4. Jahrhunderts. *Damasus I.* von Rom (366–384) hat verschiedene Initiativen ergriffen, Bedeutung und Rang seines Bischofssitzes zu steigern. Er versuchte das zum Teil über den Kaiser und hatte beachtliche Erfolge. Seit seiner Zeit heißt der römische Bischofsstuhl die *Sedes Apostolica* schlechthin. Seine Befugnisse zum Beispiel gegenüber Synoden (Anerkennung durch den römischen Bischof) wurden erweitert. Gegenüber den östlichen Patriarchen setzte sich Rom (ebenfalls durch Damasus) ab jetzt an die Spitze, und zwar mit Hilfe des petrinischen Prinzips, welches Rom eben »einmalig« machte: Petrus war der Erste unter den Aposteln, seine Nachfolger haben also den Vorrang vor allen Bischöfen. Aus östlicher Sicht blieb Rom dagegen ein Patriarchat unter den anderen, an das man gelegentlich in Konfliktfällen appellierte, ohne seinen generellen Primatsanspruch damit anzuerkennen. Solche Appellationsfälle, die aufgrund des Unvermögens von Bischöfen oder Patriarchen zur Einigung zustandekamen, werteten den römischen Bischof als Vermittler aber auf. Auch Damasus argumentierte unter anderem mit Mt 16,18f und verstand sich selbst wirklich als *Papst*. Er hat neue Formulierungen für den römischen Anspruch gefunden, und seine theologischen Argumente bekamen einen juristischen Stil. Die Formen des autoritären Dekretierens, wie sie im Bereich der Politik üblich waren, wurden übernommen; die päpstliche Kanzlei sprach jetzt im kaiserlichen Dekretalstil, das heißt im obrigkeitlichen Befehlston von Dekreten und Edikten. Das ist besonders der Fall gewesen unter Papst *Siricius I.* (384–399), der das Papsttum weiter durchsetzte. Die Ansprüche dieser römischen Bischöfe auf den Primat wurden (auch im Westen) zwar nur teilweise anerkannt, aber sie hatten doch ihre Langzeitwirkung. Als Förderer ist *Innozenz I.* (402–417) zu nennen, ebenso *Bonifaz I.* (418–422), der die politische Macht-Kategorie des kaiserlichen Principatus (Obergewalt, höchste Position) als Bezeichnung für die Position des Bischofs von Rom wählte. Sprache und Begriffe bekunden das Selbstverständnis und die Praxis der Amtsinhaber.

Am Ende der Spätantike, im 5. Jahrhundert, ergaben sich politisch-historische Bedingungen, die sich für die Entwicklung des Papsttums außerordentlich günstig auswirkten. Das westliche

Reich wurde im Zuge der Völkerwanderung von den Fremdstämmen besetzt und in neue Reiche aufgeteilt. Für die einheimische römische Bevölkerung entstand machtpolitisch ein Vakuum: Das Reich war zerstört, es gab im Westen keinen Kaiser. Und es war die römische Kirche unter Führung des Papstes *Leo I.* (440–461), die die Nachfolge von Kaiser und Imperium antrat. Diese neue politische Rolle, die dem Papst zufiel, brachte seiner Stellung und der Papstidee eine eminente Aufwertung. Dabei hat Leo I. diese Idee zugleich mit Nachdruck auch theologisch, nämlich über den petrinischen Charakter Roms und mit Mt 16,18f untermauert. Er reklamierte für den Nachfolger des Petrus die Vollgewalt *(plenitudo potestatis)* über alle anderen Bischöfe und über die Universalkirche. Auf dem 4. Ökumenischen Konzil in Chalzedon im Jahr 451 konnte er sein Ansehen und seine Theologie in einer die ganze Kirche betreffenden zentralen dogmatischen Entscheidung (s. Kap. 8.7) von Rom aus zur Geltung bringen. Gleichzeitig war gerade bei ihm aber die Papstidee auch deutlich mit Elementen der heidnischen Rom-Idee durchsetzt, mit Vorstellungen und Begriffen der römischen Reichsideologie. Der Papst wurde zum Machthaber auch mit entsprechendem Hofzeremoniell. Bei Papst *Gregor I.* (590–604) begegnen dagegen noch einmal Elemente eines anderen Selbstverständnisses: Er nannte sich den »Diener der Diener Gottes«, kam also auf den urchristlichen Diakonia-Gedanken im kirchlichen Amt zurück und nannte sich auch »Stellvertreter Christi«. Aber auch Gregor trat mit imperialen Insignien auf, mit hoheitlichen Eigenschaften und Titeln. Die Päpste hatten politische Macht und gerieten, im Osten wie im Westen (Frankenreich), in Konflikt mit den staatlichen Machtträgern.

Obwohl sich das römische Papsttum mit seinem Anspruch nie gesamtkirchlich durchsetzen konnte (im Osten wurde es von den meisten Kirchen prinzipiell abgelehnt), hatten die Päpste für die Geschichte und Kirchengeschichte des Westens im beginnenden Mittelalter die allergrößte Bedeutung als geistig-religiöse und politische Potenz. Die Entwicklung dorthin ging also im 4. und 5. Jahrhundert vor sich, hatte ihre kirchlichen, politischen, kulturellen und soziologischen Umstände und führte zu einem kirchlichen Amt, dessen Träger dem Volk wie ehemals der Kaiser hoheitlich gegenüberstand. Dieser Zentralismus und Monarchismus, die das Papsttum in der Organisationsform bzw. Verfassung der (westlichen) Kirche bedeutete, zeigen eine beträchtliche Veränderung der Kirchenorganisation von der synodalen Verfassung und Communio-Struktur weg zur hierarchisch-monarchischen Papstkirche. Kirchenbild und kirchliche Realität haben von der urchristlichen bis zur frühmittelalterlichen Epoche eine erstaunlich weitreichende Änderung erfahren.

Literatur

Blank, J., Amtsstrukturen im Urchristentum, in: Ders., Vom Urchristentum zur Kirche, München 1982, 89–215

Brox, N., Das Papsttum in den ersten drei Jahrhunderten, in: M. Greschat (Hrsg.), Gestalten der Kirchengeschichte Bd. 11. Das Papsttum I, Stuttgart–Berlin–Köln–Mainz 1985, 25–42

Campenhausen, H. von, Kirchliches Amt und geistliche Vollmacht in den ersten drei Jahrhunderten, Tübingen ²1963

Dvornik, F., Byzanz und der römische Primat, Stuttgart 1966

Hahn, F., Das Problem des Frühkatholizismus, in: Evangelische Theologie 38 (1978), 340–357

Roethe, G., Zur Geschichte der römischen Synoden im 3. und 4. Jahrhundert, Stuttgart 1937

Speigl, J., Die Päpste in der Reichskirche des 4. und frühen 5. Jahrhunderts, in: M. Greschat (Hrsg.), Gestalten der Kirchengeschichte Bd. 11, 43–55

Stockmeier, P., Primat und Kollegialität im Licht der alten Kirche, in: Theol. Prakt. Quartalschrift 121 (1973), 318–328

4.3 Die Liturgie

Liturgie als Feier und Aktualisierung der Heilsereignisse war den ersten Christen aus ihrem Leben im Judentum vertraut. In der jungen Kirche feierten sie ebenfalls – mit neuen Inhalten – ihren Gottesdienst. Etliche liturgische Elemente (Lesung von Bibeltexten, Homilie, Gebet, Hymnen) gehen im Urchristentum auf den jüdischen Gottesdienst zurück. Schon im Neuen Testament begegnet eine Anzahl von liturgischen Texten (z. B. 1 Kor 11,23–25; Phil 2,6–11), Riten (z. B. Jak 5,14–16) und Begriffen. Reichhaltigere Zeugnisse gibt es aus dem frühen (Didache) und späteren (Justin,

Apologia I) 2. Jahrhundert und vom Anfang des *3.* Jahrhunderts (Hippolyt, Traditio apostolica); sie überliefern zum Beispiel alte Eucharistiegebete. Die Liturgie gehört zu den Lebensbereichen der frühen Kirche, die sich in besonders ausgeprägter Spontaneität, Originalität und Variation entfalteten. Bei aller Beständigkeit in der Grundgestalt waren die liturgischen Formen teilkirchlich und epochenmäßig darum sehr verschieden. Seit dem 4. Jahrhundert entwickelten sich im Einzugsbereich der bedeutendsten Kirchen (Alexandrien, Antiochien, Rom, Konstantinopel, Jerusalem, Mailand) unterschiedliche Grundtypen der Liturgie, in sich jeweils wieder mit örtlichen Besonderheiten. Dieses bunte Bild eines ungemein reichhaltigen, kreativen und vitalen liturgischen Lebens der Alten Kirche wurde ab dem 6./7. Jahrhundert aus politisch-dirigistischen Gründen einerseits von Rom, andererseits von Konstantinopel her Vereinheitlichungsmaßnahmen unterworfen.

Die leitenden *Motive* der Liturgie waren das Gedächtnis an den Gekreuzigten und Auferstandenen, der Gedanke der Gegenwärtigkeit seines Heils im dramatisch begangenen Mysterium, die Sehnsucht nach einer Teilnahme am himmlischen Kult durch dessen Vorwegnahme im irdischen Bereich, das Bedürfnis nach dem religiösen Fest, Symbol und Lebensrhythmus allgemein und insbesondere die Erfahrung der Glaubensgemeinschaft. Die Liturgie stand altkirchlich oft auch in direkter Wechselbeziehung zum Dogma: Sie spiegelte und beeinflußte die Theologie der Kirchen.

Den Christen der Frühzeit war bewußt, daß sich ihr Gottesdienst als geistiger, innerlicher Gottesdienst vom heidnischen Kult mit seinem materiellen Aufwand an Opfern usw. abhob. Tatsächlich unterschied die christliche Liturgie sich schon äußerlich stark: Der Heide sah bei den Christen keine Tempel, Altäre und Bilder und konnte darum keine fromme Religion darin erkennen. Die Christen akzeptierten den Einwand: Sie hatten Gemeinderäume (Hauskirchen) und nicht sakrale, konsekrierte Tempel; ihre Tische für die Eucharistie hatten weder die Form noch die Funktion von Altären; und bildliche Darstellungen im liturgischen Bereich gab es erst ab dem 3. Jahrhundert; die Vorsteher der liturgischen Feier, Bischof und Presbyter, wurden auch bewußt und zur Abgrenzung vom Heidentum nicht Priester genannt. Im 1. und 2. Jahrhundert war das Unterscheidende am Christentum für die Zeitgenossen gerade im Bereich der kultischen Gottesverehrung deutlich erkennbar. Im Laufe des 3. und vollends im 4. Jahrhundert wurden diese Unterschiede aber für ein inzwischen an die Umwelt stark angepaßtes Christentum unwichtig.

Die Darstellung konzentriert sich hier auf sakramentale Handlungen der Liturgie im späteren Sinn. Die Alte Kirche kannte zwar noch keinen *Sakramentsbegriff* als Oberbegriff für bestimmte liturgische Vollzüge und auch noch keine genaue theologische Abgrenzung der (späteren) »Sakramente« von anderen kirchlichen Riten oder Symbolhandlungen. Aber Taufe, Eucharistie (und Buße) waren dauerndes Thema, dauernde Praxis von zentraler Bedeutung. Die griechische Kirche bevorzugte für die zentralen Heilsgeschehnisse und für ihre liturgische Feier das Wort *mysterion* in einem sehr weiten Sinn, die lateinische (seit Tertullian) das Wort *sacramentum*. Man verwies damit auf die Tatsache, daß sich unter dem liturgischen Zeichen geheimnisvoll ein verborgenes Heilsgeschehen vollzieht. Dabei waren die Gegenwärtigkeit und die Wirkung des Heils im Zeichen theologisch noch nicht näher erklärt. Erst Augustinus (354–430) hat über die Unterscheidung von Zeichen, unsichtbarer Wirklichkeit und Heilswirkung sowie der Disposition des Spenders und Empfängers notwendige dogmatische Klärungen vorgenommen und damit die mittelalterliche Sakramentstheologie vorbereitet. Erst im 12. Jahrhundert setzte sich auch die heute geläufige Siebenzahl der Sakramente gegen den weiter gefaßten Begriff von *mysterion* bzw. *sacramentum* der Alten Kirche durch.

4.3.1 Die Taufe

Von Anfang an war die Taufe als Untertauchen im Wasser und als Waschung der Ritus der Zulassung, der Aufnahme oder Einweihung (*Initiation*) ins Christentum. Und schon in frühester Zeit wurde das Wesen des Christseins aus diesem Zeichen des Tauchbades abgeleitet (z. B. Röm 6,3–5; Joh 3,5). Zur Zeit des entstehenden Christentums gab es im Judentum eine Taufbewegung, die als Zeichen der Buße und inneren Reinigung des einzelnen eine Taufe als Untertauchen vollzog. Johannes der Täufer ist ein Zeuge dafür.

Die Urgemeinde mag dieses Zeichen als die Einweihung von Neubekehrten von dort übernommen haben. Auffälligerweise wählte sie aber in den griechischen Begriffen *báptisma* und *baptismós* (= Taufe) ganz ungebräuchliche Wortformen, die in der griechischen Sprache nicht geläufig waren. Das wird man als beabsichtigte Abgrenzung der christlichen Taufe von allem Vergleichbaren verstehen müssen. Und tatsächlich ist die christliche Taufe im religionsgeschichtlichen Vergleich etwas Neues, Unableitbares, wenn Einzelelemente der Deutung (wie »Wiedergeburt«) auch anderswo begegnen.

Wir verfolgen hier die Geschichte des Ritus. Bis zum Beginn des 3. Jahrhunderts hat der Taufritus bereits eine Ausfaltung erfahren, die alle wesentlichen Elemente auch für die Zukunft enthielt. Das wichtigste Dokument dafür ist Hippolyts Kirchenordnung (ca. 215). Ältere Quellen sind die Didache (Kapitel 7), Justin (Apologia I 61), Tertullian (De baptismo). Hippolyt gibt wahrscheinlich die liturgische Praxis der Kirche in Rom am Ende des 2. Jahrhunderts wieder. Sie darf als repräsentativ gelten und hier zugrunde gelegt werden, wenn auch sicher ist, daß der Taufgottesdienst wie alle Liturgie regional verschieden aussah.

Die Alte Kirche taufte nicht möglichst rasch und möglichst viel, sondern stellte *Bedingungen* an die Taufbewerber, die in einer eigens eingerichteten Vorbereitungszeit erfüllt werden mußten. Die ernsthaft Taufwilligen wurden in einem eigenen Stand zusammengefaßt und hießen *Katechumenen* (= »Unterrichtete« oder Schüler). Dieses griechische Wort wurde in technischer Bedeutung dem Unterricht im Christentum vor der Taufe vorbehalten. Zu allererst also wurden die Interessenten am Christentum über die Lehre und das Leben der Kirche unterrichtet, und zwar von Lehrern, später von Klerikern. Seit Ende des 2. Jahrhunderts kennen wir das *Katechumenat* im Westen, etwas später im Osten. Die Katechumenen wurden bereits verbindlich in die Pflicht genommen: Sie unterstanden der Lehre, der Ethik und der Disziplin der Kirche und hatten auch schon eine Art der Zugehörigkeit, indem sie teilweise am Gemeindeleben bzw. auch an Teilen der Wortliturgie teilnahmen. Sie wurden in dieser Zeit auf ihre Bewährung hin beobachtet.
Der Taufbewerber mußte sich anmelden. Er wurde nach seinen Motiven für die beabsichtigte Bekehrung gefragt. Außerdem muß-

ten die Christen, die ihn »herbeigeführt«, also angeworben hatten, über ihn aussagen. Und weiter mußte der künftige Katechumene über seine persönlichen Lebensbedingungen Auskunft geben, ob er Freier oder Sklave, verheiratet oder ledig usw. war. Und nicht unwichtig war sein Beruf. Es gab etliche Gewerbe, die der frühen Kirche aus moralischen oder kultischen Reserven als mit dem Glauben und darum auch schon mit dem Katechumenat unverträglich galten (z. B. Zuhälter; Gladiator; Soldat; Schauspieler; auch Bildhauer und Lehrer, weil sie vom heidnischen Götterglauben lebten bzw. ihn dozierten). Der Bewerber mußte von einem solchen Beruf lassen, oder er wurde nicht zum Katechumenat zugelassen. Er wurde also sofort mit den Forderungen und Pflichten der Gemeindemoral konfrontiert und mußte wie die Getauften leben. Mit großer Sorgfalt und zugleich Strenge regelte die frühe Kirche den Zugang zum Christentum. Dazu gehörte, daß jeder Katechumene einen Zeugen und Bürgen mit auf den Weg bekam (den späteren Paten), der ihn im Katechumenat begleiten und der Kirche gegenüber die Aufrichtigkeit seines Bekehrungswillens verbürgen mußte. Es sollte nicht unwürdig getauft und kein »halbes« Christentum produziert werden.

Im 4. Jahrhundert gab es verschiedene Riten einer eigenen Aufnahme in das Katechumenat, zum Beispiel Handauflegen, Bekreuzigung der Stirn oder Brust, Überreichung von Salz (*datio salis*: Symbol der Gemeinschaft und/oder der Dämonenvertreibung). Die Zeit des Unterrichts (Katechese) dauerte zwei oder drei Jahre, konnte bei Eifer auch abgekürzt werden. Während dieser Zeit wurden die Katechumenen in der Liturgie streng von den Getauften getrennt. Die alten Kirchenordnungen sorgten, psychologisch und pädagogisch geschickt, für einen stufenweise gesteigerten Zugang zur Kirche. Dem Unterricht folgte eine *Prüfung* des christlichen Lebensstils der Katechumenen und ihres Leumunds in der Gemeinde, und bei positivem Ergebnis begann die letzte Phase als unmittelbare Taufvorbereitung. Diese Zulassungsprüfung sah durchaus die Zurückstellung einzelner Katechumenen vor. In der Schlußphase wurden tägliche *Exorzismen* (Dämonenaustreibungen) in Form von Beschwörungsformeln, Handauflegungen, Anblasen und Bekreuzigen an den Bewerbern vollzogen, die auch noch in der Taufliturgie fortgesetzt wurden. Engel und Dämonen waren für die Alte Kirche eine allgegenwärtige und tägliche Selbstverständlichkeit. In den Neulingen mußte Platz für den guten Geist Christi geschaffen werden. Als letzter Exorzist unmittelbar vor der Taufe trat der Bischof in Aktion.

Zu Beginn des 3. Jahrhunderts gab es also diese Grundform des Katechumenats vor der Taufe mit strengen Zulassungsbestimmungen, festgesetzter Dauer, Prüfung und Exorzismus. Unter den neuen Bedingungen eines Massen-Interesses am Christentum im 4. Jahrhundert seit Konstantin (s. Kap. 3.2) wurde das Ritual des Katechumenats verändert. Die Kirche mußte interessiert sein, den Zugang verstärkt zu kontrollieren. Die wichtigste Verschiebung in der Praxis war, daß viele Menschen zwar Katechumenen wurden, somit am Wortgottesdienst teilnehmen konnten und sich zugehörig fühlen durften, aber (wegen der hohen Anforderungen des Christseins) gar nicht nach der Taufe verlangten und viele Jahre oder lebenslang (bis zur Sterbestunde) Katechumenen blieben, was inzwischen nicht mehr wie ehedem bereits die ganze Pflicht der christlichen Ethik einschloß. Diese Form des Katechumenats war keine Taufvorbereitung mehr. Darum kam es jetzt dazu, daß die *Fastenzeit* vor Ostern die direkte Vorbereitungsphase für diejenigen Katechumenen wurde, die sich aus der Menge tatsächlich zur Taufe meldeten.

Diese *Meldung* war eine eigene Zeremonie in Gegenwart von Bischof und »Paten« und in Form einer Einschreibung mit Namensangabe. Das Katechumenat war zu einem minderen (Dauer-)Zustand von Christsein abgesunken. Die taufwilligen Katechumenen verließen mit ihrer Einschreibung diesen Zustand und hießen in verschiedenen Kirchen mit einer eigenen griechischen oder lateinischen Bezeichnung entweder »Erleuchtete« (*photizomenoi*) oder »Erwählte« (*electi*) oder »Bewerber« (*competentes*). Ihre vorösterliche Vorbereitung auf die Taufe bestand in *Bußübungen, Exorzismen* und *Unterricht*. In einem »Intensivkursus« von vierzig Tagen wurden sie in die Lehre, Spiritualität und Lebensführung des Christentums eingeführt. Zum Inhalt der Lehre gehörte die gesamte Bibel (als »Heilsgeschichte«), außerdem die Auslegung des Glaubensbekenntnisses (Symbolum). Das Symbolum wurde den Taufbewerbern erst gegen Ende der Fastenzeit, sozusagen als das innere »Heiligtum« von Glaube und Bekehrung, im Wortlaut feierlich mitgeteilt (*traditio symboli*); sie kannten es bis dahin offiziell noch nicht. Jeder Bewerber mußte es dem Bischof am Tag vor der Taufe aufsagen können (*redditio symboli*). Während der gesamten Zeit gab es rituelle Einführungen, Steigerungen und Höhepunkte, bis der Tauftag schließlich kam.

In drei Schritten wurde man also jetzt in die Kirche aufgenommen: über *Katechumenat, Photizomenat* und *Taufe*. Nach der Taufe, in der Osterwoche, folgte dann die Belehrung über die Mysterien (Mystagogie) von Taufe und Eucharistie, wie wir es aus den Predigten Kyrills von Jerusalem aus dem 4. Jahrhundert wissen. Die Tauffeier selbst bestand im 3. Jahrhundert im Westen aus drei Teilen: dem *Taufbad* mit einrahmenden Riten, der *Handauflegung* und *Stirnsalbung*, der *Taufeucharistie*.

Der Bischof, zwei Presbyter und drei Diakone wirkten nach Hippolyt mit. Seit dem 3. Jahrhundert fand die Taufe in einem eigenen kultischen Raum (Taufkirche/Baptisterium) statt, die Gemeinde war in einem anderen Raum. In der Nacht versammelten sich die Täuflinge bei Gebet und Katechese. Der Bischof exorzisierte sie ein letztes Mal und besiegelte sie (präbaptismale Riten). Dann wurde ein Gebet gesprochen, die Weihe der in der Tauffeier verwendeten Öle vorgenommen und von den Täuflingen die *Absage* an den Teufel gesprochen. Inzwischen hatten sie ihre Kleider abgelegt, wurden dann am ganzen Leib mit Exorzismusöl gesalbt und dann nackt in das Taufbecken geführt. Während von ihnen eine dreifache Tauffrage (»Glaubst du an Gott, den allmächtigen Vater – an Christus Jesus, Gottes Sohn – und an den Heiligen Geist, die heilige Kirche und die Auferstehung des Leibes?«) dreifach beantwortet wurde (»ich glaube«), wurden sie einzeln dreimal *untergetaucht* und somit feierlich *getauft*. Die eigentliche Taufformel (»ich taufe dich ...«) ist in den einschlägigen Quellen nicht erwähnt. Das Zeichen des Tauchbades symbolisierte die Sündenvergebung als Reinigung, das Begrabenwerden mit Christus, die Auferstehung oder Wiedergeburt zu neuem Leben. Dann folgten zwei postbaptismale Salbungen mit Öl, die den Bezug zu Christus und die Geistmitteilung bedeuteten. Die Taufhandlung endete mit der *Handauflegung* und *Stirnsalbung* als Geistmitteilung durch den Bischof. Daran schloß sich die *Taufeucharistie* im Gemeinderaum an, wo die Neugetauften nun mit der Gemeinde zusammen waren. Diese Eucharistie war ein Teil der Taufliturgie. Die Täuflinge hatten die Speisen dazu mitgebracht, und zwar außer Brot und Wein auch Milch, Honig und Wasser mit je eigenem Symbolwert (Brot und Wein für die Eucharistie; Milch und Honig für die Fülle des Heils im »gelobten Land«; Wasser für die geschehene innere Reinigung). Hippolyt schloß seine Darstellung damit, daß mit dem Ende der Taufeucharistie für den einzelnen Neugetauften nun dessen Bewährung vor Gott und in der Kirche begann.

Diese Grundelemente der Tauffeier sind im 4. Jahrhundert um viele Riten und Formen angereichert gewesen, je verschieden in Kleinasien, Antiochien, Jerusalem, Ägypten, Mailand, Afrika, Spanien, Rom usw. Einzelne Riten, zum Beispiel die Absage an den Teufel (Abrenuntiation), wurden dramatisch gestaltet, ebenso das Ablegen der Kleider (des »alten Menschen«). Es kam die Taufwasserweihe auf, um dem Wasser die Kraft der Taufe zu geben. Das alles zeigt einen Symbol- und *Sakramentsrealismus*, das heißt das fromme Interesse an den »greifbaren« Dingen und Riten und eine sehr »realistische« Vorstellung von der Gegenwart und Wirkung göttlicher Kräfte in diesen Dingen. – Es gab weitere Riten nach der Taufe, so die Bekleidung der Neugetauften mit weißen Kleidern als Symbol für die Reinheit, das Resultat der Taufe. Die Riten der Geistmitteilung nach der Taufe (Handauflegung und Stirnsalbung) verselbständigten sich zunehmend, was historisch zur völligen Abtrennung von der Tauffeier führte und die Entwicklung zur *Firmung* als eigenem Mysterium (Sakrament) einleitete.

Zu den Sonderfällen der Taufe gehörte die Taufe unmündiger Kinder. Bis Ende des 2. Jahrhunderts ist die Erwachsenentaufe wohl der Regelfall gewesen (obwohl sich *Kindertaufen* im 1. und 2. Jh. nicht ausschließen lassen). Aber die Kindertaufe nahm aus theologischen und kirchlichen Gründen zu, wenn sie auch umstritten blieb. Noch im 4. Jahrhundert haben längst nicht alle christlichen Eltern ihre Kinder zur Taufe gebracht. Erst im 5. und 6. Jahrhundert setzte sich die Säuglingstaufe allgemein durch. Ein anderer Sonderfall war die Taufe eines todkranken Menschen, für den aus Zeitgründen kein Taufunterricht möglich war und der offizielle Tauftermin nicht abgewartet werden konnte. Man wollte seine Taufe in jedem Fall, weil die Taufe nicht nur Initiation ins Christentum, sondern zugleich eben Sündenvergebung und Heilszuwendung und darum auch in Todesgefahr noch für jedermann notwendig war. Es gab für den Notfall einen abgekürzten, vereinfachten Taufritus, sogar ein Laie durfte unter Umständen taufen. Wenn der Notgetaufte bald nach der Taufe starb, gab es keine Bedenken. Wurde er dagegen gesund, gab es Einwände: Er war in unzulänglicher Weise getauft, nämlich nicht im Tauchbad, sondern durch bloßes Übergießen im Bett und in seinen Kleidern. Man nannte das die *Klinikertaufe*, die bestimmte Beeinträchtigungen nach sich zog und in der Regel zum Beispiel vom Klerikerstand ausschloß. Ein Notgetaufter mußte eine Handauflegung durch den Bischof erbitten. Und schließlich war die sogenannte *Bluttaufe* ein Sonderfall. Wenn ein noch ungetaufter Katechumene Märtyrer des Christentums wurde, entstand bei den schlicht Denkenden, die von der Heilsnotwendigkeit des Ritus der Taufe überzeugt waren und ihn für unersetzbar hielten, die Angst und Ungewißheit um sein Heil. Die Bischöfe und Kirchenväter beruhigten: Der Märtyrer ist in seinem Blut getauft. Dieser »Taufe« ging ein Bekenntnis voraus, sie tilgte dadurch die Sünden, und das darin gegebene Treueversprechen war schon durch den Tod besiegelt und nicht mehr gefährdet wie bei anderen Christen. Die Taufe des Martyriums wog mehr als die Normaltaufe und galt nicht als Notfall.

Weil die Taufe von so zentraler Bedeutung für die Alte Kirche war, war ihre symbolische und *theologische Sinndeutung* entsprechend mannigfaltig und intensiv. Die Bischöfe und Theologen entwickelten in ihren Predigten und Bibelauslegungen zahlreiche Tauftheologien, die ihren Ausdruck in der liturgischen Taufsymbolik fanden. Deutlich ist zum Beispiel die Idee vom Herrschaftswechsel, der im Täufling vor sich geht. Die Dämonen werden aus ihm ausgetrieben, Gott bzw. der Geist nimmt Besitz von ihm. Darum wurde die Taufe auch als Siegel (*sphragís*) oder Stempel begriffen, der ihm aufgedrückt ist und (wie beim Soldaten) die Besitzverhältnisse klärt: Der Getaufte ist als Gottes Eigentum erkennbar. Taufe signalisiert weiter den Übergang vom Tod zum Leben, was innere Umkehr heißt, Abkehr vom Satan mit konkreten Folgen im Lebensstil. Die Taufe war als totale und augenblickliche Vergebung aller Sünden begriffen. Dabei wurde zuerst nicht an weitere, wiederholbare Sündenvergebungen nach der Taufe gedacht. Die Taufe war also von »einmaliger« Bedeutung. Die Frage von Sündenvergebung und Buße hat aber die Alte Kirche aufgrund negativer Erfahrungen darüber hinaus beschäftigt (s. u. 4.3.3). Weiter sah man in der Taufe den Urstand des Menschen im Heil, das heißt seine Gottebenbildlichkeit, wiederhergestellt, ja sogar überboten. Gottes Geist wird in der Taufe mitgeteilt; man muß ihn hüten wie einen (durch Sünde) verlierbaren großen Schatz. Nicht zuletzt bedeutete Getauftsein die Zugehörigkeit zur Kirche als der Heilsgemeinschaft.

In der Taufe suchte der spätantike Mensch, der sich zum christlichen Glauben entschloß, eine neue Orientierung seines Lebens. Das Ritual der Einweihung ins Christentum spielte dabei die Rolle, diese Umorientierung als Umkehr sinnenfällig zu machen, zu bewirken und zu deuten. Als Riten dienten dazu Elemente der täglichen Lebenskultur: Bad, Reinigung, Salbung (Einölen), Kleiderwechsel, Körpergebärden usw. »Es bestand ein gutes Verständnis zwischen Glauben und Leben.«[13]

---

[13] *A. Scheer*, Die Rolle der Kultur in der Liturgieentwicklung im Lichte der Geschichte der Initiationsliturgie, in: Concilium 15 (1979), (84–90) 86.

4.3.2 Die Eucharistie

Die Eucharistie war die zentrale Feier der altchristlichen Liturgie. Als Element des frühkirchlichen Gemeindelebens hat sie einen direkten historischen Zusammenhang mit der Mahl-Praxis Jesu und seiner Jünger vor Jesu Tod. In früheren Quellen »Herrenmahl« (1 Kor 11,20) und »Brotbrechen« (Apg 2,42.46;20,7; Joh-Akten 72.85.86.87) genannt, hatte die Eucharistie in ihrer ältesten Form jedenfalls Gestalt und Charakter des *Mahles*. Biblische Ostergeschichten zeigen die Apostel zum Mahl versammelt. Sie wußten den toten Jesus unter sich lebendig, indem sie Mahlgemeinschaft mit ihm hatten, wie er selbst sie vor seiner Passion gestiftet hatte. Die Eucharistie wurde anfangs am Abend gefeiert (Apg 20,7), war mit einer Sättigungsmahlzeit verbunden und mit dieser zusammen das »Herrenmahl«, bestand also nicht nur in einem symbolischen Essen (z. B. 1 Kor 11,20–22; Didache 9f). Dabei haben die eucharistischen Elemente (Segnung von Brot und Wein) dieses Mahl (zumindest in manchen Liturgien) eingerahmt: Das eucharistische Brot wurde vor dem (Sättigungs-)Mahl genommen, gebrochen, gesegnet und ausgeteilt, mit dem eucharistischen Kelch geschah dies »nach dem Mahl« (1 Kor 11,25; Lk 22,20). Für diese Folge der Riten gab es Vorbilder im jüdischen Mahlritus. Mahlzeit und Eucharistie konnten aber auch aufeinander folgen (Didache 9f). Das Sättigungsmahl bekam den Namen *Agape* – Liebesmahl (Tertullian, Apologeticum 39,16). Die Feier fand am Sonntag (Auferstehung) statt. Der Name Eucharistie heißt Danksagung.

Die Verbindung von Eucharistie und Sättigungsmahl war nicht von langer Dauer. Noch im 1. Jahrhundert wurde die Eucharistie von der Agape getrennt, wurde vom Abend auf den Morgen verlegt und mit dem Wortgottesdienst, der bereits am Morgen gefeiert wurde, verbunden, was bis heute ihre Grundstruktur ausmacht. Die Feier am Morgen hatte symbolische (Christus die aufgehende Sonne) und praktische Gründe (Zeitpunkt außerhalb der Arbeitszeit). Diese Veränderungen brachten Folgen für die Gestalt der Feier mit sich. Im Versammlungsraum brauchte man keine Tische mehr, um daran zu speisen. Nur der Bischof bzw. Presbyter hatte einen *Tisch* für das symbolische Brot und den einen Becher der Eucharistie. Das Dankgebet war das maßgebliche Element. Man lag nicht mehr zum Mahl um den Tisch, sondern man stand vor Gott und sprach über die Gaben das Gebet. Die Mahlgestalt dominierte nicht mehr in der früheren Deutlichkeit, freilich war sie beibehalten. Der Tisch des Bischofs war als »Tisch des Herrn« oder »heiliger Tisch« der Mittelpunkt, um den alle Teilnehmer herumstanden. Schließlich wurde er, infolge des Verständnisses der Eucharistie als Opfer, zum *Altar*. Was in Privaträumen (Hauskirchen) mit abendlichen Mahlzeiten begonnen hatte, brauchte als kirchlicher Kult im Laufe der Zeit natürlich immer größere und »öffentlichere« Räumlichkeiten.

Die Eucharistie war im Urchristentum zunächst das Todesgedächtnis Jesu; der Gedächtnischarakter zeigt sich im Zitieren der sogenannten »Einsetzungsworte«. Brot und Wein wurden dabei als Gott dargebrachte Opfergaben zu Leib und Blut Christi geweiht, denn Jesu Tod war selbst als Opfer begriffen (»für euch hingegeben, für euch vergossen«). Weiter war Eucharistie Vorwegnahme des endzeitlichen Freudenmahles und das Mahl der Gemeinschaft (communio/koinonia) mit dem anwesenden Kyrios wie der Gläubigen untereinander. Ein neuartiger Akzent kam Anfang des 2. Jahrhunderts bei Ignatius von Antiochien hinzu: Die Eucharistie als »Gegengift gegen den Tod«, als »Heilmittel der Unsterblichkeit« (An die Epheser 20,2). Man sieht daran, daß schon früh ein Sakramentsrealismus, das heißt ein stark materielles Verständnis der eucharistischen Elemente aufkam (vgl. auch Paulus 1 Kor 11,29f).

Eine ausführliche Beschreibung der sonntäglichen Eucharistie ist aus der Zeit um 160 n. Chr. von Justin, Apologia I, 67 überliefert (ebd. 65f: die Taufeucharistie). Der Eucharistie geht hier der (ursprünglich selbständige) *Wortgottesdienst* voraus, der aus langen, fortlaufenden Lesungen aus dem Alten oder dem Neuen Testament und aus einer Ansprache des Vorstehers bestand. Es folgte ein *Gebet* der ganzen Gemeinde und das Herbeibringen der *Gaben* (Brot, Wein und Wasser) und dann das *Dankgebet* (»Eucharistia«), vom Vorsteher allein gesprochen und frei formuliert »so viel er mag«. Bücher, Formulare, Vorschriften gab es für die Liturgie noch nicht, wohl aber den Grundriß der Feier. Auch hier also die Danksagung im Mittelpunkt, dann die *Kommunion* als zweiter Schwerpunkt.
In Hippolyts Kirchenordnung (ca. 215) ist erstmals ein altkirchliches *Eucharistiegebet* (also die Danksagung) in ganzer Länge und vollständiger Form überliefert. Das schlichte, aber eindrucksvolle Gebet wurde am Beginn des 3. Jahrhunderts schon durch denselben Dialog mit der Gemeinde eingeleitet wie noch heute (»Der Herr sei mit euch ... Erhebt die Herzen ... Laßt uns Dank sagen ... «). Die hauptsächlichen und typischen Elemente darin sind das Dankgebet für das Kommen, Leben, Leiden und Sterben Jesu, ferner die eucharistischen *Einsetzungsworte*, die in der zitierten

Fassung mit keiner der (unter sich schon verschiedenen) biblischen Textformen übereinstimmen.[14] Danach folgte die *Anamnese* (das Gedächtnis) an Tod und Auferstehung Jesu, die *Darbringung* von Brot und Kelch, weiter die *Epiklese* (Herabrufung) des Heiligen Geistes auf die eucharistischen Gaben, damit er die Kommunizierenden erfüllt (Kommunions-Epiklese) oder, nach anderen Liturgien, damit er die Gaben in Fleisch und Blut Christi verwandelt (Wandlungs-Epiklese); schließlich die *Doxologie* (Lobpreis) als Abschluß. – Der Grundriß dieses Eucharistiegebetes hat sich bis in heute gebräuchliche Hochgebete erhalten.

Die Alte Kirche hat die *theologische Deutung* der Eucharistie mit Hilfe vieler Motive und Bilder entfaltet. Der Spielraum dafür war groß, denn es gab kein Dogma von der Eucharistie und keine überall einheitliche Anschauung davon. Bei den einzelnen Kirchenvätern findet man also die unterschiedlichsten Vorstellungen, die man im Hinblick auf ihr Verständnis der eucharistischen Elemente Brot und Wein aber in zwei Grundinterpretationen unterscheiden kann. Da gibt es einerseits eine sehr direkte, realistische Redeweise, wonach das Brot der Leib Christi »ist«. Man ißt vom Leib Christi, und man trinkt Christi Blut; das menschliche Fleisch nährt sich von Christi Leib und Blut, und so wird die Seele von Gott angefüllt. Der Bischof Kyrill von Jerusalem (gest. 386) zum Beispiel beteuert, daß der Heilige Geist die Elemente in Leib und Blut Christi verwandelt; Ambrosius von Mailand (gest. 397) erklärt das so, daß das Brot durch die in der Liturgie gesprochenen Worte Christi unter Verwandlung seiner Natur zum Leib Christi geweiht werde. In dieser »realistischen« Theologie wurde recht einfach über das Verhältnis von liturgischem Zeichen und Wirklichkeit gedacht: Zwischen Zeichen und angezeigter Sache besteht der geheimnisvolle Zusammenhang, daß das Symbol das Symbolisierte »ist«.

Ein anderes Verständnis der Zeichenhaftigkeit liturgischer Riten und Elemente (z. B. bei Klemens von Alexandrien Ende 2. Jh., Origenes im 3. Jh., Augustinus im 4./5. Jh.) erklärte das Symbol (unter platonischem Einfluß) damit, daß hinter dieser sichtbaren Welt die geistige Welt existiert, die sich in den materiellen Elemen-

---

[14] Alle erhaltenen Fassungen, auch 1 Kor 11,23–25; Mk 14,22–25; Mt 26,26–29; Lk 22,15–20, sind in der liturgischen Praxis voneinander abweichend geformt worden.

ten (wie Brot und Wein) anzeigt. Die Dinge »*zeigen*« also eher die tiefere Wirklichkeit, sie »sind« nicht unmittelbar diese Wirklichkeit. Da liegen verschiedene Weltbilder zugrunde und bedingen erhebliche Unterschiede im Sakraments- bzw. Eucharistieverständnis. Auf die Dauer hat sich der Sakramentsrealismus gegenüber dem eher »spiritualistischen« oder symbolistischen Begriff durchgesetzt. Für beide Traditionen gilt, daß die Eucharistie mit der Zeit zunehmend *kultisch-latreutisch* verstanden und begangen wurde, das heißt weniger im ursprünglichen Sinn als Gemeinde-Mahlfeier, vielmehr als Vollzug heiliger Riten und als Akt von Schau und Anbetung.

In der Westkirche, die immer stark am existentiellen Problem von Sünde und Gnade interessiert war, wurde die Eucharistie als *Erinnerung des Kreuzesopfers* verstanden, durch welche die Sündenvergebung stets neu wirksam wird. Die orientalische Kirche sah in der Eucharistie stärker die *Unsterblichkeitskräfte*, die in dieser Speise verliehen werden. Diesen Trends lagen eben teilkirchlich verschieden ausgesprochene Sehnsüchte und Heilshoffnungen voraus.

Als *Bezeichnungen* für die Eucharistie waren im Urchristentum »Brotbrechen« und »Herrenmahl«, dann »Eucharistia«, im 3. Jahrhundert vorübergehend auch *oblatio, sacrificium, prosphorá* (= Opfer) üblich. Das heute gebräuchliche Wort »*Messe*« ist erst seit dem 6. Jahrhundert stehende Bezeichnung der Eucharistiefeier. *Missa* (oder *dimissio*) heißt die Entlassung und Verabschiedung nach einer Versammlung, wurde dann liturgisch der Name für den Schlußakt eines Gottesdienstes und (über einige Entwicklungsstufen) unter Verlust des ursprünglichen Wortsinns die Bezeichnung des ganzen eucharistischen Gottesdienstes.

Im Zusammenhang der Eucharistie steht auch die Geschichte des christlichen *Sonntags*. Die frühen Christen hatten ihre wöchentliche Eucharistiefeier, aber nicht am jüdischen Feiertag des Sabbat, sondern am Sonntag. Dieser Wochentag wurde in der damaligen Gesellschaft seit dem 1. Jahrhundert n. Chr. als der zweite Tag in der Planetenwoche gezählt und war nach der Sonne benannt und dem Sonnengott geweiht. Er war weder Feiertag noch arbeitsfrei. Für die Christen war er aber der Tag der wöchentlichen Eucharistiefeier. Als Grund dafür kommt nur die Datierung der Auferstehung Jesu auf den (Oster-)Sonntagmorgen in Frage.

Die Eucharistie wurde allerdings zuerst am Sonntagabend, erst später am Morgen gefeiert (s. o.),[15] und sie gehörte vom Ursprung an zur christlichen Feier des Sonntags als des Tages der Auferstehung. Der heidnische Name »Sonntag« war für die Christen freilich an sich nichtssagend. Sie fanden neue Namen, zum Beispiel die Neubezeichnung *Herrentag* (Offb 1,10; Didache 14,1 u. a), die in vielen (besonders den slavischen und romanischen) Sprachen erhalten blieb; üblich wurde außerdem der »achte Tag« als Symbol der Vollkommenheit und des »Ausbruchs« aus dem Lauf der Zeit (7-Tage-Woche) in das Jenseits; oder auch der »erste Tag« (Mk 16,2; Joh 20,19): Für die Christen beginnt nun die Woche mit diesem Tag. Aber auch der Name »Sonntag« konnte christlichen Sinn bekommen, weil man Christus die Sonne nannte und der »erste Tag« der Schöpfung die Erschaffung des Lichtes erlebte. So blieb es in den germanischen und angelsächsischen Sprachen beim »Sonntag«. – Im Jahr 321 führte Konstantin den Sonntag als wöchentlichen Ruhetag der von ihm religionspolitisch christianisierten Gesellschaft ein, der arbeitsfrei war. Die Einrichtung sollte einen religiös-kultischen Sinn haben. Für die kultische Arbeitsruhe gab es aber keine christliche Begründung. So griff man auf das Alte Testament zurück und leitete die Arbeitsruhe des christlichen Sonntags aus dem jüdischen Sabbatgebot ab, mit dem der Sonntag an sich nichts zu tun hatte. Bis zum 6. Jahrhundert war eine volle Identität von Sonntag und Sabbat hergestellt. So wurde durch spätantike staatliche Gesetzgebung aus dem christlichen Herren- oder Auferstehungstag letztlich der heutige bürgerliche Sonntag.

Das Thema Sonntag führt zur Frage der *Häufigkeit* und *Verpflichtung* der Eucharistiefeier. Die Gemeinde war soweit möglich vollzählig anwesend. Aber das Fehlen im Gottesdienst aus nachlassendem Eifer wurde schon im 1. Jahrhundert moniert (Hebr 10,25) und führte im 4. Jahrhundert zu einschlägigen Kirchengeboten. Am Anfang fand die Feier nur am Sonntag statt (Apg 20,7). Die Didache und Justin kennzeichnen den Sonntag als den Tag der Eucharistie. Zum Sonntag kamen dann die Festtage hinzu, die in die Woche fielen, außerdem die Nachfeiern von Hochfesten (z. B. die Osterwoche) sowie die Tage der Vorbereitung auf solche Feste. Außerdem hatten die einzelnen Ortskirchen ihre eigenen Märtyrerfeste. Aus bestimmten liturgischen Traditionen (Stationstage) wurde im 4. Jahrhundert verbreitet auch am Mittwoch und Freitag (im Osten auch am Samstag) die Eucharistie gefeiert. Bis ins 4.

---

[15] Für diese Zusammenhänge *W. Rordorf*, Ursprung und Bedeutung der Sonntagsfeier im frühen Christentum, in: Liturgisches Jahrbuch 31 (1981), 145–158.

Jahrhundert war in der Alten Kirche also nicht die tägliche Eucharistie üblich. Am Ende des 4. Jahrhunderts ist sie vielen Kirchenvätern (zum Beispiel Hieronymus, Ambrosius, Augustinus) und Synoden geläufig, ist also im Laufe dieses Jahrhunderts eingeführt worden. Von der Häufigkeit der Eucharistiefeier muß man die Häufigkeit der Kommunion unterscheiden. Die letztere war zuerst überraschenderweise größer. Seit dem 2. Jahrhundert ist die tägliche Kommunion bezeugt. Es war christlicher Brauch, eucharistisches Brot mit in die Häuser zu nehmen (Diakone brachten es den Abwesenden) und es morgens als erste Speise am Tag zu essen. Aber im 4. Jahrhundert hörte es sogar auf, daß innerhalb der eucharistischen Liturgie alle Christen selbstverständlich kommunizierten. Auf lange Zeit war es bald der Priester allein. Man sieht die liturgischen Praktiken häufigen und starken Veränderungen unterworfen.

4.3.3 Die Buße

Unter diesem Thema geht es um ein eminent theologisches und zugleich praktisches Problem. Die Alte Kirche sah sich vor die Frage gestellt, welche Konsequenzen *die nach der Taufe begangene (schwere) Sünde* für das Verhältnis zwischen Kirche und Sünder und für die Heilsaussicht des Sünders vor Gott hat. Die Heiligkeitsforderung war in der Frühzeit streng; die Sünde der »Heiligen« (= Getauften) hätte es eigentlich nicht geben »dürfen«; an ihre Vergebung zu denken, machte den Eindruck unzulässiger Nachsicht. Die Frage der Rettung des getauften Sünders wurde aber in großem Maßstab aktuell, als es in den Christenverfolgungen des 3. Jahrhunderts die vielen Abgefallenen (*lapsi*) gab, die in die Kirche zurückdrängten. Es mußte jetzt darüber entschieden werden, ob und wie es für den Apostaten, damit auch für den Mörder, den Ehebrecher usw. noch eine Heilschance gab, die nur in der Wiederaufnahme in die Kirche bestehen konnte, von der sich der schwere Sünder getrennt hatte. Die Verantwortlichen der Kirche vertraten in diesem pastoral so wichtigen Bereich sehr kontroverse Meinungen.

Im Urchristentum waren dazu Vorentscheidungen getroffen, insofern zwei Dinge feststanden: die unbedingte *Pflicht zur Heiligkeit* und zugleich die *Möglichkeit der Vergebung*. Einmal nämlich bedeuteten Bekehrung und Taufe (als Sündenvergebung) die absolute Lebenswende als Absage an die Sünde und als Annahme der von Gott geschenkten Heiligkeit. Der in der Taufe erreichte neue Zustand vertrug sich keinesfalls mit neuer Sünde. Darum war die Trennung des Sünders von der Gemeinde urchristliche Praxis (1 Kor 5,1–5; Mt 16,19; 18,18; Joh 20,23). Der Grund dafür war die Bewahrung der Heiligkeit der Kirche und der Ernst von Buße und Umkehr. Andererseits war, bei allem Ernst des Heiligkeitsanspruchs, in Jesu Predigt ein Akzent gesetzt, der es letztlich nicht zuließ, den Sünder aufzugeben: Gottes gnädige Sündenvergebung verlangt die Vergebungsbereitschaft der Christen gegenüber Freund und sogar Feind (z. B. Mt 6,12; 18,21f; Lk 6,36). Das mußte aber auch von der Kirche als ganzer gelten. Von ihr war ebenfalls Vergebungsbereitschaft verlangt. Sowohl strenge Heiligkeitsforderung als auch vergebende Nachsicht waren christliche Pflicht der Gemeinde (2 Kor 2,5–11). Und für die Praxis half bald die Unterscheidung zwischen Sünden, die »zum Tode führen«, und leichteren Sünden (1 Joh 5,16f).

Diese Vorstellung und Praxis galten auch für die nachapostolische Zeit und für die Kirche des 2. Jahrhunderts. Voraussetzung für die Vergebung waren glaubhafte Reue und tätige Buße. Beides hat zum Alltag der frühen Kirche gehört: die Sünde und ihre Vergebung. Aber es gab zunächst noch keine kirchlich geordnete Praxis dafür, also keine liturgischen Bußriten. Sie entstanden erst während des 2. Jahrhunderts. Um das Jahr 140 verfaßte ein Laie in Rom eine Schrift zum Thema Buße, den sogenannten *Hirten des Hermas*, in der unter Androhung des Weltendes für die Vergebungsmöglichkeit und Bußchance ein Ende gesetzt und ein einziger, definitiv letzter Bußtermin angesagt wird. Diese Schrift unterscheidet auch zwischen verschiedenen Sünden und Sündergruppen je nach der Schwere des Versagens. Solche Unterscheidungen spielten in der Bußpraxis weiterhin eine Rolle. Man erkennt hier die Anfänge der Bemühung um eine Ordnung der Buße und zugleich schwere Bedenken gegen fortgesetzte Sündenvergebung. Einige schwere Sünden blieben offenbar von Anfang an von der

Bußmöglichkeit ausgeschlossen, nämlich Götzendienst (Glaubensabfall), Mord und Unzucht (Ehebruch).[16] Solche »Fälle« überließ man Gott. Wichtig ist, daß die Sünde durch sich aus der Gemeinde ausschloß, Vergebung aber die Rückkehr in die Kirche bedeutete. Als Form der frühen Buße sind Gebet, Fasten und Almosen bekannt.

Das Bußwesen entwickelte sich ab dem 3. Jahrhundert in West- und Ostkirche unterschiedlich. Über den *Westen* informiert verhältnismäßig klar *Tertullian* (gest. nach 220) mit seinem Buch über die Buße (*De paenitentia*), aus dem eine ausgeformte Bußliturgie erkennbar ist. Der Sünder legte danach vor der Gemeinde ein öffentliches Sündenbekenntnis (*Exhomologese*) ab, im Trauerkleid und unter Fasten, Gebet und Selbstanklage, mit der Bitte an die Gemeinde um Fürbitte und Wiederaufnahme. Daraufhin wurde er vom Gottesdienst ausgeschlossen (*Exkommunikation*) und hatte zusammen mit anderen Büßern eine Bußzeit von Wochen oder Jahren zu absolvieren (Fasten, Gebet). Nach Erfüllung dieser Auflagen erfolgte die Wiederaufnahme (*Rekonziliation*), zuerst durch die Gemeinde, bald im 3. Jahrhundert durch Handauflegung des Bischofs. Tertullian nannte dieses Verfahren »*zweite Buße*« (wobei die Taufe als die »erste« galt) (*De paen.* 7,10.12) oder »letzte Hoffnung« (7,2). Er gehörte zu denen, die die Sündenvergebung nach der Taufe stets bedenklich fanden, und er hielt sie schließlich grundsätzlich für unzulässig und wechselte zur rigorosen schismatischen Kirche der sogenanten Montanisten über. Von da aus kritisierte er die kirchliche Bußpraxis als verbotene Laxheit und bestritt, daß Gemeinde oder Bischof die Vollmacht zur Sündenvergebung hätten.

Auch andere opponierten und meldeten vor allem gegen die Vergebung der »Sünden zum Tod« schwerste Bedenken an. Im Jahr

---

[16] Diese im 2. Jahrhundert entstandene Auswahl hatte mit der tatsächlichen Schwere dieser Sünden und mit einem Mißverständnis von Apg 15,20 zu tun. Apg 15,20.29; 21,25 macht für Heidenchristen die vier Auflagen des mosaischen Gesetzes zur Pflicht, die auch für Nichtjuden innerhalb Israels galten: Enthaltung von Götzendienst, von Unzucht, vom Genuß von nicht ausgeblutetem Fleisch und von Blut selbst. Das wurde später nicht mehr verstanden. Man ließ den vorletzten Punkt weg und deutete die anderen drei Auflagen auf die Kapitalsünden Abfall, Unzucht und Mord (aus dem Verbot von Blutgenuß wurde das Verbot von Blutvergießen).

217 gab es in Rom ein Schisma infolge der Kontroverse zwischen dem Bischof *Kallistos* (Calixt) und *Hippolyt*, wobei Hippolyt der Rigorist war und die offizielle Bußpraxis der römischen Gemeinde als zu großzügig kritisierte. Und im Jahr 251 wiederholte sich das in schärferer Form wieder in Rom, als der Presbyter *Novatian* und Bischof *Cornelius* uneins waren über Möglichkeit und Modus der Wiederaufnahme der in den Verfolgungen abgefallenen Christen. Daraus entstand die rigorose Sonderkirche der *Novatianer*, die sich bezeichnenderweise die »Reinen« (*katharoi*) nannten, weil sie prinzipiell für den Ausschluß der Sünder aus der Kirche plädierten (vgl. Kap. 3.1.2; Kap. 5). Sie hatte jahrhundertelangen Bestand. Immer wieder gab es Versuche, die Praxis zu »korrigieren«, letztlich ohne Erfolg. Denn die Bußdisziplin entwickelte sich endgültig in die liberalere, konziliantere Richtung weiter. Der Hauptgrund dafür war, daß zu allen Zeiten reumütige Sünder um Wiederaufnahme baten und die Bischöfe sie ihnen um ihres Heils willen nicht versagen wollten. Dieser Druck hat die Bußpraxis nicht verhärtet, sondern geöffnet.

Cyprian von Karthago (gest. 258) hat die kirchliche Steuerung der Bußpraxis entscheidend vorangebracht. Er stand in seiner nordafrikanischen Kirche zwischen zwei Fronten: Die Rigoristen schlossen jede Möglichkeit von Buße und Rekonziliation für die *lapsi* aus; die sogenannten Bekenner dagegen nahmen sich auf ihre Verdienste in der Verfolgungszeit hin die Vollmacht, das Versagen der Abgefallenen zu kompensieren und sie wieder in die Kirche aufzunehmen (s. Kap. 3.1.2). Cyprian als Bischof und »Papst« von Afrika bestritt beide Positionen. Gegen die Rigoristen wendete er ein, daß man die *lapsi* nicht unmenschlich abweisen darf, sondern (wie Kranke) heilen muß. Und den großzügigen Bekennern gab er zu bedenken, daß man sie nicht ohne schwere Auflagen wieder aufnehmen darf, denn sie sind in schwerer Sünde; aus ihrem »halbtoten« Zustand sind sie nur durch entsprechende Behandlung zu retten. Cyprian plädierte darum grundsätzlich für Milde, bestand aber energisch auf einem strengen und ordentlichen kirchlichen Bußverfahren, das über das Sündenbekenntnis (*Exhomologese*) und die Bußleistung (*paenitentia*) bis zur *Rekonziliation* durch die Handauflegung des dafür allein zuständigen Bischofs führte. Cyprian hat damit zwei Dinge dicht und endgültig zusammengeschlossen: die *Sündenvergebung durch Gott* und das *bischöfliche Bußverfahren* in der Kirche. Die Vergebung ist an das Verfahren gebunden, das Verfahren hat in der Vergebung seine Wirkung. Die kirchliche Buße ist so eine Sache der bischöflichen Vollmacht geworden.

Im gesamten Westen galten die Bischöfe bald als Verwalter der Buße an Christi Statt. Ab dem 3. Jahrhundert war das Bußverfahren dem Grundriß nach relativ einheitlich so, wie es von Tertullian bekannt ist. Die einzelnen Schritte (Exhomologese, Buße, Rekonziliation) waren als Akte der liturgischen Öffentlichkeit der Kirche gestaltet, denn durch die Sünde war die Heiligkeit der Gemeinde, nicht nur die der einzelnen Sünder betroffen. Die Buße war *Exkommunikationsbuße,* das heißt, sie begann mit der Trennung des Sünders von der Gemeinde und seiner Versetzung in den *Stand der Büßer (ordo paenitentium)*. Ein langer Weg harter Bußleistungen führte zur Kirche zurück. Die Exkommunikation hatte sichtbare Folgen und Formen: Die Büßer durften nicht oder nur teilweise an der Liturgie teilnehmen. Als Getaufte waren sie zwar nicht völlig davon ausgeschlossen, mußten sich aber ganz hinten bzw. in der Vorhalle aufhalten, durften nicht kommunizieren und keine Gaben vorbringen, blieben also passiv und insofern »draußen«. Andererseits mußten sie aber erscheinen, weil sie als Hilfe für ihre Buße während der ganzen Bußzeit in jedem Gottesdienst einen besonderen Segen des Bischofs erhielten. Am Ende der Bußzeit bedeutete die *Rekonziliation* (unter Gebet und Handauflegung) Sündennachlaß, Gnadenmitteilung und Wiederanschluß an die Gemeinde. Für die »Sünden zum Tod« gab es nur eine einmalige Vergebung. Die Länge der Bußzeit hing vom Bischof bzw. von örtlich geltenden Regeln ab. Die Entwicklung ging dahin, daß man die Bußzeiten für alle Büßer zusammenlegte. Im 5. Jahrhundert galt die vorösterliche Fastenzeit als eigentliche Bußzeit (wie schon als Taufvorbereitungszeit: s. o. 4.3.1). Die Eröffnung war am Montag nach dem ersten Fastensonntag, ab dem 7. Jahrhundert aber am Aschermittwoch, woher das Auflegen der Asche stammt, das neben dem Büßergewand zum Ritus gehörte.

Diesem öffentlichen Bußverfahren waren freilich nur die schweren

Sünden unterworfen. Die Bischöfe warnten darum vor einer Verharmlosung der »alltäglichen« Sünden: Alles Sündigen trennt todbringend von Gott. Jeder ist ein Sünder, Buße ist die Lebensaufgabe des Christen. Die Bußpraxis stellte sich auf diese pastorale »Lücke« ein: Es setzte sich – allerdings erst im 6. Jahrhundert – neben dem öffentlichen Bußverfahren eine andere, private Form der Buße durch. Bekenntnis und Vergebung der (leichteren) Sünden wurden ohne die Öffentlichkeit der Kirche und ohne die liturgischen Riten in der Gemeinde und auch ohne die schweren Auflagen der öffentlichen Bußdisziplin vollzogen. Damit entstand die sogenannte *Privatbeichte*. Sie fand zuerst in der Wohnung des Priesters statt, seit ca. 1000 n. Chr. im Kirchenraum und erst gegen Ende des Mittelalters im noch heute gebräuchlichen Beichtstuhl. Auch im griechischen *Osten* war die Buße an das kirchliche Amt und die Sündenvergebung durch Gott an den kirchlichen Vergebungsakt gebunden. Bis ca. 400 gab es hier die Bußpriester, denen die Bischöfe das Bußwesen übertrugen. Aber in den Ostkirchen galt letztlich trotzdem nicht die alleinige Zuständigkeit des Amts für die Buße wie im Westen. Man sah nämlich in der Buße weniger eine Sache der kirchlichen Disziplin als einen Vorgang des inneren, geistlichen Fortschritts im Vollkommenheitsstreben des Christen. Darum spielte die geistliche Führung, die aus der Verstrickung in die Sünde heraushilft, die dominierende Rolle im Verständnis und Verfahren der Buße. Zuständig für Bußauflagen, für Vergebung und Rekonziliation waren vollkommene Christen. Bei den alexandrinischen Theologen *Klemens* (gest. vor 215) und *Origenes* (gest. 254) ist das besonders ausgeprägt: Der Bischof hat die Vollmacht zur Sündenvergebung, soweit er selbst geistlich und moralisch bewährt ist, nicht wenn er selbst nachhinkt. Weil Buße als Erziehungsprozeß das Leben erneuert, die Seele reinigt, den Menschen bessert und seinen Aufstieg zu Gott fördert, darum liegt die Zuständigkeit dafür beim christlichen Lehrer und Seelenführer. Wege oder Mittel der Umkehr sind die Taufe, die öffentliche Buße vor der Gemeinde oder Almosen, Liebe, Vergebungsbereitschaft und das Martyrium. Alle Christen, auch die Vollkommenen, brauchen die Buße, weil alle sündig sind. Auf dieses *geistlich-pädagogische* Verständnis der Buße hin hat sich der Episkopat im Osten teilweise schwerer durchsetzen können mit seinem Anspruch auf die Bußvollmacht, als das im Westen der Fall war.

Das typisch östliche Bußdenken hat besondere Bedeutung im orientalischen *Mönchtum* gewonnen. Der strenge Ernst, mit dem der Mönch in jeder Sünde eine »Todsünde« sah, führte zur Grundstimmung der Trauer über das eigene Versagen. Der erfahrene Mönchsvater geleitete die Mönche durch ein Leben in Buße zur jeweils größeren Vollkommenheit. Dazu dienten neue Praktiken des geistlichen Fortschritts: Häufige *Gewissenserforschung* wurde geübt, *tägliche Beichte*, Fürbitte und Kontrolle durch die Mitbrüder und die Sündenvergebung durch den Beichtvater. Und weil die monastische Existenz als Weg zu Weisheit und Vollkommenheit auch im breiten Kirchenvolk als attraktiv und nachahmenswert galt, wirkten diese Praktiken der Sündenbehandlung auf die ganze Kirche zurück. Seelenführung, Fürbitte und Segen durch den geistlichen Meister wurden populärer als die amtlich-disziplinäre Lossprechung. In der byzantinischen Kirche spielten die Mönche die größere Rolle im Bußwesen, auch was die Bußvollmacht betraf.

Im Osten tauchten schon früh Überlegungen darüber auf, daß Schuld und Strafe, Sünde und Bußdauer in einer angemessenen und gerechten Relation zueinander stehen müssen. Darum richtete man im Lauf des 3. und 4. Jahrhunderts ein gegliedertes oder gestaffeltes Bußverfahren ein, das in Form der vier sogenannten *Bußstufen* eine unterschiedlich lange Buße und eine schrittweise Wiederannäherung des Büßers an die Gemeinde vorsah. In der Westkirche hat es das in dieser Form nie gegeben. Die einzelnen Bußstufen waren nacheinander zu durchlaufen und hatten ihrer Reihenfolge nach folgende Bezeichnungen und Besonderheiten. 1. Die »*Weinenden*«: Die Büßer durften auf dieser Stufe nur die Vorhalle der Kirche betreten, bekannten dort den zur Liturgie kommenden Christen ihre trennenden Sünden und baten klagend (»weinend«) um deren Fürbitte. 2. Die »*Hörenden*«: Auf dieser Stufe standen die Büßer bereits im Rückraum der Kirche, wo auch die noch ungetauften Katechumenen standen. In der Ostkirche schätzte man die Büßer nämlich ungefähr wie die Ungetauften ein, weil sie durch ihre Sünde hinter die Taufe zurückgefallen waren, und nannte sie eben »Hörer«, wie mancherorts die Katechumenen im frühen Stadium des Katechumenats hießen. 3. Die »*Knienden*«: In diesem Stand waren die Büßer bei einigen Teilen der Liturgie bereits wieder vorn im Kirchenraum dabei, mußten zum Zeichen ihrer Buße aber ständig knien, was damals im Sonntagsgottesdienst und in der gesamten Zeit von Ostern bis Pfingsten grundsätzlich nicht liturgischer Brauch war: Man stand als Erlöster aufrecht. Kniend empfingen sie am Schluß einen besonderen Segen. 4. Die *»Dabeistehenden«*: In dieser letzten Phase nahmen die Büßer wieder am ganzen Gottesdienst teil, und zwar stehend, aber noch unter Ausschluß von der Gabenbringung und der Kommunion.

Das war also ein liturgisches Ritual, das einerseits die Distanz des Sünders zur Gemeinde demonstrierte, andererseits sinnenfällig eine allmähliche, kontrollierte, gesteigerte Wiederzulassung bedeutete. Nach Abschluß der vierten Stufe wurde der Büßer wieder zur Eucharistie zugelassen.

Die *Dauer* der einzelnen Bußstufen richtete sich nach der Schwere der Sünden und war in *Buß-Canones* festgelegt, die wir in etlichen Beispielen aus den Bußbriefen von Bischöfen des 3. und 4. Jahrhunderts kennen. Nach Angaben des *Basilius* von Cäsarea (gest. 379) dauerte die Bußzeit zum Beispiel bei Mord insgesamt zwanzig Jahre (bei verschiedener Dauer der einzelnen Bußstufen zwischen je vier und sieben Jahren), bei Ehebruch fünfzehn Jahre, bei Diebstahl ein oder zwei Jahre usw. Bei »Verleugnung Christi« (Abfall) blieb man lebenslang ein »Weinender«. Ernsthafte Buße konnte aber die Fristen verkürzen, ja es heißt, daß der Ernst wichtiger sei als die Dauer. Aber es gab doch die kirchlich angesetzten Normen (Buß-Canones) und eine gängige Praxis, eingeschärft zum Beispiel vom 2. Ökumenischen Konzil zu Konstantinopel im Jahr 381. Abgesehen vom Glaubensabfall umfaßt sie auch die ehemals von der Buße ausgeschlossenen kapitalen Sünden (Mord, Ehebruch).

Durch die Veränderungen seit Konstantin wurde dieses Bußverfahren anachronistisch. Die langen Fristen der Exkommunikation vertrugen sich ab Ende des 4. Jahrhunderts nicht mit dem neuen Interesse des Staates, daß jeder Bürger in die Reichs- und Staatsreligion integriert war. Der Ausschluß aus der Kirche hatte also ganz neue Konsequenzen und wirkte sich jetzt auch im gesellschaftlichen Bereich aus. Der Verstoß gegen das Heiligkeitsideal und gegen die Disziplin der Kirche war zugleich auch eine Verletzung öffentlich-gesellschaftlicher Standards, ein Versagen vor den Ansprüchen sozialer Konformität. Kirchliche Exkommunikation kam auf die Dauer sozialer Ächtung gleich. Das öffentliche Sündenbekenntnis vor der Gemeinde konnte im staatlich-gesellschaftlichen Bereich Ruf, Ehre und Stellung kosten und unter Umständen sogar (bei Mord u. ä.) strafrechtliche Konsequenzen haben. Kirche und Gesellschaft waren nicht mehr getrennt.

So kam es auch von dieser Seite her zu einer *Privatisierung* des Bußverfahrens, zum geheimen, privaten Sündenbekenntnis. Die Riten der Kontrolle und der Abgrenzung zwischen Heiligkeit und Sünde in der Kirche schrumpften zu blassen Resten zusammen. Infolgedessen bezeichnet »Beichte« heute nicht dasselbe liturgisch-öffentliche Handeln der Kirche wie seinerzeit die altkirchliche Buße.

Die Alte Kirche hat also gegen rigoristische Proteste die Bußvollmacht und Vergebungsmöglichkeit auch für die schweren Sünden geltend gemacht, und zwar sowohl unter dem Druck pastoraler Zweckmäßigkeit als auch aus der theologischen Pflicht heraus, daß Gemeinde, Kirche und Christen in ihrem (auch kirchenoffiziellen) Handeln die Vergebungsbereitschaft Gottes (statt zensorische Strenge) nachzuahmen und zeichenhaft zu vermitteln haben.

Literatur

Baumstark, A., Vom geschichtlichen Werden der Liturgie, Freiburg i. Br. 1923

Betz, J., Eucharistie. In der Schrift und Patristik (Handbuch der Dogmengeschichte Bd. IV, 4a), Freiburg–Basel–Wien 1979

Grotz, J., Die Entwicklung des Bußstufenwesens in der vornizänischen Kirche, Freiburg 1955

Jungmann, J. A., Liturgie der christlichen Frühzeit bis auf Gregor den Großen, Freiburg/Schweiz 1967

Klauser, Th., Kleine abendländische Liturgiegeschichte, Bonn 1965

Kleinheyer, B., Sakramentliche Feiern I. Die Feiern der Eingliederung in die Kirche, Regensburg 1989 (Taufe)

Kretschmar, G., Die Geschichte des Taufgottesdienstes in der alten Kirche, in: Leiturgia Bd. V, Kassel 1970, 1–348

Neunheuser, B., Taufe und Firmung (Handbuch der Dogmengeschichte Bd. IV,2), Freiburg ²1983

Schwartz, E., Bußstufen und Katechumenatsklassen, Straßburg 1911

Stenzel, A., Die Taufe. Eine genetische Erklärung der Taufliturgie, Innsbruck 1958

Vorgrimler, H., Buße und Krankensalbung (Handbuch der Dogmengeschichte Bd. IV,3), Freiburg–Basel–Wien 1978

4.4 Formen der Frömmigkeit und Heiligkeit

Die christliche Frömmigkeit suchte in jeder Epoche ihre Wege zur Verwirklichung des Glaubens und zur Erreichung der Heiligkeit. Dabei war immer wichtig, daß das Ideal, an dem man sich orientierte, eine konkrete Gestalt trug. Natürlich wurde es nirgends anschaulicher als im Leben idealer Christen, die allerdings zugleich als unerreichbare Heroen verehrt wurden, weil sie den Durchschnitt weit überragten. Für die ersten Jahrhunderte waren es die *Märtyrer* (Männer und Frauen), die die Verwirklichung biblisch-altchristlicher Postulate wie »Nachfolge«, »Nachahmung« Jesu auf geradezu buchstäbliche Weise vorlebten. Sie wiesen den Weg und waren in ihrer Vollkommenheit und ihrem Schicksal doch für die meisten unerreichbar. So wurde die Verehrung (nicht die Nachahmung) des Märtyrers, der Christus so nahe und ähnlich geworden war, zur konkreten Form, in der die vielen Christen sich zum christlichen Ideal bekannten. Andere Bedürfnisse wie die nach Fürbitte, Kraftmitteilung und Beistand eines Helfers spielten ebenfalls mit. Ab dem späteren 2. Jahrhundert ist der *Märtyrerkult* in der Kirche geübt worden, und zwar sowohl liturgisch-kirchlich als auch in Formen privater Verehrung. Kultische Bräuche wurden mit Vorliebe an den Gräbern und am Todestag des Märtyrers praktiziert, und sie waren aus religiösen Praktiken des Totenkults der paganen Umwelt entlehnt bzw. mitgebracht. Auf volksreligiöse Art sicherte man sich den Mittler zu Gott und begann, für jede Gemeinde einen besonderen Schutzpatron zu favorisieren und dann auch seine leiblichen Überbleibsel (= Reliquien) aufzuheben und kultisch zu verehren.

Was an der Gestalt des Märtyrers begann, wurde auf prominente, heiligmäßige Kirchenführer (*Bischöfe*) und Asketen (*Mönche*), also auf andere »ideale« Christen übertragen. Die *Heiligenverehrung* ist ein wichtiges Element der altkirchlichen Volksfrömmigkeit und Liturgie gewesen. In ihren privaten Formen hat biblisch-urchristliche Spiritualität, aber auch viel Magie und Aberglaube aus dem heidnischen Weltbild weitergelebt.

Innerhalb des kirchlichen Lebens konzentrierte sich die Frömmigkeit sehr stark auf die *Sakramente* (d. h. auf Eucharistie und Taufe) als die Heilsgüter des Christentums. Und es legte sich, gesteuert von den Bischöfen, ein eigentümlicher Nimbus um diesen Zentralbereich des christlichen Kults: Mitten in der Epoche öffentlicher Anerkennung und Monopolisierung des Christentums griff man auf die ältere Praxis der *Arkandisziplin* zurück, das heißt der Geheimhaltung der Kultmysterien vor Ungläubigen und Unwürdigen; nur die Eingeweihten durften davon wissen, sehen und kosten. Unter diese Geheimhaltung fiel die Liturgie von Eucharistie und Taufe, fielen ferner heilige Texte wie Symbolum und Herrengebet, aber auch kultische Bücher, Geräte und Formeln. Der Sinn dieser im 4. Jahrhundert in sich anachronistischen und kaum noch durchführbaren Maßnahme war es, den getauften Christen die Vorzüge ihrer Teilhabe an den Heilsgütern lebhaft bewußt zu halten, aber wahrscheinlich mehr noch, die Attraktivität und den Wert der Mysterien bei den noch Ungetauften zu steigern und ihre Neugier und Erwartung zu wecken. Der Zweck der Arkandisziplin war um diese Zeit also rein psychologisch-pädagogischer Art. Sie ist damit ein Indiz für die mystische und mysterienhafte Frömmigkeit der Zeit.

Eine ganz andere Seite der von großen Teilen des Kirchenvolkes getragenen praktischen Frömmigkeit war die *soziale Tätigkeit* der Christen. Die alten Quellen betonen oft, daß es gerade der Weg der einfachen Christen sei, den Glauben »non-verbal« zu bezeugen. Armensorge, Gefangenenbetreuung, soziale Dienste innerhalb und außerhalb der Gemeinde an Witwen, Kranken, Waisen, Notleidenden gehörte zum Alltag der Kirche auch in nachkonstantinischer Zeit. Auch das soziale Verhalten von Vergeltungsverzicht, Friedfertigkeit und Gewaltverweigerung wird oft genannt. Die Heiden haben das alles wiederholt als auffälliges Merkmal und typische Verhaltensmuster der Christen registriert, spöttisch oder anerkennend.

Schon im frühen 2. Jahrhundert ist die *Askese* (Verzicht auf Besitz, Ehe, Kultur, Komfort, Speise, Trank, Schlaf usw.), die aus philosophischen oder religiösen Motiven in der nichtchristlichen Umwelt in verschiedensten Formen praktiziert wurde, von Christen auch als Lebensform der Nachfolge Jesu gewählt worden. Sie hatte schon eine beachtliche christliche Tradition, als sie im ausgehenden 3. Jahrhundert von dem Einsiedler *Antonius* (gest. 356) in Ägypten zum Mönchtum als neuer Form christlicher Existenz ausgestaltet wurde. Das Echo auf diesen Impuls war in Ägypten, Palästina, Syrien und anderen Ländern groß. *Pachomius* (gest. 346) begründete anstelle der Einsiedeleien von Mönchen die Lebensform der Mönchsgemeinschaft. Dieser Neuaufbruch hatte auch mit den konstantinischen Verhältnissen zu tun, unter denen viele Christen nach ernsthaften, kompromißlosen Formen des Christseins suchten, die sie in der Reichskirche vermißten. Mönchsregeln und Lebensbeschreibungen heiliger Wüstenväter stimulierten weit über das Mönchtum hinaus die fromme Phantasie und engagierte Lebensformen. Die Mönche lösten als große Vorbilder nun die Märtyrer ab. *Basilius* von Cäsarea (gest. 379) trug entscheidend dazu bei, das als Bewegung spontan gewachsene Mönchtum theologisch, spirituell und auch kirchenrechtlich an die Kirche zu binden und an deren Lebensstrukturen auszurichten. Die Westkirche hat dieses ostkirchliche Phänomen mit großer Aufmerksamkeit wahrgenommen, existentiell und literarisch »studiert« und in eigenständigen westlichen Formen übernommen (vor allem Cassian, Martin von Tours, Augustinus, Benedikt).

Diese drei Gruppen, die Märtyrer, Bischöfe und Mönche, waren für Frömmigkeit und Spiritualität der Alten Kirche als Vorbilder maßgeblich. Sie bildeten die Eliten, an denen das Volk sich orientierte und aufrichtete. Ihr Leben zeigte das ideale Christentum, die Kraft des Glaubens, den Lohn der Mühe. Sie waren am Ziel, das alle anstrebten. Sie lebten vor, wie man es erreichte: mit Standhaftigkeit und Treue. Ihr heroisches Tun war übertragbar in die alltäglichen Tugenden, die auch der einfache Christ aufbringt. Sie waren die hilfreichen Fürsprecher und die zuverlässigen Garanten einer unsichtbaren tröstlichen Wahrheit für alle.

Literatur

Brox, N., Magie und Aberglaube an den Anfängen des Christentums, in: Trierer Theol. Zeitschrift 83 (1974), 157–180

Campenhausen, H. von, Die Idee des Martyriums in der alten Kirche, Göttingen ²1964

Drijvers, H.J.W., Askese und Mönchtum im frühen Christentum, in: W. Schluchter (Hrsg.), Max Webers Sicht des antiken Christentums, Frankfurt/M. 1985, 444–465

Frank, K.S., Grundzüge der Geschichte des christlichen Mönchtums, Darmstadt ³1979

Stockmeier, P., Glaube und Religion in der frühen Kirche, Freiburg–Basel–Wien 1973

Zellinger, J., Augustin und die Volksfrömmigkeit. Blicke in den frühchristlichen Alltag, München 1933

5 Konflikte, Häresien und Schismen

Die Geschichte der Kirche führte nicht nur zu Erfolg und Einigkeit, sondern war die Geschichte auch von zahlreichen Konflikten und Verlusten, durch welche die Kirche in ihrer Praxis und Theologie maßgeblich und langfristig mitgeprägt ist. In die ersten *Konflikte* geriet das Christentum mit der Synagoge bzw. dem Judentum (s. Kap. 1.2; 1.3 u. 2.1). Von anderer Art waren die Konfrontationen mit der Gesellschaft und dem Staat (s. Kap. 3.1). Die Andersartigkeit des Christentums in seinen religiösen Praktiken, Vorstellungen und Ansprüchen provozierte Aversionen in der Gesellschaft gegen das Neue und Fremdartige und gegen den Totalanspruch einer religiösen Idee. Diese Konflikte brachten offene Auseinandersetzungen zwischen Heiden und Christen auf vulgärem, aber auch auf intellektuellem Niveau mit sich. Das Gottesbild und Weltverständnis, die heidnische Philosophie und Kultur wurden polemisch diskutiert (dazu Kap. 7). Den Heiden ging es elementar um die Behauptung der alten Religion und ihrer sozialen Funktionen gegen die christliche Abweichung und Konkurrenz. Auch an den Illoyalitätsverdacht gegen die Christen und das wiederholte Einschreiten der staatlichen Organe gegen ihre Verweigerung der staatsbürgerlichen Kult- und Loyalitätspflicht ist hier noch einmal zu erinnern (s. Kap. 3.1). In der vorkonstantinischen Zeit war das Verhältnis des Christentums zu seiner Umwelt prinzipiell und kontinuierlich durch den Druck notwendiger Selbstverteidigung und Abgrenzung belastet.

Für die Kirche als Institution mit ausgeprägter Autonomie und präzisem Verständnis der eigenen Zuständigkeit entstanden dann Konflikte neuer Art, als in reichskirchlicher Zeit von den inzwischen christlichen Kaisern Ansprüche auf staatliche Kompetenz in Sachen des Christentums als der Religion des Staates bzw. der Gesellschaft erhoben wurden. Diese Ansprüche leiteten sich zwingend aus der Herrscherideologie und dem römischen Verständnis von Religion und Politik her und hatten gegenüber der römischen Religion immer gegolten. Das Christentum, das in die politisch-gesellschaftliche Rolle der alten Religion gerückt war und nun davon betroffen wurde, mußte diese Ansprüche in der herkömmlichen Form zurückweisen. Es ergaben sich Auseinandersetzungen, in denen die Kirche ihre Freiheit und Handlungsfähigkeit gegenüber dem Staat zu verteidigen suchte (s. Kap. 3.2.4).

Zu den Konflikten, mit denen die Kirche zu leben hatte, gehören auch die internen Auseinandersetzungen innerhalb des Christentums um die Disziplin und die wahre Lehre bzw. das rechte Glaubensbekenntnis. Diese Streitigkeiten spielten sich als Kampf zwischen *Rechtgläubigkeit* und *Häresie* ab. Seit dem Urchristentum gab es durch alle Jahrhunderte einen meist kompromiß- und schonungslosen Streit, in welchem sich Christen gegenseitig den rechten Glauben bestritten. Die *Lehre* hat als verbindliche Doktrin von Beginn an eine sich steigernde Rolle gespielt. Durch das historische Phänomen von Abweichungen (Häresien) verstärkte sich die Fixierung auf die »rechte Lehre« in der Form von Dogma und Glaubensformel ständig. Selbst das altkirchliche Heiligkeitsideal, also das christliche Ethos, wurde doktrinalisiert, indem christliche Heiligkeit und kirchliche Tugend wesentlich in der Rechtgläubigkeit gesehen wurden. Aus dieser starken Fixierung des Christentums auf die Doktrin ist die Leidenschaftlichkeit zu verstehen, mit der die dogmatischen Streitigkeiten vor allem seit dem 2. Jahrhundert (s. Kap. 8) geführt wurden. Die vernichtende Polemik, die unerhört scharfen Aggressionen, die Verweigerung von Einigung und Versöhnung, die rücksichtslosen Mittel im Umgang mit dem »Gegner« zeigen, wie einseitig nun das Wesen des Christentums im Dogma gesehen wurde, zu dessen Gunsten andere christliche Postulate mißachtet wurden. Infolge von Parteilichkeit, Fanatismus und auch Machtinteressen waren diese Konflikte kompliziert und aussichtslos. Die antike Gesellschaft hatte wegen ihres sehr anderen, undogmatischen Religionsverständnisses solche Glaubensstreitigkeiten vorher nicht gekannt. Erst das Christentum hat sie durch sein zentrales Interesse an der Glaubensformel verursacht.

Als die erste gefährliche *Häresie* hat die Alte Kirche die *Gnosis* oder den *Gnostizismus* angesehen, eine selbständige Erlösungsreligion, die wahrscheinlich etwa gleichzeitig mit dem Christentum, aber unabhängig von ihm entstanden ist und ihren Höhepunkt Mitte des 2. Jahrhunderts erlebte. Sie basierte auf einer krass pessimistischen Grundbeurteilung dieser Welt und des menschlichen Daseins, die sie mit Hilfe eines scharfen Dualismus (Zweiteilung) erklärte: Diese Welt ist das Produkt eines minderwertigen Gottes; aufgrund einer Katastrophe, die sich in der oberen, eigentlichen (Licht-) Welt abspielte, schuf er den materiellen Kosmos als unseliges Produkt. Teile des oberen Lichts sind dabei in die unglückliche Gefangenschaft oder Verbannung in die Materie geraten. Sie sind das eigentliche Selbst in den Menschen, genauer aber nur in denjenigen, die eine pneumatische (geistige) Natur haben. Nur sie, nicht alle sind erlösungsfähig. Durch Erkenntnis (= Gnosis) ihrer selbst und ihrer Lage kommen sie nämlich zur erlösenden Gotteserkenntnis und sind befreit, so daß sie in die Welt des oberen, eigentlichen, guten Gottes zurückkehren. Oft wird das so beschrieben, daß ein Erlöser (in einem Scheinleib) zu ihrer Hilfe in diese Welt kam.

Die gnostische Religion war eine ungemein pluriforme Bewegung in vielen Gruppen und Lehrsystemen mit verschiedensten Selbstbezeichnungen. Sie nahm die soziale Form von religiösen Gemeinden an, aber auch die von (Philosophen-)Schulen, Einzelexistenz oder magischen Zirkeln. Manche gnostische Gruppen haben für den Ausbau ihrer Welt- und Erlösungslehre biblisch-christliche Elemente entlehnt und kirchliche Praktiken nachgeahmt, wie sie auch aus anderen religiösen und philosophischen Traditionen parasitär vieles entlehnten, um ihre Anschauungen zu illustrieren. Dadurch empfand die Kirche sie als Konkurrenz, und darum hat sie sie insgesamt für christliche Häretiker gehalten, also für eine Abweichung vom kirchlichen Christentum, die sie nicht waren. Gegen diese »Häresie« der Gnosis wurde kirchlicherseits vor allem die Identität des Gottes der Erlösung mit dem Schöpfer verteidigt, ferner das Gutsein der Welt als Schöpfung, die Eigenverschuldung des menschlichen Unheils durch die Sünde, die gnadenhafte und universale Berufung eben aller Menschen, die Christologie realer (nicht scheinbarer) Menschwerdung, die Einheit des Alten und

Neuen Testaments, eine kontrollierte Bibelauslegung, die offenbarte Lehre der Kirche gegen die »Erfindungen« der Gnostiker. Der Gnostizismus lebte als *Manichäismus*, nach dem Gründer Mani (3. Jh.) benannt, bis zur Zeit Augustins und noch länger als aktuelle Konkurrenz und Versuchung für viele Kirchenchristen weiter. Im Kampf gegen die Gnosis hat die Kirche viele Formen und Wege der Ketzerpolemik entwickelt, die dann durch Jahrhunderte gegen alle Häresien verwendbar waren. Aber gleichzeitig ist die kirchliche Theologie in ihren Traditionen einer Suche nach religiöser Erkenntnis als dem Weg zu Gott und Heil nachhaltig von der Gnosis beeinflußt worden.

Zu den frühen Häresien gehört auch der *Montanismus*, Mitte des 2. Jahrhunderts in Phrygien (Kleinasien) entstanden und nach seinem Gründer *Montanus* benannt. Montanus verstand sich als der Paraklet aus Joh 14,16, hatte die Prophetinnen Priska und Maximilla neben sich und gründete eine eigene Kirche mit der Naherwartung eines neuen Zeitalters des Geistes, das nach Christi Kommen noch aussteht. Die Montanisten lebten in strenger Askese und Disziplin enthusiastisch auf das neue Endzeitalter zu, bestritten die Bußmöglichkeit bei schwerer Sünde (s. Kap. 4.3.3), verstanden sich elitär als die Geistchristen im Unterschied zur kompromißlerischen Großkirche, wiesen auch Unterschiede in Verfassung, Liturgie und Disziplin auf und waren sehr erfolgreich in ihrer Mission.

Mit dem 3. Jahrhundert begannen die Auseinandersetzungen dogmatischer Art im engeren Sinn. Bibel und Tradition stellten mit ihrer Rede von Gott (Vater), Christus und Geist das Problem des christlichen Gottesbegriffs (Trinität) und, damit zusammenhängend, das der *Christologie*. Diese Probleme beherrschten bis ins 6. Jahrhundert hinein die Szene; einige Namen zugehöriger Häresien sind zum Beispiel *Modalismus, Monarchianismus, Arianismus, Nestorianismus, Monophysitismus* (Näheres s. Kap. 8). Sie signalisieren vorwiegend die Probleme der Kirche im Osten. Die Westkirchen wurden zwar in die Debatte mit hineingezogen, waren von sich aus aber intensiver befaßt mit dem christlichen Menschenbild, den Problemen um Schuld und Sünde, Gnade und Willensfreiheit und den kirchenpraktischen Konsequenzen dieser Fragen. Als Häresie wurde von der Kirche des Westens der *Pelagianis-*

mus verurteilt, das heißt die theologische Position des *Pelagius*, der Ende des 4. Jahrhunderts mit seinem Menschen- und Gnadenverständnis den Widerspruch der afrikanischen Kirche, namentlich des Augustinus, auslöste. Aus asketischer Tradition kommend, war Pelagius optimistisch bezüglich der sittlichen Fähigkeit des Menschen, aufgrund deren der Mensch verwirklichen könne, was Gott von ihm fordert. Die Beeinträchtigung der Fähigkeit zum Guten durch die Sünde Adams sei in der Taufe aufgehoben, die Freiheit des Menschen zur Entscheidung für Gott stark genug. Freilich war nach Pelagius die Wahl und das Tun des Guten durch Gottes Gnade gestützt. Augustin wendete aber unter Protest gegen ihn und die anderen Pelagianer ein, daß der Mensch aufgrund der ererbten Adamsünde zum Guten nicht mehr fähig ist, in der Taufe die Neigung zum Bösen behielt und ganz und in jeder Hinsicht auf Gottes Gnade angewiesen ist (sogar in Form einer Vorherbestimmung oder Prädestination zu Heil und Unheil). An sich war die pelagische Theologie die traditionelle, zumal in Rom, aber die Afrikaner unter der theologischen Führung Augustins setzten ihre Verketzerung in der Kirche durch und machten damit die augustinische Gnadentheologie zur Basis der westlichen Tradition.

Die Tatsache, daß es häretische Gemeinden gab, führte in der kirchlichen Alltagspraxis zu weiteren Konflikten. Die Bischöfe von Rom und Afrika waren sich im *Ketzertaufstreit* um die Mitte des 3. Jahrhunderts nicht einig darüber, wie die Konvertiten aus der Häresie bei ihrem Übertritt zur katholischen Kirche zu behandeln seien. In Afrika und fast im ganzen Osten war es Tradition, in diesem Fall zu taufen, das heißt, die in der häretischen Gemeinde Getauften als Ungetaufte zu behandeln. Man begründete das theologisch mit dem Argument, daß, wer (als Häretiker) den Geist nicht besitzt, den Geist auch nicht mitteilen kann (in der Taufe). In Rom dagegen war es Brauch, den Konvertiten nicht (wieder) zu taufen, weil man davon ausging, daß er mit der rechten Taufformel und somit gültig getauft sei. Man unterschied: Er war gültig, jedoch nicht wirksam getauft. Darum wurde die in der Häresie empfangene Taufe durch eine Handauflegung des Bischofs wirksam gemacht. Der von der Häresie zur Kirche Übertretende wurde also wie ein Büßer behandelt. (Wiederaufnahme durch Handauflegung). In den Jahren ca. 255–257 kam es zum Konflikt darum, weil Bischof *Stephan I.* von Rom (254–257) der afrikanischen Kirche die römische Praxis aufnötigen wollte (vgl. Kap. 3.1.2; Kap. 4.2.3). Die Afrikaner (unter der Führung Cyprians) und auch andere Teilkirchen widersetzten sich, während zum Beispiel Alexandrien Rom zustimmte. Auf die Dauer setzte sich die römische Praxis und Sakramentsvorstellung durch: Die Gültigkeit des Sakraments ist nicht abhängig von der »Heiligkeit« des Spenders (d. h. davon, ob er etwa Häretiker oder Sünder ist).

Neben den Häresien gab es zahlreiche *Schismen* in altkirchlicher Zeit. Man unterscheidet Schisma (Spaltung) von Häresie darin, daß es um Differenzen nicht in der Lehre, sondern in der Praxis und Ordnung der Kirche geht. Es kam vor, daß die kirchliche Einheit bei dogmatischer Übereinstimmung verlorenging. Aus früher Zeit ist der *Osterfeststreit* ein Beispiel dafür. Es ging um den Termin des Festes. Fast alle Teilkirchen feierten Ende des 2. Jahrhunderts Ostern am Sonntag nach dem Frühlingsvollmond, nur in manchen Gebieten Kleinasiens und Syriens feierte man das christliche Ostern am Tag des jüdischen Passah-Festes, also am 14. Nisan (daher der Name *Quartodezimaner* = »die am 14. Feiernden«). Es handelt sich wahrscheinlich um verschiedene Traditionen aus judenchristlichem und heidenchristlichem Milieu. Kurz nach 150 gab es darüber ein Gespräch in Rom zwischen Bischof *Aniket* von Rom (155–166) und Bischof *Polykarp* von Smyrna. Man fand keine Lösung, weil keine Seite sich imstande und veranlaßt sah, den eigenen liturgischen Brauch zugunsten des anderen und zum Zweck der Einheit aufzugeben. Es war fast die Regel, daß solche Verhandlungen ergebnislos waren. Aber untypisch ist hier, daß die Einheit der Kirche ausdrücklich gewahrt wurde, trotz der verschiedenen Liturgie und obwohl die judenchristliche Osterfeier mit dem Verdacht belastet war, nicht klar genug vom Judentum abgegrenzt zu sein. Während man zuerst also kein trennendes Schisma vorliegen sah, wurde das Klima viel verhärteter, als Bischof *Viktor I.* von Rom (189–199) die Minderheiten-Kirchen unter Androhung der Exkommunikation ultimativ aufforderte, sich der Sonntagspraxis der römischen und der meisten anderen Kirchen anzuschließen. Die Exkommunikation erlebten die

Quartodezimaner aber erst auf dem 1. Ökumenischen Konzil in Nizäa (325).

Anlaß zu einem anderen, sehr langwierigen Schisma ist im Westen die Bußdisziplin gewesen (s. Kap. 4.3.3). Der römische Presbyter *Novatian* hatte Mitte des 3. Jahrhunderts gegen die afrikanische Kirche und gegen die Mehrheit der römischen Gemeinde die lebenslange Exkommunikation für die in den Verfolgungen Abgefallenen gefordert. Mit seinen Anhängern gründete er eine schismatische Kirche (*Novatianer*), die sich als »Gemeinde der Heiligen« verstand, sich die »Reinen«[1] nannte, hohe Ansprüche an sich stellte und die Großkirche wegen Laxheit verachtete. Sie erlebte eine weite Ausbreitung. Dogmatisch (namentlich in der damals umstrittenen Trinitätstheologie) stimmten sie mit der katholischen Kirche voll überein. Im 4. und 5. Jahrhundert erließen die Kaiser (der Reichseinheit wegen) Gesetze gegen die novatianischen Schismatiker.

Ein besonders dramatischer Vorgang waren Entstehung und Geschichte des *Donatismus* (s. Kap. 3.1.2. u. 3.2.4), der ebenfalls als Schisma bezeichnet werden muß. Schauplatz war wieder Afrika. In Karthago hatte bei der Bischofsweihe Caecilians (wahrscheinlich 311/312) ein auswärtiger Bischof mitgewirkt, der nach der radikalen afrikanischen Tradition belastet und disqualifiziert war als sogenannter »traditor codicum«, das heißt als jemand, der in der (Diokletianischen) Christenverfolgung heilige Bücher oder Geräte an die Heiden ausgeliefert hatte, also Sünder war, so daß er (nach afrikanischer Auffassung) keine heiligen Handlungen setzen konnte und Caecilian ungültig geweiht war. Man wählte einen Gegenbischof, Majorinus; dessen Nachfolger war Donatus, von dem seine schismatischen Parteigänger den Namen Donatisten bekamen. Der Hintergrund der Spaltung reichte über diesen Anlaß weit hinaus: Die Donatisten reklamierten für sich, die wahre, weil rigorose Kirche der Märtyrer zu sein und allein das strenge Heiligkeitsideal zu realisieren. Es handelt sich um einen »Flügelkampf« innerhalb der afrikanischen Kirche, der sich an der radikalen These fest-

---

[1] Griechisch: *katharoí*, woraus der Name »Katharer« für eine mittelalterliche Häresie und auch das deutsche Lehnwort »Ketzer« entstand.

machen konnte, daß die Heiligkeit der Amtsträger die Voraussetzung für das Zustandekommen des Sakraments sei. Dieses Schisma ist in seiner Dramatik und Breitenwirkung nur auf dem Hintergrund komplizierter religiöser und sozialer Spannungen in Afrika zu verstehen, durch die die Gegensätze sehr harte Formen annahmen. Konstantin, erst seit kurzem Kaiser des Westens, ließ auf zwei Synoden (aus seiner Perspektive: zwei Schiedsgerichten) in Rom (313) und Arles (314) eine Einigung suchen. Sie kam nicht zustande, und die Donatisten wurden jeweils als die Schuldigen erklärt. Ihr Widerstand wuchs dadurch, zumal die Unterstützung der katholischen Kirche in Afrika durch den Kaiser (finanziell usw.) zunahm und die Donatisten selbst Polizeimaßnahmen und behördliche Einschränkungen erlebten. Es gab gewalttätige Kämpfe um den Besitz von Kirchengebäuden, Übergriffe beider Seiten und immer wieder staatliche Sanktionen zugunsten der »Katholiken«, wodurch das donatistische Märtyrerbewußtsein verstärkt und viele Leute aus politischer, nationalistischer und sozialer Opposition gegen das römische Regime zu den Donatisten getrieben wurden. Es kam zu kriegerischen Auseinandersetzungen mit rebellierenden (dem Donatismus angeschlossenen) Landarbeitern (sogenannten Circumcellionen), die ihren sozialen Widerstand gegen die römischen Grundbesitzer eben mit religiöser Parteinahme für die ebenfalls vom Staat benachteiligten Donatisten verbanden. Die donatistische Kirche war in Afrika zahlenmäßig größer als die katholische Kirche. Ab Ende des 4. Jahrhunderts hat Augustinus als Bischof von Hippo die aggressiven Streitereien durch Gespräche beenden wollen. Als solche Religionsgespräche keinen Einigungserfolg hatten, setzte eine harte Politik des Staates ein. Die Donatisten galten offiziell jetzt nicht mehr als Schismatiker, sondern als Häretiker, so daß sie unter die bestehenden Häretiker-Gesetze und deren Sanktionen fielen. Eine Lösung brachte auch das nicht. Dieses (weitgehend auf Afrika begrenzt gebliebene) Schisma wurde dadurch beendet, daß durch die Vandalen im Jahr 430 das gesamte Christentum dieser Landstriche Nordafrikas (von Marokko bis Tunesien) ausgelöscht wurde. Sachlich-theologisch ging es hier also wieder um die Kirche und ihre Heiligkeit und von daher um die Frage der Wirksamkeit des Sakraments im Zusammenhang der mangelnden sittlichen Qualität des Spenders. Die Donatismusdebatte führte zu der Klärung, daß die Wirksamkeit des Sakraments von der sittlichen Qualität des Spenders unabhängig ist. Was hier als Schisma begann, hatte doch immer schon mit dogmatischem Dissens zu tun. Augustins anti-donatistische Schriften sind entscheidende Beiträge zur späteren Sakramententheologie der westlich-lateinischen Kirche geworden.

Insgesamt gilt, daß die Auseinandersetzungen um Rechtgläubigkeit und Einheit der Kirche in der Regel mit erbitterter Härte, kompromißlos und polemisch geführt worden sind. Setzt man Frieden, Einheit und Konsens als Kriterien christlicher Gemeinschaft an, ist der Erfolg dieser Streitereien gering zu nennen. Selten hat es Unionsformeln, Versöhnung und Wiedervereinigung gegeben. Insofern muß man von einer *Verlustgeschichte* sprechen, weil mit dem Verlust der Einheit Wesentlich-Christliches verlorenging – zugunsten der Selbstbehauptung der Teilchristentümer. Im Bereich des Dogmas gab es freilich Klärungen und Gewinne von großer Reichweite und Dauerhaftigkeit.

Literatur

Brox, N., Häresie in: Reallexikon für Antike und Christentum, Bd. 13, Stuttgart 1986, 248–297

Grasmück, E. L., Coercitio. Staat und Kirche im Donatistenstreit, Bonn 1964

Rudolph, K., Die Gnosis. Wesen und Geschichte einer spätantiken Religion, Göttingen ²1980

Schlier, H., Gnosis, in: H. Fries (Hrsg.), Handbuch Theologischer Grundbegriffe Bd. I, München 1962, 562–573

Stockmeier, P., Das Schisma – Spaltung und Einheit in der Kirchengeschichte, in: Ders. (Hrsg.), Konflikt in der Kirche, Düsseldorf 1977, 79–104

Vogt, H. J., Coetus Sanctorum. Der Kirchenbegriff des Novatian und die Geschichte seiner Sonderkirche, Bonn 1968

6 Theologische Orientierungen

Die Alte Kirche hat eine große Fülle von theologischen Entwürfen zur Auslegung des Christentums geschaffen. Diese Theologien unterscheiden sich nach Zeit, Umgebung, Ansatz und Absicht ganz beträchtlich voneinander und zeigen die Breite der Möglichkeiten, christliches Glauben zu begreifen. Unter den vielen theologischen Grundgedanken der Frühzeit gibt es eine ganze Anzahl, die in einem spezielleren Sinn als Selbstorientierungen des Christentums gelten können. Sie zeigen den Ort des Christentums in der Gesamtgeschichte der Welt. Sie bestimmen das Verhältnis des Christentums zur nichtchristlichen Umwelt. Und sie orientieren den Einzelchristen und sein Leben an diesen Zusammenhängen. Solche Orientierungen entsprachen den grundsätzlichen Notwendigkeiten und Bedürfnissen einer sehr jungen religiösen Gemeinschaft, die – eben erst entstanden – den Anspruch auf totale und exklusive Geltung für alles vergangene, gegenwärtige und künftige menschliche Dasein erhob. Vieles an diesen Orientierungen wurde durch Einwände von Nichtchristen gegen das Christentum provoziert. Es war dann die apologetische Antwort nach »draußen«, aber gleichzeitig die Bestätigung und Sicherung nach »innen«.
So wurde zum Beispiel die Frage gestellt, wieso das Christentum erst so spät in die Welt kam, wenn von ihm das Heil aller Menschen abhängt. Was war mit den vergangenen Generationen, und welcher Gott ist das, der scheinbar willkürlich handelt? Diese und verwandte Fragen machten es unaufschiebbar, das Verhältnis des Christentums zur Gesamtgeschichte der Menschheit zu klären bzw. seinen Ort darin zu bestimmen. Die Alte Kirche entwickelte *Geschichtstheologien*, die durchweg die Antwort gaben, daß Gottes Handeln zum Heil der Menschen nicht erst mit Jesus von Nazaret, sondern schon bei der Schöpfung, dann in Abraham und in Mose und den Propheten begonnen hat. In Israel (manche altchristlichen Theologen waren der Meinung: auch in der griechischen Philo-

sophie und in der Weisheit alter Völker) hat Gott sich durch seinen Logos immer schon mitgeteilt. Er mußte die Menschen, die schwach sind, die schwer begreifen und auf pädagogische Rücksicht angewiesen sind, in langer Vorbereitung an die Wahrheit heranführen. Das Christentum war als Wahrheit also schon immer in der Welt, es ist nicht erst jetzt neu entstanden. Aber erst jetzt ist die Wahrheit in voller Klarheit da, und erst jetzt ist die angesagte Erlösung wirklich geschehen. Die Geschichte aller Menschen und Religionen wurde so zur Vorgeschichte des Christentums stilisiert, die viel Irrtum, aber auch schon die Wahrheit enthielt. So wurde das christliche *Neuheitserlebnis* mit dem *Altersbeweis* vereinbart. Mit dem Nachweis hohen Alters des Christentums war für den spätantiken Menschen ein entscheidendes Argument für dessen Wahrheit gewonnen. Der einzelne Christ in der Gemeinde erkannte durch diesen Gedanken auch seinen eigenen Standort im Gesamtgeschehen: Er erlebte die Zeit, in der die früher verborgen anwesende und prophezeite Wahrheit nun voll geoffenbart war. Als Zeuge dieser entscheidenden welt- und heilsgeschichtlichen Vorgänge erlebte er das Heil auch seines Lebens. Die Wahrheit seines Glaubens war ihm der Schlüssel zum Gesamtgeschehen. Andere Götter, Religionen, Heils- und Wahrheitslehren irritierten ihn nicht mehr.

Für diese Selbstorientierung des Christentums in der Universalgeschichte ist seit Beginn das christliche Verständnis der jüdischen *Bibel* (des Alten Testaments) von entscheidender Bedeutung gewesen. Sie wurde konsequent als Weissagungsbuch, nämlich »auf Christus hin« gelesen. Damit war sie der hauptsächliche Orientierungspunkt der frühen Kirche: Das alte Buch enthält schon die vom Christentum gepredigte Wahrheit und ist Zeile um Zeile die Verheißung der jetzt eingetretenen Erfüllung. *Schriftauslegung* war aus diesem Anlaß (freilich auch zu weiteren Zwecken) nicht nur eine dauernde Aufgabe der Kirche, sondern geradezu das Medium ihrer Selbstauslegung. Man sprach über das Christentum in der Sprache der (jüdischen und christlichen) Bibel.

Und weil nun freilich die jüdische Bibel der Herkunft und dem Inhalt nach ein jüdisches, nicht ein christliches Buch ist, kam es für die Alte Kirche darauf an, sie »richtig«, das heißt mit der angemessenen Methode zu lesen, mit der ihre »eigentlichen« Aussagen erschlossen wurden. Der buchstäbliche Sinn des Alten Testaments ist nach der Überzeugung der frühen Kirche höchst vorläufig und meist wertlos. Der Theologe *Origenes* (ca. 185–254) brachte in eine Theorie, was Paulus (z. B. 1 Kor 9,9f), das gesamte Urchristentum und alle Späteren als *Allegorese* schon praktiziert hatten: Die Bibel hat mehrere Sinnebenen oder Bedeutungsschichten, nämlich neben dem buchstäblichen (oder historischen) Sinn auch den geistigen oder allegorischen und typologischen und moralischen Sinn. An dieser Schriftauslegungstheorie, die das ganze Mittelalter bestimmt hat und bis zur Neuzeit galt, ist weder die Reihenfolge noch die Anzahl der verschiedenen angenommenen Schriftsinne das Entscheidende, sondern die Tatsache als solche, daß eine tiefere oder »geistige« Bedeutung des Textes neben oder »hinter« der buchstäblichen angenommen wurde. Im allegorischen Verständnis boten die Bücher des Alten Testaments der frühen Kirche praktisch unbegrenzte Möglichkeiten, ihre Überzeugungen aus diesen alten Schriften zu beweisen. Die christliche Theologie griff mit der Allegorese eine Methode auf, die in der vorchristlichen griechischen Philologie (an Homer etwa) entwickelt und von Juden bereits auf das Alte Testament angewendet worden war. Von der Wichtigkeit der Bibel als grundlegender Orientierung der Alten Kirche her erklärt sich die große Menge von Kommentaren zu vorwiegend alttestamentlichen Büchern, die von den Kirchenvätern geschrieben worden sind.

Die *neutestamentliche* Bibel spielte ihre Rolle der Orientierung auf andere Weise. Sie enthält das Neue unmittelbar und ohne Umweg über eine besondere Deutung. Aus vielen umlaufenden Schriften der frühchristlichen Zeit wurde (unter den Kriterien des hohen Alters bzw. der Apostolizität, der Ursprungsnähe im Inhalt, der Nützlichkeit, der kirchlichen Anerkennung und Verwendung) in einem langen, differenziert verlaufenen Prozeß diese Auswahl getroffen, um (endgültig umschrieben im 4. Jh.) einen *Kanon* heiliger Schriften neben dem »Alten Testament« zu besitzen, der nun nicht Verheißung und Vorgeschichte, sondern das »Ereignis selbst«, Jesu Worte und Taten und die Predigt der Apostel verläßlich, vollständig, verbindlich enthielt. Diese Orientierung lag der

Alten Kirche nicht als solche vor, sie hat sie sich durch Auswahl und Abgrenzung erst schaffen müssen.

Im Laufe ihrer Geschichte stellte sich für die Kirche durch das Vorkommen von Häresie und Schisma die Frage der Orientierung an ihrem eigenen *Ursprung*. Die gegensätzlich lehrenden Gruppen einer späteren Zeit reklamierten alle den Ursprung (Jesus und die Apostel) für sich. Wer tat dies mit Recht? Es ging also um die verläßliche Orientierung nach rückwärts in der Kirchengeschichte. Die Bibel für sich schlichtete keinen Streit. Die »Großkirche« hat im Lauf des 2. Jahrhunderts während der Konkurrenzsituation mit der Gnosis (s. Kap. 5) hier eine klare, sehr haltbare Form der Orientierung geschaffen: Die Wahrheit ist jeweils bei jedem *Bischof* garantiert, der über eine lückenlose Kette von Bischöfen, die bis zu einem Apostel (oder Apostelschüler) zurückreicht, mit dem Ursprung in Verbindung steht und dasselbe predigt wie alle seine Vorgänger auf dem Bischofsstuhl, den er innehat. Außerdem läßt sich der Strom der Wahrheit an den Überlieferungen früherer christlicher Lehrer und »Presbyter« zurückverfolgen, die bis zur apostolischen Zeit zurückreichen. Diese fundamentale Orientierung an Tradition und apostolischer *Sukzession* (= Amtsnachfolge) ist um das Jahr 185 sehr deutlich von Irenäus von Lyon formuliert und seither immer zur Anwendung gebracht worden, wo es um die Sicherung der im Lauf der Zeit verlorenen oder bestrittenen Wahrheit ging. Im 4. und 5. Jahrhundert kam das *Väterargument* dazu: Zu Streitpunkten fragte man – vor allem auf Konzilien – nach dem Glauben der »Väter«, das heißt nach der theologischen Aussage prominenter Theologen früherer Epochen, und benutzte sie als Argument und Beweis. Seither gehören die *Kirchenväter* zu den Orientierungen des Glaubens. Diese Orientierung an Tradition, Sukzession und Vätern, also an der Vergangenheit, bezog viel von ihrer Beweiskraft aus der verbreiteten vorchristlichen Idee antiken Denkens, daß die frühe Vergangenheit der Gegenwart im Wahrheitsbesitz überlegen ist. Der Traditionsbeweis war aber nicht die ganze Orientierung, er verdrängte vor allem die Bibel nicht. Vielmehr las man die in ihrem Sinn häufig umstrittene Bibel eben mit der Tradition und mit den Vätern.

Literatur

Blum, G. G., Tradition und Sukzession, Berlin–Hamburg 1963
Brox, N., Zur Berufung auf »Väter« des Glaubens, in: Th. Michels (Hrsg.), Heuresis (FS f. A. Rohracher), Salzburg 1969, 42–67
Campenhausen, H. von, Die Entstehung der christlichen Bibel, Tübingen 1968
Ohlig, K.-H., Die theologische Begründung des neutestamentlichen Kanons in der alten Kirche, Düsseldorf 1972
Schäfer, R., Die Bibelauslegung in der Geschichte der Kirche, Gütersloh 1980

7 Die theologische Literatur der Alten Kirche

Aus der altkirchlichen Zeit ist eine große Zahl christlicher Schriften überliefert (eine noch größere Menge ist verlorengegangen). Sie sind griechisch, lateinisch und in verschiedenen orientalischen Sprachen (z. B. syrisch, armenisch, koptisch) geschrieben. Die Produktion einer so umfangreichen christlichen Literatur war kein Zufall: Das Christentum vermittelt sich nicht nur als Kult, sondern auch in Aussage, Lehre, Bekenntnis, Mission und Theologie. Darum ist es auf Sprache und sprachliche Kommunikation wesentlich angewiesen, somit auch auf das geschriebene Wort. Infolgedessen besitzen wir viele schriftliche Quellen für unser Wissen von der Alten Kirche. Die überwiegenden *Inhalte* sind: Predigt des Glaubens; Bibelauslegung; Erklärung der Heilsmysterien; moralische Wegweisung; Abgrenzung von Judentum, Heidentum und Häresie; belehrende, erbauliche, werbende oder apologetische Erklärung des christlichen Bekenntnisses. Die üblichen literarischen Formen waren in urchristlicher und frühchristlicher Zeit vor allem: Brief, Rundschreiben, Evangelium, Apokalypse, Apostelgeschichte, Homilie, in späteren Jahrhunderten Brief, Rede (als Predigt oder Apologie), Traktat, Kommentar, Dialog; auch Glaubensbekenntnisse, liturgische Texte, Märtyrerakten, Mönchsleben, Konzilsakten und Konzilsentscheidungen sind schriftlich überliefert. Es folgt hier eine Auswahl wichtigster Namen und Daten aus der altchristlichen Literaturgeschichte.

Das *Neue Testament* enthält die frühesten christlichen Schriften, die erhalten sind, im 1. Thessalonicherbrief des Paulus (aus dem Jahr 51/52) das älteste christliche Dokument überhaupt. Die jüngsten Teile des Neuen Testaments sind schon beträchtlich später und stammen aus der Zeit um 120–130 (Jud; 2 Petr). Bereits aus den Jahren 96–98 stammt die älteste christliche Schrift, die nicht in den biblischen Kanon gelangte, nämlich der sogenannte *1. Klemensbrief*, der von Rom nach Korinth geschrieben wurde. Er wird zusammen mit anderen Schriften aus dem frühen 2. Jahrhundert, nämlich vor allem mit den 7 Briefen des Bischofs *Ignatius von Antiochien,* den zwei Briefen des Bischofs *Polykarp von Smyrna,* dem *Pseudo-Barnabas-Brief,* einem *2. Klemensbrief,* der *Didache* (einer Kirchenordnung) und dem *Hirt des Hermas,* als *Apostolische Väter* bezeichnet, weil alle diese Schriften der apostolischen Ära zeitlich relativ nahestehen. Sie sind für den internen Gebrauch der Gemeinden bestimmt und haben (ausgenommen die Ignatiusbriefe mit ihren originellen Aussagen über Kirche, monarchischen Bischof, Eucharistie und Märtyrertheologie) eine schlichte, praxisbezogene Thematik: Lehre, Moral und Ordnung. Diese wird auf sehr einfachem Niveau expliziert und eingeschärft. Ein eigenes Thema ist die Warnung vor Rückfall ins Heidentum oder ins Judentum und vor Abfall zur Häresie. Hier spiegeln sich (wie in den neutestamentlichen Spätschriften) das Milieu und die Interessensphäre der Gemeinden in fortgeschrittener Zeit, als Stabilität in Lehre, Moral und Kirchenordnung wichtig wurde.

Im 2. und 3. Jahrhundert entstanden die sogenannten *apokryphen* (= »verborgene«) *Schriften,* die nur zum Teil in der Großkirche gelesen wurden und zum anderen Teil in Randgruppen entstanden waren. Sie befriedigten primär die fromme Neugier und Phantasie, indem sie phantastische Wundergeschichten über Jesu Kindheit und Auferstehung erzählten, ganze Apostelromane boten oder Offenbarungen über Weltende, Himmel und Hölle mitteilten – ein weitgehend vulgäres Milieu. Diese Literatur war in den urchristlichen literarischen Formen von Evangelium, Apostelgeschichte, Apokalypse und Brief geschrieben.

Auf die populären, gemeinkirchlichen Bedürfnisse war auch die *Märtyrer-Literatur* des 2. und 3. Jahrhunderts abgestellt. Ihr Thema ist die christusähnliche Haltung der Märtyrer in Verhör, Leiden und Sterben, die religiöse Überlegenheit über die Verfolger, die unerschütterliche Treue, Ausdauer und Heilszuversicht. Die Tendenz ist erbauliche Belehrung der Christen und Anregung zur frommen Verehrung. Dazu sind Berichte über Prozesse, Folter und Hinrichtungen überliefert. Diese Schriften, teils historisch, teils auch legendär, sind als Bericht (zum Teil in Briefform) oder Prozeßprotokoll (Akte) abgefaßt. Das älteste Exemplar ist das

Martyrium des Polykarp, kurz nach der Mitte des 2. Jahrhunderts verfaßt und meist zu den »Apostolischen Vätern« gezählt. Die *Akten der scilitanischen Märtyrer*, ein Bericht aus dem Jahr 180 über das Martyrium von sechs Christen in Karthago, sind wahrscheinlich die älteste christliche Schrift in lateinischer Sprache.

Um die Mitte des 2. Jahrhunderts schrieben die griechischen *Apologeten* (»Verteidiger«) erstmals Schriften, die für Nichtchristen (Heiden oder Juden) bestimmt waren und von ihnen gelesen werden sollten. Darin wurden Mißverständnisse und Verleumdungen des Christentums widerlegt, also antichristliche Einwände zurückgewiesen, und über das Christentum in einer Art und Weise informiert, daß es für den Zeitgenossen als »vernünftig«, akzeptabel und letztlich überbietend erkennbar wurde. Dazu wurde die heidnische Tradition (Religion und Philosophie) so beleuchtet, daß sich der nach Heil suchende Leser (so jedenfalls die Absicht) von ihr im Stich gelassen fühlte und das Christentum die Antwort auf alle seine dort offengebliebenen Fragen darstellte. Mit dieser Kritik am Heidentum und dieser Empfehlung des Christentums sollten in erster Linie die Gebildeten mit ihren typischen Vorbehalten gegen das Christentum, in welchem sie eine absurde Religion für abergläubische, ungebildete Volksschichten sahen, angesprochen werden. Darum gab man sich einerseits Mühe um das literarische Niveau. Andererseits ließen die Apologeten sich stark auf das philosophische und religiöse Denken ihrer nichtchristlichen Adressaten ein, so daß das Christliche im Entwurf dieser Schriften bisweilen blaß und fremd anmuten kann. Die zentrale Argumentation bestand im Nachweis, daß die vulgären und die intellektuellen Kritiken am Christentum unberechtigt waren: daß das Christentum nicht neu (und damit unqualifiziert), sondern alt und ehrwürdig, und zwar älter als die heidnische Religion oder Philosophie war; daß das Christentum in allen Einzelvorstellungen über Gott, Welt, Mensch und menschliches Glück (Heil) das Heidentum überbot; daß aber bei den heidnischen Philosophen, namentlich bei Platon, schon viel Richtiges gesagt worden war, weil der göttliche Logos es ihnen mitgeteilt hatte; und schließlich auf all das hin: daß es kein großer Schritt war von der (platonischen) Philosophie zum christlichen Glauben und daß jeder diesen Schritt vernünftigerweise tun muß. Die Autoren dieser Schriften waren christliche Lehrer. Der wichtigste ist im 2. Jahrhundert *Justin* (aus Palästina, aber in Rom wirkend), und auch die Apologien eines *Athenagoras, Aristides, Tatian* und *Theophilus von Antiochien* sind erhalten. Diese Art der Apologetik gab es bis ins 3. und 4. Jahrhundert. Ob und mit welcher Wirkung ihre Schriften von Nichtchristen gelesen wurden, läßt sich nicht nachprüfen.

Inzwischen hatte Mitte des 2. Jahrhunderts die gnostische Religion ihren Höhepunkt gehabt (s. Kap. 5) und ebenfalls eine umfangreiche Literatur produziert. Auch gegen sie haben die Apologeten geschrieben. Um 185 schrieb *Irenäus*, Bischof von Lyon, seine Schrift gegen die Gnostiker (*Adversus haereses*), worin er die Einheit Gottes und der Bibel, die Erlösungschance für alle Menschen und die Heils- und Wahrheitsgarantie der Kirche nachwies sowie Prinzipien einer verläßlichen Bibelerklärung und den Traditions- und Sukzessionsbeweis (s. Kap. 6) entwickelte.

Bis ins 3. Jahrhundert hinein hat die Kirche auch im Westen *griechisch* gesprochen und geschrieben. Im Laufe des 3. Jahrhunderts hat sich aber die *lateinische* Sprache in Liturgie, Predigt und Literatur durchgesetzt. Einer der führenden Theologen, die die christliche Theologie nun im lateinischen Idiom formulierten, ist der Afrikaner *Tertullian* (gest. nach 220) gewesen, der beide Sprachen beherrschte, aber lateinisch schrieb. Von ihm sind eine Reihe von Schriften verschiedener Thematik erhalten: gegen die Gnostiker, gegen die Heiden und Juden, außerdem über kirchenpraktische und moralische Themen (Buße, Taufe, Gebet, Geduld, Theaterbesuch, Ehe) und über die Trinität Gottes (»Gegen Praxeas«). Nach seinem Übertritt zum Montanismus (s. Kap. 4.3.3; Kap. 5) schrieb er rigorose Traktate über die Forderungen christlicher Lebenspraxis und kritisierte die Großkirche. Bei Tertullian sind zwei der typischen Eigenarten des lateinischen Christentums zu erkennen: die Thematik der christlichen Praxis des Glaubens und die deutlich juristisch-disziplinarische Art, Kirche und Christsein zu beschreiben.

Einer der letzten Christen, die im Westen noch griechisch schrieben, war *Hippolyt* von Rom (gest. 235), der zu den produktivsten altkirchlichen Schriftstellern zählt. Wegen Trinitäts- und Bußfragen war der Rigorist Hippolyt als römischer Gegenbischof zu Kallistos (Calixt) (217–222) ins Schisma gegangen. Er schrieb ein Werk der »Widerlegung aller Häresien« (*Refutatio omnium haeresium*), das die Häretiker der bisherigen Kirchengeschichte beschreibt. Weiter verfaßte er Schriften »Über den Antichrist« und eine Weltchronik, um bestimmte nervöse Enderwartungen im Kirchenvolk durch Informationen über die wirklichen Anzeichen und das tatsächliche (nämlich noch nicht bevorstehende) Datum des Weltendes zu dämpfen. Von den Arbeiten Hippolyts zur Bibel ist vieles verlorengegangen. Seine Daniel-Auslegung ist der älteste erhaltene christliche Bibelkommentar (um 204). Die *Traditio apostolica* des Hippolyt, eine Kirchenordnung, ist für unsere Kenntnis altrömischer Kirchenpraxis bedeutsam (s. Kap. 4).

Von den lateinischen Schriftstellern im Westen ist weiter *Novatian* zu nennen, der um 250 ein prominenter Presbyter in Rom war. Sein bedeutsamstes erhaltenes Werk »Über die Trinität« ist (wie Tertullians Buch »Gegen Praxeas«) ein Zeugnis erstaunlich früh entwickelter trinitarischer Begrifflichkeit im Westen. Novatians Abweichung in der Bußfrage und seine schismatische Kirchengründung (s. Kap. 4.3.3; Kap. 5) haben seine Übereinstimmung mit der Großkirche im dogmatischen Gottesbild (Trinität) nicht beeinträchtigt. Der Afrikaner *Cyprian* von Karthago (gest. 258) kam im Zusammenhang der Geschichte des Bischofsamts, der Buße und des Ketzertaufstreits bereits vor (Kap. 4.2; 4.3.3; Kap. 5); seine Schriften »Über die Einheit der Kirche« und »Über die Abgefallenen« sowie eine Reihe von Briefen spiegeln die einschlägigen Bemühungen Cyprians, seine Positionen durchzusetzen. Recht eigentümliche Christen waren *Arnobius* und *Laktanz*, die in der Zeit des religionspolitischen Kurswechsels von Diokletian (Galerius) zu Konstantin in ihren Schriften eine Art Abrechnung mit dem Heidentum vornahmen. Literarisch gekonnt, aber mit bedenklicher Unkenntnis der kirchlichen Dogmatik trieben sie ihre Polemik. Arnobius schrieb 7 Bücher »Gegen die Heiden« (*Adversus nationes*) mit den schon konventionellen Argumenten und vor allem auch mit dem vom 2. bis ins 5. Jahrhundert aktuellen Beweis, daß die Christen nicht schuld waren an den historischen Katastrophen von Krieg, Epidemie und Wirtschaftskrisen der Zeit. Inhaltlich ähnlich sind die 7 Bücher der *Divinae Institutiones* des Laktanz, der jedoch stärker auf eine inhaltliche Darstellung des Christentums abhob. Seine Schrift »Über die Todesarten der Verfolger« (*De mortibus persecutorum*) beschreibt voller Genugtuung das qualvolle, darin aber eben gerechte Ende aller Verfolgerkaiser: ein Dokument der Revanchegefühle und Ressentiments bei (»halbbekehrten«) Christen während und nach der Verfolgungszeit.

In eine sehr andere altkirchliche Umgebung führt die Literatur, die seit dem späten 2. Jahrhundert von Christen in der Stadt Alexandrien im Nildelta, einem der Wissenschaftszentren der Alten Welt, geschrieben wurde. Christliche Theologie hat sich hier in philosophisch-wissenschaftlichen Denkformen artikuliert, um den Wissenschafts-Kriterien der Epoche zu genügen und um für den Gebildeten diskutabel und annehmbar zu sein. Das war die Leistung von alexandrinischen Lehrern des Christentums, die in einer gezielten missionarisch-apologetischen Anstrengung das Christentum nach den Regeln des wissenschaftlichen Schulbetriebs in ihrer Stadt anboten. Sie dozierten in privater Initiative vor interessierten Hörern das Christentum als »wahre Philosophie«, wie auch andere Lehrer ihre Philosophie dozierten. Man nennt das die *alexandrinische Schule* und muß sich darunter die Lehre und Theologie solcher christlicher Lehrer (Laien) vorstellen, die das Christentum ohne amtlichen Auftrag in Form des freien Schulbetriebs vermittelten. Die Theologie dieser »Schule« schlug sich auch in Büchern nieder. Der erste uns bekannte unter den alexandrinischen Lehrern war *Pantänus* (um 180), literarische Werke kennen wir aber erst von *Klemens* von Alexandrien (gest. vor 215). Von ihm sind hauptsächlich drei größere Schriften erhalten: Die »Mahnrede an die Heiden« (*Protreptikos*), der »Pädagoge« (*Paidagogos*) und die »Teppiche« (*Stromateis* bzw. *Stromata*). Darin werden heidnische Philosophie und Mythologie kritisiert, aber zugleich wird der Anschluß an die Philosophie gesucht. Der christliche Lehrer, selbst ein Gebildeter, sprach und schrieb über Christus und das Christentum so, daß es auch der bildungsmäßig interessierte Nichtchrist eventuell lesen mochte. Die Begriffe und Denkschritte waren den aus der Philosophie gewohnten ähnlich oder gleich. Und alle Rede vom Christentum bekam bei Klemens die Dynamik des »gnostischen«, das heißt des leidenschaftlich um Erkenntnis bemühten Denkens. Klemens nannte das Christentum mit Vorliebe »Gnosis« (= Erkenntnis), die aller anderen Erkenntnis überlegen ist; und der ideale Christ ist der wahre Gnostiker. Dabei ist »Gnosis« die engagiert gesuchte, lebenslang zu vertiefende Gotteserkenntnis aufgrund der Offenbarung, und sie ist zugleich ein entsprechendes christliches Leben. Das ganze trägt auch esoterische Züge: Nicht alle Christen erreichen dasselbe (gnostische) Niveau.

Das alles gilt im Prinzip auch für das Schrifttum des *Origenes* (gest. 254). Auch er war christlicher Lehrer in Alexandrien. Von seinem riesigen literarischen Werk sind wichtige Teile erhalten. Ein relativ systematisch abgefaßter Traktat, die 4 Bücher *De principiis*, zeigt besonders deutlich, wie das Christentum mit Hilfe neuplatonischer und auch gnostischer, also außerchristlicher Anschauungen dargestellt wurde und auf diesem Weg natürlich Veränderungen erfuhr. Dasselbe Werk enthält die Theorie vom mehrfachen Sinn der biblischen Texte (s. Kap. 6). In wissenschaftlichen Kommentaren und in mühsamen textkritischen Arbeiten, aber auch in Homilien (Predigten) für jedermann bemühte Origenes sich jahrzehntelang um das Verständnis der Bibel für sich und die anderen, für gebildete und einfache Christen. Und da er (stärker als Klemens) direkt kirchlich engagiert war, gibt es von ihm neben seinen wissenschaftlichen Werken auch gemeinverständliche Schriften, zum Beispiel die Verteidigungsschrift »Gegen Kelsos« (*Contra Celsum*), einen heidnischen Kritiker, Dialoge zur Klärung der wahren Lehre, Polemik gegen Häretiker, eine »Ermunterung zum Martyrium«, eine Schrift »Über das Gebet« usw. Gerade seine Schriften zur Bibelauslegung haben das Mönchtum des 4. bis 6. Jahrhunderts stark in seiner Mystik des Aufstiegs zu Gott inspiriert. Origenes unterschied: Die wenigsten Christen bringen die Kraft und den Einsatz auf, die »Gnosis« und Vollkommenheit zu erreichen, die meisten begnügen sich mit dem »bloßen Glauben« und einer minimalen Moral. Wegen etlicher Details seiner Lehre geriet Origenes nach seinem Tod in Mißkredit und wurde wiederholt als Ketzer kirchlich verurteilt.

Neben vielen originellen, fruchtbaren Ideen und Impulsen der alexandrinischen Theologie ist das bahnbrechende Besondere an dieser Literatur, daß hier die hellenistische Philosophie zur Interpretation des Christentums rezipiert wurde. Das ist ein Vorgang, der nicht nur kirchenhistorisch, sondern auch geistes- und kulturgeschichtlich sehr weitreichend war. Es ist die Begegnung von Christentum und Antike, und zwar in Form der *Hellenisierung* des Christentums, das heißt der Ausformulierung des christlichen Dogmas mit Hilfe von griechischen Begriffen und Denkformen. Das ist nicht nur hier geschehen, sondern findet sich in Spuren schon bei den Apologeten; aber die Alexandriner haben diese Begegnung mit besonderem Einfluß auf die weitere Theologiegeschichte betrieben. Und in diesem »platonischen« Christentum liegt der erste methodische Versuch vor, die Möglichkeit des christlichen Glaubens rational auszuweisen und zu verantworten. Zur Methode der alexandrinischen Theologie gehörte außer ihrer philosophischen Vermittlung die allegorische Bibelauslegung.

Eusebius von Cäsarea (gest. ca. 339), ein Anhänger des Origenes, hat in die altchristliche Literatur ein neues Genre eingebracht, als er Anfang des 4. Jahrhunderts seine »Kirchengeschichte« verfaßte. Darin trug er viele sehr wertvolle Informationen, Dokumente und Quellen zusammen, um zu beweisen, daß mit dem Christentum die uneingeschränkte Wahrheit gekommen und der Zenit aller Geschichte erreicht war. Aus dieser Euphorie ist auch sein begeistertes Verhältnis zu Kaiser Konstantin d. Gr. zu verstehen, dem er eine Lebensbeschreibung (*Vita Constantini*) und eine Festrede (*Laus Constantini*) schrieb, denn Konstantin hatte, als Gottes Werkzeug, der Kirche zum historischen Durchbruch verholfen (s. Kap. 3.2). Eusebs Kirchengeschichte ist später von anderen fortgesetzt worden, zum Beispiel von *Gelasius* von Cäsarea (gest. 395), *Sokrates* (ca. 380–ca. 440), etwas später von *Sozomenus* und *Theodoret* von Kyros (gest. um 466).

Aus dem 4. und 5. Jahrhundert, der Epoche der großen Auseinandersetzungen im Osten um die Trinitätstheologie und die Christologie (s. Kap. 8), gibt es eine fast unübersehbare Menge theologischer Schriften. Christliche Literatur und zeitgeschichtliche theologische Debatte waren hier besonders eng verschränkt.[1] *Athanasius* (295–373), seit 328 Bischof von Alexandrien, gehörte zu denen, die im dogmatischen Streit nicht nur kirchenpolitisch, sondern auch literarisch Stellung bezogen bzw. Einfluß nahmen. Er verfaßte seine »Reden gegen die Arianer« (*Orationes contra Arianos*) und schrieb über Geschichte und Ergebnisse des Konzils von Nizäa (325), um das Konzil und seine Theologie (s. Kap. 8.3 u. 8.4) durchzusetzen. Aktuell war auch im 4. Jahrhundert noch die Apologetik gegenüber heidnischen und jüdischen Ansichten, an der Athanasius sich ebenfalls schriftlich beteiligte. In spiritueller Hinsicht einflußreich war seine *Vita Antonii* (um 357), die das Leben des Wüstenvaters Antonius (s. Kap. 4.4) legendenhaft erzählt und durch die Beschreibung des mönchischen Lebensideals ein enormes Echo auf dieses Ideal in Ost und West auslöste. Es gehört zur Gattung der Mönchsviten.

Die altkirchliche Literaturgeschichte kennt, genau wie die antike und spätantike Literatur generell, die Phänomene der *Anonymität* (eine Schrift ist ohne Verfasserangabe überliefert, der Verfasser darum nicht bekannt) und der *Pseudepigraphie* (der angegebene Verfassername ist falsch: aufgrund von Irrtum, Verwechslung oder gezielter Absicht), so daß viele Schriften nicht oder nicht sicher zugeordnet werden können. Es gab auch die *Büchervernichtung*. Wie man heidnische, christenfeindliche Schriften wegen ihres Inhalts vernichtete (s. Kap. 3.1.2), so auch häretische Bücher. Daher kommt es, daß zum Beispiel von dem umstrittenen *Arius* (s. Kap. 8) nicht eine einzige Schrift als ganze erhalten ist; es gibt sie nur noch in Fragmenten, nämlich als Zitate in Gegenschriften. Und auch die Schriften der extremsten Anti-Arianer, also vom anderen äußersten Flügel (z. B. die des *Markell* von Ankyra und *Eustathius* von Antiochien), sind entweder total oder bis auf geringe Reste vernichtet worden. So gingen Bücher nicht nur zufällig verloren, sondern es gab auch die »organisierten« Verluste in der altchristlichen Literatur.

Die 2. Hälfte des 4. Jahrhunderts und das frühe 5. Jahrhundert nennt man die Blütezeit der altkirchlichen Literatur, weil damals in

---

[1] Etliche Autoren-Namen (ab dem 3. Jh.) werden darum im Kapitel 8 genannt, das hier insoweit mitzulesen ist.

literarischer und auch in theologischer Hinsicht eine besonders hochstehende Literatur geschrieben wurde. Zu den »Klassikern« dieser Epoche zählen vor allem die drei *Kappadokier*, das heißt die aus Kappadokien in Kleinasien stammenden beiden Brüder *Basilius* von Cäsarea (ca. 330–379) und *Gregor von Nyssa* (ca. 335–394) sowie *Gregor von Nazianz* (ca. 330–ca. 390), alle drei eine Zeitlang auch Bischöfe. Ihre Schriften sind inhaltlich Teil der dogmatischen Auseinandersetzung der Phase zwischen dem 1. und 2. Ökumenischen Konzil gewesen (s. Kap. 8.3–5). Die Kappadokier stützten argumentativ die nizänische Trinitätslehre und trugen maßgeblich zur theologischen Vorbereitung des Bekenntnisses von Konstantinopel (381) bei. Außerdem ist von großem Einfluß gewesen, was sie zu Askese und Mönchtum und zur christlichen Spiritualität theologisch und praktisch erarbeitet und in ihren Schriften hinterlassen haben. Von *Basilius* sind anti-arianische dogmatische Werke überliefert (z. B. »Über den Heiligen Geist«), asketische Schriften (z. B. zwei Mönchsregeln), Predigten und Reden über Bibeltexte, weitere Reden, hunderte von Briefen. Von *Gregor von Nazianz* sind seine dogmatischen Reden zu nennen, Reden und Predigten aus verschiedenen Anlässen, viele Briefe, nicht zuletzt seine Gedichte. Auch *Gregor von Nyssa*, theologisch der profilierteste unter allen dreien, hinterließ dogmatische, durchweg antihäretisch konzipierte Werke, exegetische und asketische Schriften, Reden und Predigten. Die Vielfalt und Qualität ihrer Werke kann hier kaum angedeutet werden. Sicherlich ebenso wichtig wie der inhaltliche, dogmengeschichtliche Rang dieser Literatur ist ihre literarische und rhetorische Qualität. Die Kappadokier erwiesen sich heidnischen Schriftstellern als ebenbürtig, indem sie die ästhetischen Vorzüge kunstvoller Literatur mit der griechischen Kultur des philosophischen Denkens verbanden und in die christliche Thematik übertrugen. Man spricht darum vom »christlichen Platonismus« dieser altkirchlichen Autoren. Für die Verschränkung des Christentums mit der spätantiken Kultur hat diese Literatur ihre große Bedeutung. In einem weiteren Sinn stehen die Kappadokier in der alexandrinischen Überlieferung von Origenes, Athanasius u. a. her. *Kyrill von Alexandrien* (gest. 444) sei mit seinem exegetischen und pole-

misch-antinestorianischen Schrifttum an dieser Stelle mitgenannt (vgl. Kap. 8.6 u. 8.7).
Nicht unbedeutender als Alexandrien war ein anderes theologisches und literarisches Zentrum der Alten Kirche, nämlich das christliche *Antiochien*. Man spricht von der *antiochenischen Schule*. Der Begriff »Schule« meint in diesem Fall eine bestimmte theologische Tradition von homogenem Charakter. Ihre Besonderheit äußert sich am deutlichsten in der Bibelauslegung. Die antiochenischen Theologen hatten (obwohl auch sie allegorisierten) einen stärker historischen und am Wortlaut der Bibel orientierten Ansatz, während die Alexandriner die allegorische Auslegung extensiv praktizierten. Dadurch kamen beide Überlieferungen zu unterschiedlichen Entwürfen und Optionen in den dogmatisch damals neuralgischen Themen, vor allem in der Christologie. Man kann auch umgekehrt sagen: Von unterschiedlichen theologischen Grundverständnissen her setzten beide, Alexandriner und Antiochener, in der Exegese wie in der Dogmatik verschiedene Akzente. Es ist dadurch zu endlosen Streitereien gekommen, deren Vehemenz allerdings auch außertheologische, kirchenpolitische Gründe hatte. Ein vielseitiger Schriftsteller unter den Antiochenern war *Diodor* von Tarsus (gest. vor 394), aber es blieben nur Fragmente seiner Werke gegen Heiden, Juden und Häretiker sowie über die Bibel erhalten. Das liegt wieder daran, daß seine Schriften im Nachhinein in Verruf gerieten, weil man Diodor, im späteren Streit um Nestorius, als Häretiker »entdeckte«. Dieses Schicksal traf noch härter den Lehrer des Nestorius, den herausragendsten Exegeten der Antiochener, *Theodor* von Mopsuestia (gest. 428), von dessen reichem Schrifttum, namentlich zur Bibel, nur wenig in direkter Überlieferung erhalten geblieben ist. Günstiger ist die Situation bei *Johannes Chrysostomus* (gest. 407), der auch Antiochener war. Viele Predigten sind von ihm überliefert, außerdem Traktate (»Über das Priestertum«, über Erziehung, asketische Fragen und Mönchtum) und Briefe. Und wieder nur Bruchstücke sind von den Schriften des *Nestorius* (gest. nach 451) übriggeblieben, der wegen seiner Christologie kirchlich verurteilt (s. Kap. 8.6 u. 8.7) und zum Erzketzer stilisiert wurde, und zwar, wie die Forschung heute weiß, aufgrund von (teils fahrlässigem) Mißverständnis und

ungerechterweise. Er hat Apologien, Briefe, Traktate und Predigten geschrieben.

Ein eigener Bereich des altchristlichen Schrifttums ist die *Mönchsliteratur* gewesen, die überwiegend in Ägypten geschrieben wurde. Das dortige Mönchtum befaßte sich nicht nur mit praktischer Askese, sondern intensiv auch mit Theologie und Spiritualität und produzierte darum auch Literatur. Der erste profilierte Schriftsteller unter den Mönchen war *Evagrius Ponticus* (346–399), der stark von Origenes inspiriert war und dessen Theologie in bestimmten Punkten »radikalisierte«. Er wurde mit Origenes zusammen auf dem 5. Ökumenischen Konzil in Konstantinopel im Jahre 553 verurteilt. Seine Bedeutung liegt vor allem im Bereich von Askese, Mystik und Frömmigkeit speziell des Mönchtums. Er hat verschiedene Sammlungen von Bibelsprüchen und Sentenzen (Lehrsprüche) für die Mönche und auch Bibelkommentare verfaßt. Von ihm sind wieder Spätere abhängig wie sein Schüler *Palladius* (gest. vor 431), der in seinen Büchern über das Mönchtum und über dessen Ideale informierte, und *Johannes Cassian* (gest. ca. 430), der im Westen über das orientalische Mönchsleben berichtete und Unterredungen (*Collationes*) mit Mönchsvätern aufzeichnete. Ende des 5. Jahrhunderts entstand eine große Sammlung von Aussprüchen, Beispielen, Lebensvorbildern berühmter Mönche, die *Apophthegmata Patrum* (»Aussprüche der Väter«). Die Literatur über Mönchsväter im orientalischen Raum wurde zum Teil in den Westen gebracht und verstärkte das monastische Ideal dort in einem Ausmaß, das ohne solche Literatur nicht denkbar gewesen wäre.

In dieser Epoche der altkirchlichen Literatur (4./5. Jh.) hat die westliche Kirche inhaltlich und formal vieles aus dem Schrifttum der Kirche im Osten übernommen. Vieles aus der historischen, exegetischen und dogmatischen Arbeit östlicher Theologen wurde auch übersetzt. *Hilarius* von Poitiers (ca. 315–367) zum Beispiel hat die theologische Kompetenz seiner exegetischen und antiarianischen Schriften zum guten Teil aufgrund der Tatsache gewonnen, daß er einige Jahre vom Kaiser nach Kleinasien verbannt war und die aktuellen dogmatischen Probleme sowie die theologischen Entwürfe der Ostkirchen dort unmittelbar kennenlernte. Zu den entscheidenden Köpfen bei dieser Rezeption wissenschaftlicher und spiritueller

Theologie aus der Ostkirche gehörte *Ambrosius von Mailand* (gest. 397). In seinen vielen Arbeiten zur Bibel war er von dem alexandrinischen Juden Philon (ca. 25 v. Chr. – ca. 50 n. Chr.) und den griechischen Vätern abhängig, denen er auch den Zugang zur neuplatonischen Philosophie als Interpretationsrahmen für die christliche Bibelauslegung und Theologie verdankte. Ambrosius schrieb unter anderem auch über asketische, dogmatische und liturgisch-mystagogische Themen. Ein geradezu klassisches Beispiel für das Verhalten der Westkirche war *Rufin* von Aquileja (gest. 410), der eine ganze Reihe von Texten der Ostkirche aus dem Griechischen ins Lateinische übersetzte, um sie dem Westen zugänglich zu machen; es sind vor allem Schriften des Origenes, aber auch von Basilius, Gregor von Nazianz, Evagrius Ponticus, Kirchengeschichten und Mönchtumstexte. Auch *Hieronymus* (ca. 347–419/20) war als Übersetzer tätig. Er schuf einmal den größten Teil der sogenannten *Vulgata*, das heißt die bis heute (in einer neuen Revision) kirchlich gebräuchliche lateinische Bibelübersetzung. Dazu übersetzte er das Alte Testament aus dem Hebräischen; für die Evangelien revidierte er im Jahr 383 die vorliegenden, voneinander abweichenden altlateinischen Übersetzungen, die im Laufe der Jahrhunderte dann durch die Vulgata verdrängt wurden (die Vulgata der Paulusbriefe und der Katholischen Briefe scheint, noch vor 410, von einem Fortsetzer, nicht von Hieronymus selbst geschaffen worden zu sein). Außerdem übersetzte Hieronymus auch Texte der griechischen Väter (Origenes, Eusebius, Didymus) und Mönchsregeln. Er schrieb exegetische Schriften, äußerst polemische Bücher gegen seine dogmatischen und persönlichen Gegner, einen Katalog der kirchlichen Schriftsteller und auch Mönchsbiographien und Briefe. Die Schriften des Hieronymus beweisen ein außergewöhnlich großes Sachwissen und literarisch hohes Format.

Zur christlichen Literatur des 4. und 5. Jahrhunderts gehört auch die *Dichtung*. Bedeutend waren diesbezüglich im Osten *Gregor von Nazianz* und *Ephräm der Syrer* (306–373), im lateinischen Westen unter anderen *Ausonius* (gest. nach 393), *Prudentius* (gest. nach 405) und *Paulinus* von Nola (353–431), alle drei aus dem gallisch-spanischen Raum. Konventionelle Themen (z. B. der Kampf des

Christentums mit dem Heidentum; Märtyrergeschichten; Streit zwischen guten und bösen Kräften um die Seele) wurden dichterisch gestaltet.

Diese knappe Skizze kann auch zu *Augustinus* (354–430), dem bedeutendsten Theologen und Schriftsteller der lateinischen Kirche in der alten Zeit, nur einen ungefähren Überblick über seine Schriften bieten. Auch Augustin ist in etlichen Hinsichten der Theologie und Literatur der Ostkirche verpflichtet (wobei er, mangels ausreichender Griechischkenntnisse, auf Übersetzungen angewiesen war). Aber seine theologische und auch literarische Eigenständigkeit ist für ihn weit bezeichnender als die Abhängigkeit. Von seinem erlernten Beruf als Rhetor her beherrschte Augustin die Rhetorik samt allen sprachlichen Kunstmitteln, wovon die Qualität seiner Schriften ganz beträchtlich profitierte. Die immense Produktivität solcher Autoren wie Augustin (und Origenes) war nur möglich, weil ihnen eine Anzahl von Stenographen und Schönschreibern zur Verfügung stand. Augustins Schriften sind zu seinen Lebzeiten und in fast allen späteren Epochen der westkirchlichen Theologie lebhaft und kontrovers diskutiert worden. Er entfaltete seine Wirkung gerade mittels des geschriebenen Wortes.

Die Aufzählung seiner Schriften[2] kann einsetzen bei den 13 Büchern der *Bekenntnisse* (*Confessiones,* geschrieben 397–401), in denen Augustin im Genre von Bericht und Deutung, von Gebet und Meditation seinen wechselhaften Lebensweg bis zu Taufe und kirchlichem Glauben in der Erinnerung abschreitet. Eine Rückschau stellen auch die *Retraktationen* (426–27) dar, die der gealterte Augustin im Stil einer Bestandsaufnahme und Selbstkritik abgefaßt hat, um alle seine Schriften vor sich und dem Leser Revue passieren zu lassen, über Inhalt, Anlaß und Absicht der einzelnen Werke zu informieren und Ergänzungen oder Korrekturen nachzutragen. Nach seiner Bekehrung (386) bis zum Jahr 400 schrieb Augustin *philosophische Werke* über Wahrheits- und Gotteserkenntnis (gegen Agnostizismus und Skeptizismus), über das Pro-

---

[2] Die Aufzählung hält sich in Reihenfolge und Systematik an *B. Altaner – A. Stuiber,* Patrologie, 422–435, weil somit die hier nicht genannten Einzelwerke Augustins dort leicht nachzuschlagen sind.

blem des Bösen und über die menschliche Seele. Gegen Ende seines Lebens entstanden einige *apologetische Schriften*, nämlich eine »Über die Häresien«, eine andere »Gegen die Juden« und vor allem sein wichtiges umfangreiches Werk *De civitate Dei*, das er in den Jahren 413 bis 427 in 22 Büchern nach und nach erarbeitete und erscheinen ließ. Die Eroberung Roms im Jahr 410 durch Alarich war der konkrete Anlaß: Augustin argumentiert gegen den alten, damals neu erhobenen Vorwurf, daß die Christianisierung des Reiches die Ursache für Roms Untergang sei. Dazu entwarf er seine umfassende Geschichtstheologie, wonach die Welt metaphysisch zweigeteilt ist in die Bürgerschaft Gottes (*civitas Dei*) und die Bürgerschaft dieser Welt (*terrena civitas* oder *civitas diaboli*) und das eigentliche Geschehen in aller Geschichte der Kampf dieser beiden Kräfte miteinander ist. Auf der individuell-existentiellen und moralischen Ebene ist das der Gegensatz zwischen dem demütigen Glauben und dem hybriden Stolz des Menschen vor Gott. Geschichte ist also auch das Drama von Annahme und Ablehnung Gottes durch die Menschen und insofern die Geschichte von Heil und Unheil. Die profane Geschichte wurde im Rahmen dieser christlichen Perspektive von Augustin entwertet: Diese Welt (auch Rom) gehört zu den Vorläufigkeiten; die Geschichte demonstriert die Steigerung ihres eigenen Verfalls und steht unter dem Zeichen ihres Endes. Die historische Krise des Jahres 410 war nur ein Detail dieses Gesamtablaufs und insofern nicht die singuläre Katastrophe, als welche die Zeitgenossen sie mit ihrer Rom-Ideologie empfanden. Die Grenze zwischen beiden Civitates ist dem Menschen innergeschichtlich unerkennbar. Aber durch sein Verhalten zu Gott bestimmt er, welcher Bürgerschaft er angehört. Diese Ideen Augustins haben in simplifizierter Form (mit unzulässig vereinfachten Identifizierungen der Civitates) grundlegende Ordnungsvorstellungen des Mittelalters (z. B. über Kirche und Staat) und auch Luthers beeinflußt.
Eine Reihe von *dogmatischen Werken* enthalten Erklärungen des Glaubensbekenntnisses, Ausführungen über die Ehe, das Verhältnis von Glauben und Tun und anderes. Die 15 Bücher des großen und anspruchsvollen Werkes *Über die Trinität* (399–419 geschrieben) enthalten Augustins sehr selbständigen und originellen Beitrag zum dogmatischen Hauptproblem des 4. Jahrhunderts (die so-

genannte »psychologische Trinitätslehre«: das Zusammenwirken der göttlichen drei Personen wird in Analogie zum Zusammenspiel der seelischen Kräfte im Menschen erklärt). Auch in Augustins schriftstellerischem Werk spiegeln sich die großen dogmatischen Auseinandersetzungen und Konfrontationen der Zeit. Da sind die *antimanichäischen Schriften*, in denen er sich von den fundamentalen Positionen des Manichäismus absetzt, der für etliche Jahre seine Religion oder Weltanschauung gewesen war. Es geht darin um das Problem des Bösen, um die theologische Qualität des Alten Testaments, um die rechte Auslegung der Bibel und um die Christologie der realen Menschwerdung (z. B. die Bücher »Gegen den Manichäer Faustus«, 397–398). Die *antidonatistischen Schriften* (s. Kap. 5) klären das Verhältnis von Heiligkeitsideal und Sünde, den Kirchen- und Sakramentsbegriff (z. B. 7 Bücher »Über die Taufe gegen die Donatisten«, 400–401; »Gegen den Donatistenbischof Gaudentius«, 421–422). Besonders engagiert war Augustin in seinen *Schriften gegen den Pelagianismus* (vgl. Kap. 5) (seit 412), denn hier standen die Überlieferung der afrikanischen Kirche und seine ureigenen theologischen Ansichten über Erb-Sünde, Gnade und menschliche Freiheit, Prädestination und über die (Kinder-)Taufe zur Diskussion; Augustin schrieb 411/412 die 3 Bücher »Über die Verdienste der Sünder, über Sündenvergebung und Kindertaufe«; später 2 Bücher »Über die Gnade Christi und die Erbsünde« (418); und eine seiner bedeutenden Abhandlungen gegen den intelligenten Pelagianer Julian von Aeclanum (gest. ca. 454) blieb unfertig, weil Augustin im Jahr 430 darüber starb. Augustinus verteidigte in diesen Schriften die exklusive Heilsursächlichkeit der Gnade, die Gott ohne jede Schuldigkeit dem Menschen, der sie von sich aus nicht verdient, rein auf Grund seiner freien Erwählung und Vorherbestimmung verschenkt. Der Mensch seinerseits ist durch die ererbte und die eigene Sünde in seiner Natur so geschädigt, daß er zum Guten nicht fähig ist und ständig unter der ererbten Neigung zum Bösen (Konkupiszenz) steht. Der Einfluß, den Augustin mit diesen Ideen auf die weitere Theologiegeschichte ausgeübt hat, konnte nur darum so intensiv und unmittelbar sein, weil sie in seinen Werken schriftlich vorlagen. Augustin hat auch einige *antiarianische Abhandlungen* geschrieben. Umfangreich sind seine *Schriften zur Bibelerklärung*. In den 4 Büchern »Die christliche Lehre« (*De doctrina christiana*), 396–426 entstanden, werden die Voraussetzungen und Methoden der Bibelauslegung expliziert, und zwar so, daß daraus eine Art christlicher Kulturlehre entstand, weil Augustin darin das Programm verfolgt, von der antiken Bildung für das christliche Bibelstudium zu profitieren. Unter den Auslegungen alttestamentlicher Bücher sind 12 Bücher »Über den Wortsinn des Buches Genesis« (401–414) und die ausführliche »Psalmenerklärung« (392–420), unter den Arbeiten zum Neuen Testament 2 Bücher »Über die Bergpredigt« (394) und die besonders bedeutenden 124 »Abhandlungen zum Johannesevangelium« (407–408). Eine Reihe von Schriften behandeln *Moral*- oder *Askese*-Themen wie Lüge, Ehe und Ehelosigkeit, Witwenschaft, Mönchsleben. Es sind hunderte von *Predigten* erhalten geblieben, unter denen die »Sermones« den Großteil ausmachen. Und schließlich sind zahlreiche Briefe überliefert, nach Inhalt, Umfang und Bedeutung sehr unterschiedlich.[3] Es gibt einige *Mönchsregeln*, die sich auf Augustin berufen, aber aus späterer Zeit stammen; eine förmliche Regel für das klösterliche Leben hat Augustin nicht verfaßt, wohl aber einschlägige Anweisungen (ep. 211,1–4). Augustins Werke sind durchweg mit großer Sorgfalt und die schwierigen und gewichtigsten unter ihnen meist über lange Jahre hin ausgearbeitet worden.

Unter den lateinischen christlichen Schriftstellern sind noch zwei Päpste zu nennen. *Leo I.* (440–461) hinterließ Briefe und Predigten (Sermones), die sein Eingreifen in dogmatischen, politischen und kirchenpolitischen Problemen dokumentieren, genauso die Homilien und mehr als 800 Briefe *Gregors I.* (590 bis 604), von dem auch Schriften mit pastoral-praktischer Thematik erhalten sind. In Form eines Kommentars zum Buch Hiob (»Moralia in Hiob«) ist eine sehr umfangreiche Instruktion Gregors über Moral- und Askesefragen gefaßt. Ein Werk in Dialogform

---

[3] Erst vor wenigen Jahren wurde eine ganze Anzahl von bisher unbekannten echten Briefen Augustins in Bibliotheken wiederentdeckt: *J. Divjak*, Die neuen Briefe des Hl. Augustinus, in: Wiener Humanistische Blätter H. 19, Wien 1977, 10–25. Die Ausgabe: J. Divjak (Hrsg.), in: Corpus Scriptorum Ecclesiasticorum Latinorum Bd. 88, Wien 1981.

erzählt von großen Heiligen Italiens und von ihrem wunderbaren Leben.
Die Geschichte der altkirchlichen Literatur hatte also ihre große Zeit im 4./5. Jahrhundert. Zwar entstand auch noch im 6.–8. Jahrhundert ein umfangreiches Schrifttum, aber es war nicht von derselben Originalität und Kreativität, sondern sammelte und reproduzierte vorwiegend aus den Früheren. *Leontius* von Byzanz (gest. vor 543) beispielsweise und der unbekannte *Ps.-Dionysius* vom Areopag (um 500) sind solche »Späten«, die aus der älteren Tradition sammelten und eine (freilich in vielem wieder eigenständige) Summe zogen. *Maximus der Bekenner* (ca. 580–662) fußte ebenfalls ganz bewußt auf den Traditionen der Väter des 3.–5. Jahrhunderts. Und besonders bezeichnend ist *Johannes von Damaskus* (ca. 650 bis ca. 754) mit seinem Programm, nichts Eigenes sagen zu wollen, sondern sich der Vätertradition zu unterstellen, was bei ihm freilich im Stil auch eigener theologischer und literarischer Leistung geschah. Er ist unter den Autoren der Ostkirchen mit seinem literarischen Werk der vielseitigste gewesen. Mit *Johannes von Damaskus* sieht man in der Regel die Epoche der griechischen altkirchlichen Literatur als beendet an, die der lateinischen mit *Isidor von Sevilla* (ca. 560–636), der ebenfalls als Tradent historisch bedeutsam war.

Literatur

Altaner, B. – Stuiber, A., Patrologie. Leben, Schriften und Lehre der Kirchenväter, Freiburg–Basel–Wien ⁹1980

Barbel, J., Geschichte der frühchristlichen griechischen und lateinischen Literatur, 2 Bde., Aschaffenburg 1969

Brox, N., Falsche Verfasserangaben. Zur Erklärung der frühchristlichen Pseudepigraphie, Stuttgart 1975

Campenhausen, H. von, Griechische Kirchenväter, Stuttgart ⁶1982

Campenhausen, H. von, Lateinische Kirchenväter, Stuttgart ⁴1978

Michaelis, W., Die apokryphen Schriften zum Neuen Testament, Bremen ³1962

Overbeck, F., Über die Anfänge der patristischen Literatur, in: Historische Zeitschrift 48 (1882), 417–472 (Separatdruck Darmstadt 1966)

Speyer, W., Die literarische Fälschung im Altertum, München 1971

Speyer, W., Büchervernichtung und Zensur des Geistes bei Heiden, Juden und Christen, Stuttgart 1981

8 Die vier ersten Ökumenischen Konzile

8.1 Konzil und Ökumenisches Konzil

Aus den unzähligen Konzilen, die seit dem 2. Jahrhundert aus verschiedensten Anlässen überall in den Teilkirchen stattfanden (s. Kap. 3.1.2; Kap. 4.1 u. 4.2.2), sind im Lauf der Geschichte einige wenige als die sogenannten *Ökumenischen Konzile* herausgehoben worden. Die Bezeichnung besagt, daß solche Synoden nicht nur einen Teil der Kirche repräsentierten und nicht bloß eine lokale Thematik hatten, sondern die gesamte Kirche auf der »ganzen Welt« vertraten und universalkirchliche Angelegenheiten verbindlich regelten. Nach einer Zählung, die sich seit dem 16. Jahrhundert durchsetzen konnte und seither fortgeführt wurde, gab es in der bisherigen Kirchengeschichte 21 Ökumenische Konzile, acht davon in der Zeit der Alten Kirche. Man kann keine identischen Merkmale für die Ökumenischen Konzile nennen, als wären sie alle von einem gleichen und unterscheidenden Typ. Die im bisherigen und auch im neuen Kirchenrecht geltenden Kriterien[1] verlangen für ein allgemeines Konzil Einberufung und Vorsitz durch den römischen Papst, ferner die Festsetzung der Thematik und der Tagesordnung sowie die Beendigung des Konzils und die Bestätigung der Entscheidungen durch den Papst. Diese Merkmale hatten für die altkirchliche Zeit noch keine Gültigkeit und trafen auch faktisch nicht zu. Die acht Ökumenischen Synoden der altkirchlichen Epoche sind nicht vom römischen Papst, sondern (im einzelnen mehr oder weniger direkt) vom Kaiser einberufen, eröffnet, geleitet und bestätigt worden. Die byzantinischen Kaiser waren an der disziplinären, kultischen und dogmatischen Einheit der Kirche, um die es auf den Konzilen zumeist ging, aus Gründen der politischen

---

[1] Im bisherigen Codex Iuris Canonici Canon 222, im neuen Codex Iuris Canonici von 1983 der Canon 344.

Einheit und Stabilität dringend interessiert und hielten sich in diesen Angelegenheiten für unmittelbar zuständig (vgl. Kap. 3.2). Aber nicht jedes Konzil, das ein Kaiser einberief, war ein Ökumenisches Konzil im späteren Sinn. Die Zurechnung einzelner Konzile zur Reihe der Ökumenischen Konzile, das heißt also ihre Bewertung als allgemeine Synode mit universal-kirchlichem Charakter, ist nicht aus dem Selbstverständnis oder dem Teilnehmerspektrum der jeweiligen Kirchenversammlung ableitbar, sondern hat sich durch die Rezeption, also durch die nachträgliche kirchliche Einschätzung ergeben. Die ersten vier Ökumenischen Konzile, die hier besprochen werden, sind infolge ihrer zentralen Thematik und wegen ihrer bedeutenden Nachwirkungen in der weiteren Kirchengeschichte in diesen Rang gekommen. Aufgrund der Inhalte ihrer Beschlüsse sind sie in den folgenden Jahrhunderten sogar als normative Gruppe von allen anderen Konzilen abgehoben worden. Die von ihnen formulierten Glaubensentscheidungen betreffen das christliche *Gottesbild* (Trinität), die *Christologie* und darin zugleich das Heilsverständnis (*Soteriologie*) und das Menschenbild (theologische *Anthropologie*). Papst Gregor d. Gr. (590–604) hat diese vier Konzile mit den vier Evangelien verglichen, Isidor von Sevilla (ca. 560–636) mit den vier Flüssen im Paradies. An diesen vier Konzilen mußten sich nach der Meinung der Zeit alle späteren Konzile in ihren Entscheidungen messen lassen. Diese Einschätzung ist in den christlichen Kirchen bis heute unbestritten. Vor allem vom Glaubensbekenntnis des Konzils von Konstantinopel (381) gilt, daß es als einziges bzw. letztes Bekenntnis von allen Christen geteilt wird und also die einzige gemeinsame dogmatische Basis aller Kirchen ist. Denn einzelne orientalische Kirchen teilen den Konsens nur bis hierher und lehnen Chalzedon mit seinem Bekenntnis (451) ab.

Die hohe Einschätzung verlangt freilich die *Auslegung* bzw. Übersetzung der alten Konzilsformeln und Konzilstheologie in heutige Sprache und Verständlichkeit. Denn sie sind formuliert worden von griechisch denkenden Menschen der Spätantike, deren »Welt« des Fragens, Denkens und Sprechens nicht ohne weiteres die des heutigen Christen ist. Nur über historische und theologische Erklärungen, über mühsame Rekonstruktionen und Vermittlungen werden die alten Konzilsformeln nachvollziehbar.

Zum *Verfahren* der Wahrheitsfindung auf den altkirchlichen Konzilen ist zu berichten, daß es keine direkten Abstimmungen mit Stimmenauszählung gab. Zunächst wurden die Voten der verschiedenen Parteien angehört, es wurde frei diskutiert, und währenddessen gab es spontane Äußerungen von Beifall und Mißfallen. Und schließlich zeichnete sich in Form überwiegender Akklamationen die Mehrheit ab. Die auf diese Weise von der Mehrheit der Konzilsväter durchgesetzte Position galt ihrer Partei als Willensäußerung des Heiligen Geistes und als die unbestreitbare Wahrheit Gottes, die von da an für alle Kirchen verbindlich war.

8.2 Die ersten Diskussionen um die trinitarische Frage

In der 2. Hälfte des 3. Jahrhunderts wurden in Ost und West kontroverse Ansichten über das christliche Gottesbild geäußert, und zwar in Form der Frage nach dem Verhältnis Christi bzw. des Logos zu Gott (Vater). In der neutestamentlichen und späteren Überlieferung war die Rede von Gott (Vater), vom Sohn (Logos) und vom Geist, aber deren Verhältnis zueinander war unbestimmt und nie geklärt. Man hatte dieses Verhältnis bislang, kurz gesagt, so aufgefaßt, daß auch der Sohn »Gott« (oder »göttlich«), aber dabei dem Vater untergeordnet sei (*Subordinatianismus*). Das Verhältnis der Unterordnung wurde auf verschiedene Art und Weise ausgedrückt, aber eine prinzipielle Klärung der Frage gab es nicht, sie war offenbar auch kein Bedürfnis. Die subordinatianische Vorstellung war zunächst die gemeinkirchliche Art, an Vater und Sohn zu glauben (über den Geist machte man noch keine entsprechenden Aussagen). Sie ergab sich konsequent aus dem biblisch-jüdischen Monotheismus der Christen. Der Glaube an den einen Gott war selbstverständlich. Die Rede vom göttlichen Logos und Geist war im Modell der Unterordnung unter den einen Gott plausibel mit dem Monotheismus vereinbar.

Im 3. Jahrhundert kamen aber neue Fragen dazu auf. Es gab damals diverse Versuche, die biblischen Aussagen und den bisherigen Glauben in diesem Punkt genauer zu fassen. Daß dabei in einer verworrenen Szene von Auseinandersetzungen sehr unterschiedliche dogmatische Positionen vertreten wurden, hat seinen Grund in der Verschiedenheit teilkirchlicher Überlieferungen, die in ihren Begrifflichkeiten, Denkmustern und Akzenten der Theologie auseinandergingen. Vereinheitlichung durch eine gesamtkirchliche Lehrentscheidung gab es noch nicht. Seit dem Ende des 2. Jahrhunderts wurde pointiert eine Theologie vertreten, die man *Monarchianismus* nennt. Es ging ihr darum, die Einheit, Einzigkeit und »Alleinherrschaft« (*monarchia*) Gottes festzuhalten, wie sie dem biblischen Gottesbegriff entspricht. Das war teilweise eine Reaktion auf die Logos-Theologie der Apologeten des 2. Jahrhunderts (s. Kap. 7), die vom Logos als »zweitem Gott« neben Gott(-Vater) sprach. Für das Empfinden vieler machte der Gebrauch des Wortes »Gott« auch für den Logos die Monarchie und Einzigkeit Gottes gefährlich undeutlich. Auf zwei verschiedene Weisen suchte man dagegen die Einzigkeit Gottes zu sichern: Entweder bestritt man, daß Christus persönlich Gott *ist*; man erklärte sich das Verhältnis so, daß in Jesus göttliche Kräfte wirkten (*Dynamismus*) bzw. daß er durch Adoption mit Gott nachträglich verbunden sei (*Adoptianismus*). Dann war er also so weit von Gott abgerückt, daß die »Monarchie« Gottes unangetastet blieb. Oder aber man begriff Christus als eine der Erscheinungsformen (*modus*) Gottes: Der eine Gott hat sich zuerst als Vater, dann als Sohn und schließlich als Geist geoffenbart (*Modalismus*), ist aber immer derselbe Eine. Der Monarchianismus war in der einen oder anderen Version um die Wende zum 3. Jahrhundert die verbreitete Theologie und de facto auch der allgemeine Glaube in den Kirchengemeinden. Diejenigen Theologen, die damit begannen, den Logos als Gott deutlich vom Vater zu unterscheiden oder gar von einer Dreiheit (*trinitas*) in Gott zu sprechen (wie Tertullian, Hippolyt, Novatian), stießen auf den erbitterten Widerstand der vielen einfachen Gläubigen, die ihnen eine Zwei- bzw. Drei-Götter-Lehre vorwarfen (vgl. Tertullian, Adv. Praxean 3,1; Hippolyt, Refutatio IX 11,3; 12,16). Die Anfänge der kirchlichen Trinitätstheologie wurden als Polytheismus empfunden und im Namen des biblischen Gottes als Häresie abgewiesen.

Den Modalismus vertrat auch ein Libyer namens Sabellius, nach dem diese Theologie darum auch *Sabellianismus* heißt. Er kam ca. 217 nach Rom und war offenbar die Ursache für die ersten Auseinandersetzungen dort, weil sein extremer Monarchianismus wohl als Abweichung vom römischen Gemeindeglauben, das heißt als Häresie empfunden wurde. Er wurde von Kallist in Rom exkommuniziert. Jahrzehnte später (257) lebte der Streit um seine Theologie in seiner Heimat Libyen wieder auf. Die trinitarische Frage (das Verhältnis Gott-Sohn-Geist) wurde immer akuter gestellt. Einige sabellianische libysche Bischöfe wagten es zum Beispiel nicht mehr, vom »Sohn Gottes« (als einer selbständigen Gestalt) zu sprechen. Sie und ihre Gegner wendeten sich um Klärung brieflich an Bischof *Dionysius von Alexandrien* (gest. ca. 264), der in seinen Antworten daraufhin das reale Unterschiedensein von Vater und Sohn (gegen den Modalismus) herausstellte. Die Sabellianer konterten mit dem Vorwurf, daß Dionys den Sohn vom Vater trenne, ihn nicht ewig nenne, im Wesen dem Vater fremd, und er habe behauptet (was Dionys bestritt), der Sohn sei mit dem Vater nicht »wesenseins« (griechisch: *homooúsios*). Hier kommt erstmals dieser wichtige griechische Begriff *homooúsios* (»wesenseins«) vor, der in Nizäa die zentrale Rolle spielen sollte. Die libyschen Sabellianer suchten Bestätigung bei Bischof *Dionysius von Rom* (259–268), wohl weil sie von monarchianischen Tendenzen in Rom wußten. Dionys von Rom lehnte sowohl den Sabellianismus als auch die ihm zugetragenen Formeln des Dionys von Alexandrien ab. Er selbst vertrat einen Monarchianismus, wonach der Logos immer schon zum Vater gehörte und von ihm nicht abgerückt werden darf. Dionys von Alexandrien dagegen sah das Verhältnis so, daß der Logos vom Vater hervorgebracht wurde, dem Vater untergeordnet (Subordinatianismus) und von ihm unterschieden bleibt. Nach einem Briefwechsel einigten sich beide, verurteilten Monarchianismus und Subordinatianismus in extremen Formen, die sie für unvertretbar hielten, behielten aber ihre unterschiedlichen Theologien bei.

Man sieht hier, wie bei ungeklärter dogmatischer Terminologie Einigung und Exkommunikation in diesen diffizilen Positionen nahe beieinander lagen. Dionys von Alexandrien hatte die Befürchtung, daß der Begriff »wesenseins« sabellianisch (= modalistisch) gebraucht wurde, akzeptierte ihn aber. Er wollte die *reale Dreiheit* in Gott gesichert sehen und sagte so: Die Einheit Gottes wird, ohne zerteilt zu werden, in die Dreiheit erweitert, aber es bleibt bei der Einheit, ohne daß die Dreiheit vermischt wird. Auch Dionys von Rom beteuerte Dreiheit und Einheit in Gott, und so konnten beide sich darum durch ihren Disput näherkommen, ohne allerdings präzise Begriffe zu finden. Für die sabellianischen Bischöfe bedeutete aber die Rede von Dreiheit (Trinität) bereits eine unerträgliche Teilung und Mehrzahl in Gott, und sie hatten eben den Eindruck von einer Dreigötterlehre.

Gleichzeitig etwa betraf ein Konflikt in Antiochien (Syrien) denselben Streitpunkt. Dort vertrat der Bischof *Paul von Samosata* (am Euphrat) (gest. nach 272) einen dynamistischen Monarchianismus, und der Theologe *Lukian*, der als Gründer der »antiochenischen Schule« (s. Kap. 7) gilt, vertrat einen Subordinatianismus. Die Konstellation und Kontroverse zwischen beiden war zeittypisch. Überall wurde die trinitarische Frage jetzt gestellt, das Problem lag vor, die Lösungen differierten, das theologische Vokabular war unklar und uneinheitlich. Paul von Samosata, der 268 in Antiochien kirchlich verurteilt wurde, verwendete den Begriff *homoúsios* für seinen Dynamismus. Dadurch war dieser Terminus noch später im Zusammenhang des Konzils von Nizäa belastet. Das zentrale dogmatische Problem des 4. Jahrhunderts, die Frage nach Einheit und Dreiheit in Gott, hatte also seine Vorgeschichte im 2./3. Jahrhundert.

8.3   Der Arianismus und das Konzil in Nizäa (325)

Im 4. Jahrhundert setzte sich diese Diskussion um die Gottesfrage unter neuen Bedingungen fort, und zwar nun als der sogenannte *Arianismusstreit*. Die Bezeichnung rührt daher, daß die neuen Auseinandersetzungen und Konflikte von einem Presbyter namens *Arius* in Alexandrien ausgelöst wurden. Seit ca. 318 predigte er in seinem Kirchenbezirk der Stadt Alexandrien eine klar subordinatianische Theologie, die noch zu beschreiben ist. Er bekam sofort Widerspruch von seinem Bischof *Alexander*, fügte sich dessen dogmatischen Korrekturen aber nicht.

Wie die rasche und starke Reaktion der gesamten Kirche auf diesen Konflikt zeigt, war Arius mit seiner Theologie kein Einzelgänger, viele dachten wie er. Der Name »Arianismus« für die jetzt beginnende Bewegung ist relativ zufällig, denn Arius ist nur einer der profilierten Vertreter der entsprechenden Theologie. Es gab noch keine offizielle Orthodoxie einer allgemeinen Kirchenlehre in der Trinitätsfrage, sondern nur konkurrierende Traditionen und Entwürfe. Gemeinverbindliche Entscheidungen sind erst im Verlauf des Konflikts getroffen worden, der sich kirchenpolitisch an Arius entzündete. Also kann Arius, der eine pointierte dogmatische Stellung bezog, nicht gleich anfangs als Abweichler von einer etablierten Rechtgläubigkeit angesehen werden, die es gegeben und an die man sich zu halten gehabt hätte. Er war Schüler des Antiocheners Lukian und überzeugt, mit seinem Subordinatianismus eine ehrwürdige, alte Theologie zu vertreten. Zugleich war er sicher, alexandrinische Tradition aufzugreifen, denn vom früheren Vorgänger seines Bischofs, von Dionys von Alexandrien, wußte er, daß er (man muß sagen: zunächst) einen Subordinatianismus vertreten hatte. So konnte Arius sich im Recht sehen. Aber sein Bischof Alexander konnte sich für seine konträre Theologie auf denselben Dionys von Alexandrien berufen, der ja dem »homoúsios« zugestimmt hatte, also einer Formel, die den Subordinatianismus ausschloß. Man sieht allein an der alexandrinischen Tradition, wie schwer die Unterscheidung zwischen Orthodoxie und Häresie konkret sein konnte.

Arius also schloß sich einer bestimmten Tradition des dogmatischen Denkens an, die es neben anderen gab. Und durch die Provokation, die seine Theologie inzwischen für die Vertreter einer anderen Trinitätslehre bedeutete, kam es zu dogmatischen und kirchenpolitischen Kontroversen von bis dahin nicht dagewesener Dimension und mit verheerenden Folgen für die Einheit und den Frieden der Christen untereinander. Zusätzlich gab es die politischen Implikationen, daß Kaiser Konstantin aus Gründen der Reichsideologie und der politischen Opportunität an der Beilegung des Konflikts interessiert war, ihn zunächst bagatellisierte und dann seine Lösung entschlossen in die Hand nahm, indem er das Konzil von Nizäa einberief und dessen Verlauf deutlich steuerte.

Der *Theologie des Arius* ging es – zugunsten Gottes (des Vaters) – um die ontologische Unterordnung des Sohnes. Dazu formulierte Arius eine Reihe von exklusiven Eigenschaften oder Merkmalen Gottes: Der Vater ist allein *ungezeugt*, allein *ungeworden*, allein *ewig*, allein *ohne Anfang*; das heißt er ist »*alleiniger wahrer Gott*«, denn »er ist absolut der einzige, der Ursprung (arché) ist«, nämlich Ursprung aller seienden Dinge. Der Sohn ist aber alles das nicht, sondern er ist *geschaffen* und *geworden*. Eine provokative Formulierung lautete: »Er (der Sohn) war nicht, bevor er gezeugt wurde«; und eine andere: »Es gab eine Zeit, in der er nicht existierte«. Arius sah mit vielen anderen diese Aussage im Bibelvers Spr 8,22 verbürgt: »Der Herr *erschuf* mich als Anfang seiner Wege«. Mit diesem Schriftbeweis und mit anderen Aussagen sollte nach Arius der Sohn zwar von allen anderen geschaffenen Wesen abgehoben und ihnen überlegen bleiben; aber genauso wichtig und richtig war seine Subordination unter Gott. Der Sohn ist zwar das vollkommenste Geschöpf, wohl auch qualitativ anders als die anderen Geschöpfe, aber eben doch *Geschöpf* und *geworden*. Arianismus ist also Subordinatianismus.

Man kann behaupten, daß Arius philosophisch und recht akademisch gedacht hat, denn seine Behauptungen resultieren aus einem Denken, das im Stil der Philosophie der Zeit die Welt aus dem obersten Sein, aus der Transzendenz heraus »konstruierte«. Darin blieb das oberste Sein (Gott) singulär und wurde von keinem zweiten Wesen erreicht. Die Christen hatten, zumal seit dem 2. Jahrhundert, mit Joh 1,1.14 den Sohn *Logos* genannt und über diesen Begriff eine Vermittlung des Christentums mit der Philosophie gesucht. Denn die Philosophie sprach (bei verschiedenartigen Vorstellungen) von Mittlerwesen zwischen Transzendenz und Welt, die ebenfalls als Logos bezeichnet werden konnten und ontologisch eine Mittel-Position zwischen »Gott« und Welt einnahmen. Nun gab es diese ontologische Mittel-Position vom biblisch-christlichen Schöpfungsglauben her nicht; er kennt nur die Alternative von Gott und Schöpfung, ein Drittes ist ausgeschlossen. Vor diesem Hintergrund mußte die christliche Theologie entscheiden, ob der Logos der Bibel auf der Seite Gottes oder auf der der Geschöpfe steht. Arius glaubte ihn auf der Seite der Schöpfung, seine Gegner und das Konzil in Nizäa auf der Seite Gottes. Bischof Alexander und die anderen Anti-Arianer dachten eher pastoral (und weniger philosophisch) in dem Sinn, daß sie von der Heilsbedeutung des Sohnes her auf seine Gottheit schlossen: Ist der Sohn nicht wahrhaft Gott, dann ist Erlösung der Menschheit eine Illusion, weil nur Gott aus der heillosen Situation retten kann.

Eine Synode von ca. 100 ägyptischen und libyschen Bischöfen unter Alexander von Alexandrien verurteilte Arius als Ketzer. Die ganze, vorerst kleine Gruppe seiner Anhänger am Ort wurde exkommuniziert: zwei Bischöfe, fünf Priester, sechs Diakone. Arius nahm die Verurteilung nicht hin und bemühte sich, gleichgesinnte Theologen anderswo für sich zu gewinnen. Es gab sie, zum Beispiel den Origenisten *Eusebius von Cäsarea* in Palästina und vor allem *Eusebius von Nikomedien*, einen politisch versierten, entschlossenen Mann. Es kam an verschiedenen Orten zu Synoden, die unter Protest gegen das alexandrinische Urteil Arius rehabilitierten. Dadurch und durch die Gegen-Reaktionen wieder auf diese arianischen Maßnahmen wurde die Konfusion groß. Propaganda und Parteinahme waren leidenschaftlich.

Um der Zerstrittenheit ein Ende zu machen, hat also Konstantin erstmals eine Synode der gesamten Kirche des Reiches verfügt, die er durch ihr Zeremoniell zu einer Vision der Zukunft stilisierte, indem er vor den Augen des Reiches die friedliche, glückliche Einheit von Kaiser und Bischöfen als Säulen des Reiches und dessen Bestandes demonstrierte. Aber so umfassend und repräsentativ wurde das Konzil dann nicht. Es wurde am 20.5.325 mit ca. 300 Bischöfen eröffnet, von denen ungefähr ein Drittel aus der näheren Umgebung (Kleinasien) stammte. Die übrigen kamen aus anderen orientalischen Kirchen, und nur höchstens fünf Bischöfe waren aus dem lateinischen Westen (und hielten sich wahrscheinlich zufällig gerade am Kaiserhof auf). Papst Silvester I. (314–335) ließ sich aus unbekannten Gründen vertreten, was die Päpste auch auf den späteren altkirchlichen Konzilien so hielten.

In Nizäa waren alle theologischen Richtungen versammelt, die damals zur Trinitätslehre vertreten wurden. Parteigänger wie Gegner des Arius waren jeweils durchaus nicht homogene Gruppen. Zu den Gegnern gehörten Bischof *Alexander* von Alexandrien (mit seinem Diakon *Athanasius*, den er zum Konzil mitnahm) und *Ossius* von Cordoba, die den Arianismus sofort als eine dramatische Gefahr der Kirche dargestellt und Gegenmaßnahmen ergriffen hatten. Sie bekamen Unterstützung von den Vertretern eines entschiedenen, zum Teil auch fanatischen Monarchianismus (Sabellianismus, Modalismus), die theologisch noch weiter von der arianischen Unterscheidung des Sohnes (als Geschöpf) vom Vater entfernt waren, weil sie (modalistisch) zwischen Vater und Sohn nicht real unterschieden; zu ihnen gehört in gewisser Hinsicht *Eustathius* von Antiochien und vor allem *Markell* von Ankyra (336 wegen Sabellianismus verurteilt). – Insgesamt waren die Nicht-Arianer bzw. Anti-Arianer in der Überzahl.

An Verlauf und Ergebnis des Konzils von Nizäa ist wesentlich, daß die Konzilsväter nach harten Debatten über die dogmatische Streitfrage ein schon vorhandenes Glaubensbekenntnis (Symbolum) als Grundlage nahmen (vielleicht war es das der Kirche des Euseb von Cäsarea in Palästina). Sie ergänzten dieses Bekenntnis um einige Sätze oder Formeln, durch die es deutlicher und schärfer anti-arianisch wurde. Es hieß im Text vom Sohn bereits, daß er »*Gott von Gott*« und (im Bild) »*Licht vom Licht*« sei. Diese an sich klare Formulierung war den Vätern in der Streitsituation nicht nachdrücklich genug. Sie brachten darum Ergänzungen an, deren Umfang sich allerdings nicht mit Sicherheit bestimmen läßt. Sie fügten jedenfalls hinzu:

> »*Wahrer Gott vom wahren Gott,
> gezeugt, nicht geschaffen,
> eines Wesens (homoúsios) mit dem Vater*«.

In diesen Zeilen des nizänischen Bekenntnisses hat man die Theologie des Konzils. Sie ist gegen die Arianer bzw. Eusebianer formuliert. Entscheidend und durch den Zusammenhang auch unmißverständlich ist darin der Begriff *homoúsios*. Der Sohn ist *eines Wesens* mit dem Vater, Gott wie Gott Vater, und ist real von ihm geschieden als eigene »Person«, wie es erst später heißen wird. Diese Theologie entsprach exakt westkirchlichen Vorstellungen, in denen man (seit Tertullian) für den Sohn das Attribut *consubstantialis* (»gleichen Wesens«) bzw. *eiusdem substantiae* kannte.

Kaiser Konstantin war am Verlauf und Ergebnis des Konzils beteiligt. Es spricht einiges dafür, daß er dem Begriff »homoúsios« zur Durchsetzung verholfen hat. Am Ende hat er das Ergebnis mit seiner kaiserlichen Autorität gestützt. Als deutliche Demonstration hat er Arius und die beiden Bischöfe aus dessen unmittelbarem Anhang, die als einzige das Bekenntnis von Nizäa nicht unterschrieben hatten, verbannt. Das kirchenpolitische und dogmatische Problem schien beim friedlichen Ausklang des Konzils erledigt. Der Kaiser feierte mit den Bischöfen vor ihrer Heimfahrt sein 20jähriges Regierungsjubiläum. Aber die Harmonie täuschte.

8.4 Die Krise nach Nizäa und die Diskussion um den Geist

Der scheinbar erreichte, maßgeblich durch Konstantins Gegenwart zustandegekommene Konsens war brüchig. Schon drei Monate nach dem Konzil zogen Euseb von Nikomedien und zwei weitere Bischöfe ihre Unterschrift zurück, die sie nie mit Überzeugung hatten leisten können, und wurden noch im Jahre 325 verbannt. Es gab eine starke Opposition gegen Nizäa, und für die Kirche brachen langwierige Krisenzeiten an.

Zum einen konnten also die Arianer und die Gruppen ähnlicher Position aus dogmatischen Gründen dem Konzil nicht zustimmen und lehnten die Aussage des »homoúsios« ab. Außerdem hatten aber auch die »Konservativen« schwerste prinzipielle Bedenken, und zwar gegen die Tatsache, daß mit diesem Wort ein nicht der Bibel entnommener, philosophischer Begriff in einem Glaubensbekenntnis verwendet wurde.[2] Dieses Bedenken hat die Annahme des Konzils von Nizäa bei vielen erschwert oder verunmöglicht, die sachlich mit ihm übereinstimmten. Der Begriff war zusätzlich dadurch diskreditiert, daß ihn Paul von Samosata im häretischen Sinn gebraucht hatte (s. o. 8.2), und auch sein Vorkommen in gnostischen Lehrsystemen ließ die Verwendung im kirchlichen Bekenntnis bedenklich erscheinen. Mit dem Begriff lehnte man dann das Konzil als ganzes ab. Es kam hinzu, daß die nizänische Partei nicht

---

[2] Der Sachverhalt ist im Zusammenhang des gesamten Prozesses einer Hellenisierung des damaligen Christentums zu sehen. Vergleiche dazu Kapitel 7.

sehr viel zur Verteidigung und Klärung und somit zur Empfehlung speziell dieses Begriffs unternahm. Während der gesamte lateinische Westen, zusammen mit Ägypten, in einer auffallenden Sicherheit und Problemlosigkeit an Nizäa festhielt und die einschlägigen Fragen in einer vergleichsweise schlichten und treffsicheren Art relativ früh im späteren konziliaren Sinn beantwortet hatte, wurden die harten Debatten um die Trinität (wie später auch die um die Christologie: s. u. 8.6 u. 8.7) in ihrer enormen spekulativen Kompliziertheit in den Kirchen des Ostens ausgetragen. Sie entstanden aus griechischen Fragen und wurden in den Bahnen griechisch-philosophisch interessierten Denkens geführt.[3]

Die Opposition gegen das Konzil konnte Erfolge verbuchen. Knapp drei Jahre nach Nizäa entschloß sich Kaiser Konstantin zu einer proarianischen Politik, obwohl er der Konzilstheologie nicht nur zugestimmt, sondern sie sogar maßgeblich beeinflußt hatte, freilich ohne dogmatisch wirklich informiert zu sein. Als Gründe für seinen religionspolitischen Kurswechsel auf Kosten der Nizäner lassen sich die folgenden denken: Konstantin mag inzwischen stärker unter den Einfluß von Arianern (Euseb von Nikomedien) als von Nizänern gekommen sein; vielleicht hat er auch erkannt, daß die hierarchisch-subordinierend konstruierte Theologie des Arius besser seiner eigenen politischen Ideologie entsprach, wonach nämlich der monarchische Kaiser die Monarchie Gottes auf Erden repräsentiert (ein Gott, ein Kaiser, ein Reich); es kann auch die pragmatische Überlegung den Ausschlag gegeben haben, daß die Arianer in den östlichen Regionen deutlich in der Mehrheit waren und der Kaiser zur Überzeugung kam, die Einheit im Reich nur mit ihnen, nicht gegen sie herstellen zu können. Arius, Euseb von Nikomedien und die gebannten Anhänger wurden vom Kaiser rehabilitiert, nachdem sie recht vage Glaubensformeln unterschrieben hatten. In ganzen Landstrichen wurden alle nizänischen Bischöfe abgesetzt. Ein Betroffener und prominenter Widerständler gegen diese antinizänische Politik war unter anderen Athana-

---

[3] Das lateinische Christentum war aufgrund seiner Eigenart viel stärker mit Problemen um Kirchenpraxis, Kirchenbegriff, Moral und Sünde, Heiligkeit und Erlösungsvollzug (Gnade und Freiheit) befaßt.

sius (295–373), seit 328 Bischof von Alexandrien. Er ging unter Konstantin und dessen Nachfolgern fünfmal für insgesamt siebzehn Jahre in die Verbannung. Die Bischöfe suchten auf immer neuen Konzilen nach Formeln und Definitionen, machten sich vor allem aber immer wieder gegenseitig den Prozeß, wobei sehr oft viel weniger die tatsächlichen dogmatischen Differenzen diskutiert als persönliche Anschuldigungen und Verleumdungen moralischer und politischer Art vorgebracht wurden, wie es inzwischen der verbreitete Stil kirchlicher (Ketzer-)Polemik und Machtpolitik geworden war. Ab Konstantin beteiligten sich die Kaiser daran in der Weise, daß sie durch Ab- und Einsetzen von Bischöfen die Parteien begünstigten oder schwächten.

Konstantin starb im Jahr 337. Zwei seiner Söhne wurden seine Nachfolger. Im Westen war Kaiser *Constans* (337–350) ein entschiedener Nizäner und also mit der Kirche dort einig. Im Osten bestärkte aber *Constantius II.* (337–361) mit Nachdruck den Arianismus. Unter ihm bekam die (nizänische) Kirche erstmals und massiv den gewalttätigen Druck eines christlichen Kaisers auf alles, was seiner Politik nicht entsprach und von ihm für Häresie gehalten wurde, zu spüren (s. Kap. 3.2.4). Seit er im Jahr 350 Alleinherrscher war, übte Constantius diesen Druck auch auf die nizänische Westkirche aus, indem er die Bischöfe auf Synoden zu Unterschriften unter arianische Formeln und zu Verurteilungen des Athanasius zwang. Verweigerung wurde mit Verbannung oder Haft bestraft. Ein hauptleidtragender Bischof war *Liberius* von Rom (352–366). Es gab etliche kompromißlos entschiedene Opponenten im Westen wie *Lucifer* von Calaris, *Hilarius* von Poitiers und *Ossius* von Cordoba. Sie alle hatten als »Märtyrer« ihrer Orthodoxie schwer zu leiden. Der Kaiser versuchte also mit brutalen Mitteln, den Arianismus zum einheitlichen Reichsbekenntnis zu machen.

Arius war bereits im Jahr 335 gestorben, Euseb von Cäsarea ca. 339, Euseb von Nikomedien Ende 341. Aber die Diskussion, das Einbringen immer neuer Formeln und der Austausch von Feindseligkeiten auf den Konzilen ging weiter. Die Westkirche hielt konsequent an Nizäa fest, aber im Osten nahmen die Versuche zu, gegen das Konzil eine neue Formel zu kreieren. Die Vorschläge dazu waren nicht massiv arianisch und auch nicht offen antinizänisch; sie

hielten sich eher auf einer »konservativen« Linie, das heißt, sie verzichteten darauf, in der Bestimmung der Relation zwischen Vater und Sohn exakter zu sein, als traditionelle Formeln es waren. Das war aber nicht mehr möglich, weil der Fragestand fortgeschritten war.
Dieser winzige Ausschnitt aus den Vorgängen und Parteiungen kann andeuten, wie tief die Krise um den Arianismus auch nach Nizäa noch war. Daß die Situation so labil und verworren blieb, lag entscheidend auch an der religionspolitischen Unentschiedenheit des Kaisers, ohne den sich keine Richtung definitiv durchsetzen konnte. Mit der Diskussion um das Verhältnis zwischen Vater und Sohn hing es sachlich-theologisch zusammen, daß die entsprechende Frage neuerdings auch bezüglich des *Heiligen Geistes* gestellt wurde: Wie verhält sich der Geist zu Vater und Sohn? Um 360 scheint dieses Thema in Ägypten, etwas später in Kleinasien als zusätzliche Komplikation in die Debatte gekommen zu sein. Es gab Vertreter und Bestreiter der Wesensgleichheit (Homousie) des Geistes mit dem Vater (und dem Sohn). Die Ersteren nannten die Letzteren *»Pneumatomachen«* = »Bestreiter (der Wesensgleichheit) des Geistes«. *Basilius* von Cäsarea (ca. 330–379) vor allem hat die Wesensgleichheit bzw. Gottheit des Geistes biblisch und argumentativ entfaltet und war damit maßgeblich an der Vorbereitung des 2. Ökumenischen Konzils beteiligt. Er hatte zusammen mit anderen Bischöfen immer unbeirrt die nizänische Tendenz im Osten vertreten. Diese Tendenz wurde unverhofft und durchschlagend durch einen Kaiserwechsel gestützt. Mit *Theodosius d. Gr.* (379–395 Kaiser) wurde ein Spanier, also ein Westkirchler und somit ein überzeugter Nizäner neuer Kaiser des Ostens, der in einem Edikt vom 28. 2. 380 alle Reichsbewohner auf das Bekenntnis von Nizäa verpflichtete und damit die Staatskirche schuf. Den nizänischen Glauben umschrieb dieser Kaiser bereits als Glauben an »die *eine* Gottheit *(unam deitatem)* des Vaters, des Sohnes und des Heiligen Geistes bei gleicher Majestät und heiliger Dreifaltigkeit *(sub pari maiestate et sub pia trinitate)*«.[4] Damit war ein krasser Kurs-

---

[4] Der Text des Edikts *(Cunctos populos)* in deutscher Übersetzung bei *A. M. Ritter*, Alte Kirche, Neukirchen-Vluyn 1977, 178f.

wechsel auf Kosten der Arianer vollzogen, begleitet von der Vertreibung ihrer Bischöfe und von anderen Benachteiligungen, unter denen zuvor die Nizäner zu leiden gehabt hatten. Ein deutliches Signal der neuen Politik war auch die Einberufung des Konzils von Konstantinopel.

8.5 Das Konzil in Konstantinopel (381)

Um den Arianismusstreit zu beenden und die kirchlichen Verhältnisse zu normalisieren, berief Theodosius im Jahre 381 ein Konzil in Konstantinopel ein. Von den Zielen, die er diesem Konzil steckte, wird hier nur das der Wiederherstellung der Glaubenseinheit besprochen. Die Einheit sollte erreicht werden, indem alle Richtungen mit subordinatianisch-arianischer Tendenz verurteilt und ausgeschaltet wurden.

Von diesem Konzil sind keine Akten und Schriftstücke erhalten geblieben, insbesondere nicht der dort angenommene Text über die Homousie (Gleichwesentlichkeit) von Vater, Sohn und Geist. Das Konzil hat sich auf den Wortlaut eines bereits vorliegenden, nach 362 entstandenen Glaubensbekenntnisses geeinigt. Dieses Bekenntnis ist siebzig Jahre später auf dem 4. Ökumenischen Konzil in Chalzedon zitiert und in dessen Akten aufgenommen worden als Glaube »der heiligen Väter von Konstantinopel« (s. u. 8.7) und ist so als Symbolum des 2. Ökumenischen Konzils in Erinnerung geblieben. Das Konzil hat diese Formel aber nicht verfaßt, sondern als vorliegenden Text sich zu eigen gemacht. Und erst durch seine *Rezeption* (Annahme, Übernahme) in Chalzedon ist das Konzil von Konstantinopel als besonderes herausgehoben worden und zum Ökumenischen Konzil avanciert. Für sich allein betrachtet ist es eine Parteisynode gewesen, und war noch dazu nur von orientalischen Bischöfen beschickt. Bei der Bewertung einer Synode als ökumenischer Synode spielte die kirchliche Rezeption eine maßgebliche Rolle (s. o. 8.1).

Das genannte Symbolum ist das »große« oder nizäno-konstantinopolitanische Glaubensbekenntnis, das bis heute liturgisch verwendet wird und das einzig wirklich ökumenische, das heißt von allen

183

christlichen Kirchen akzeptierte ist. Es enthält fast wörtlich die Formel von Nizäa, erweitert diese aber stark im antiarianischen Sinn. Das dogmatisch Neue sind (nach dem Pneumatomachen-Streit) die Aussagen über die Homousie des Geistes. Während man in *Nizäa* darüber nichts ausgesagt hatte und es dort nur geheißen hatte: »*Wir glauben ... an den Heiligen Geist*«, ist nun ausführlich und exakt formuliert:

> »*Wir glauben ... an den Heiligen Geist,*
> *den Herrn,*
> *den Lebendigmacher,*
> *der vom Vater ausgeht,*
> *der mit dem Vater und dem Sohn angebetet und verherrlicht wird,*
> *der gesprochen hat durch die Propheten.*«

Diese Aussagen enthalten einzeln und zusammen die Aussage von der Gottheit des Geistes. Mit diesem Konzil ist das trinitarische Dogma ausgebildet.

8.6 Die christologische Frage

Sachlich und zeitlich überschnitt sich mit der trinitarischen Debatte, die in Nizäa und Konstantinopel entschieden wurde, die christologische Diskussion um die zutreffende dogmatische Redeweise von der Besonderheit und Bedeutung Jesu Christi. Auch diese Frage stellte sich damals im Horizont des spätantiken griechischen Denkens, nämlich als Frage nach seinem *Wesen*. Die biblischen Aussagen über Jesus von Nazaret, über sein Leben und Wirken, seinen Glauben und seine Sendung, seine Herkunft von Gott und seine Auferstehung, wurden als Aussagen über sein besonderes *Sein* interpretiert. Seine Heilsbedeutung wurde in der singulären Eigentümlichkeit seines Wesens gesehen. Man fragte speziell danach, wie die Einheit Christi angesichts der zwei Wirklichkeiten in ihm – des Göttlichen und des Menschlichen – ausgesagt werden könne bzw. wie beide Wirklichkeiten unverkürzt in ein und demselben Christus gegeben sein können. In einer maßgeblichen Hinsicht hatten die trinitarischen Aussagen schon über das »Wesen«, die »Natur« Christi mitentschieden: Christus *ist* Gott wie der

Vater. Allmählich hat sich dann die christologische Frage im engeren Sinn gestellt, weil nach dem Abschluß des Trinitätsdogmas offene Fragen bewußt wurden.

Die christologische Frage war schon in den Entwürfen des 2. und 3. Jahrhunderts und dann durch den Arianismus gestellt gewesen, der in seiner Trinitätsvorstellung Christus als Geschöpf, nicht als Gott begriff. Es hatte eine große Zahl von christologischen Lehren und Häresien und eine Kettenreaktion von Zustimmung und Widerstand gegeben. Aber wirklich akut wurde die christologische Frage im 4. Jahrhundert seltsamerweise durch einen Nizäner, und zwar durch *Apollinaris von Laodizea* (gest. ca. 390). Mit Nizäa hielt Apollinaris an der Homousie mit dem Vater, also an der Göttlichkeit Christi fest. Um dieser Göttlichkeit willen vertrat er nun die Ansicht, daß der Logos in der »Fleischwerdung« (Inkarnation) nicht einen (»ganzen«) Menschen, sondern eine unvollständige Menschennatur angenommen habe. Der angenommenen Menschennatur fehlte nämlich die menschliche Seele. Ihre Funktionen gegenüber dem Leib besorgte in Jesus Christus der Logos. Nur so glaubte Apollinaris von der durch den Logos angenommenen Menschennatur die Gespaltenheit in Gut und Böse fernhalten zu können, unter der jeder Mensch leidet und die ihn beeinträchtigt. Wenn der Logos selbst dominiert und die Menschennatur direkt leitet und lenkt, dann ist Jesus Christus von der sündigen Schwäche der Menschennatur nicht betroffen.

Diese Ideen stießen auf Sympathien und wurden gemäßigt und auch radikal weiter vertreten. Aber die Nizäner, zu denen Apollinaris hinsichtlich der trinitarischen Frage gehörte, widersprachen ihm seit 362 energisch mit einem Argument, das man dann immer wieder dem *Apollinarismus* und verwandten Christologien vorhalten wird: Nur was durch den Logos (Christus) angenommen worden ist, konnte durch ihn erlöst werden. Wenn er also nur einen Torso der Menschennatur (ohne Seele) angenommen hat, dann ist nicht der Mensch als ganzer erlöst. Das Kriterium der *Heilssicherung* spielte in der altkirchlichen Christologie eine maßgebliche Rolle. Der Apollinarismus wurde mehrfach auf Synoden verurteilt (377 in Rom, 378 in Alexandrien, 379 in Antiochien, 381 auf der 2. Ökumenischen Synode in Konstantinopel) und von Kaiser Theodosius I.

durch Gesetze unterdrückt. Apollinaristen gab es als Sekte bis 420.

Diodor von Tarsus (gest. vor 394) stellte gegen den Arianismus die Gottheit Christi heraus, gegen Apollinaris die Unversehrtheit einer vollständigen Menschennatur, die der Logos angenommen habe. Daß in dieser Weise Gottheit und Menschheit in Christus ganz markant voneinander abgehoben und je für sich stark betont wurden, war ab jetzt ein typisches Merkmal der antiochenischen »Schule« oder Tradition (s. Kap. 7), zu der Diodor gehörte. Die Antiochener hielten die klare Unterscheidung durch, daß Jesus Christus Sohn Gottes *und* Sohn einer menschlichen Mutter ist. Sie wollten damit keine Trennung in Christus beschrieben haben, sondern Gottheit und Menschheit zugleich bekennen. Aber von Zeitgenossen, speziell von den Alexandrinern, wurden sie verdächtigt oder beschuldigt, daß sie Christus »spalten« und »zerteilen«. Diodor beteuerte zwar: »Es sind nicht zwei Söhne«. Aber die antiochenische Christologie blieb angreifbar, weil es ihr nicht gelang, bei der Unterscheidung in Christus gleichzeitig die Einheit in ihm zu formulieren. Das blieb ab jetzt das christologische Problem: *Zweiheit und Einheit in Christus* zu klären. Dabei war es also typisch für die Antiochener, daß sie die Unterscheidung von Göttlichem und Menschlichem betrieben, während die Alexandriner auf Kosten der Zweiheit (wie die Antiochener jedenfalls meinten) über die Einheit wachten.

Die antiochenische Linie der Christologie führte weiter über *Theodor* von Mopsuestia (gest. 428). Er unterschied im inkarnierten Logos klar die göttliche von der menschlichen Natur und legte gegen Arianer und Apollinaristen allen Wert darauf, daß der Logos eine vollständige Menschennatur angenommen hat; er meinte zugleich die Einheit beider Naturen, betonte sie aber mit dem Begriff »Vereinigung« (griechisch: *synápheia*) in den Augen seiner Gegner viel zu schwach und zu ungenau. Ständig argwöhnten Andersdenkende, in der antiochenischen Christologie sei eine Teilung Christi gemeint und gegeben. Es herrschte ein nervöses, polemisches Klima der Polarisation, in dem man auf dogmatische oder politische »Fehler« des Gegners geradezu wartete. Theodor wurde auf dem 5. Ökumenischen Konzil 553 posthum verurteilt.

Von seiten Alexandriens sah man eine Blöße der Antiochener im Sinn offen vertretener Häresie gegeben, als Theodors Schüler *Nestorius* (gest. nach 451) den Bischofssitz von Konstantinopel einnahm (428), dessen Besetzung immer ein Politikum erster Ordnung war, auch weil Alexandrien ständig mit Konstantinopel um den Vorrang konkurrierte. Nestorius hatte als Bischof gleich anfangs einen Streit um die Verwendbarkeit des Titels *Gottesgebärerin* (griechisch: *theotókos*) für Maria zu entscheiden. Als Antiochener hatte er Bedenken nicht eigentlich bezüglich der dogmatischen Zulässigkeit, aber bezüglich der Unmißverständlichkeit des Titels. Er hielt ihn für irreführend, weil man nur vom Menschen und nicht von Gott in Christus sagen könne, daß er von Maria geboren sei. Er befürchtete auch, daß der Titel zu mythischen Vorstellungen von einer Göttermutter führe. Darum schlug Nestorius vermittelnd den Titel »Christusgebärerin« *(christotókos)* vor, weil der Name Christus beide Naturen in ihrer Verbindung meine. Von den Alexandrinern kam ein dramatischer Protest; sie sahen darin die Einheit Christi eklatant geleugnet und Christus »geteilt«. Widerstände kamen auch aus der Volksfrömmigkeit, die den alten Titel »Gottesgebärerin« für Maria liebte. Dieser Streit, dessen Einzelheiten hier nicht ausgebreitet werden, löste die christologischen Auseinandersetzungen aus, die zu den konziliaren Entscheidungen führten.

Was die theologische Seite der Debatte betrifft, ist es wichtig, folgenden Hintergrund zu kennen. Weil sie die Naturen in Christus so scharf unterschieden, hatten die Antiochener ihre Vorbehalte gegen eine anderswo (vor allem in Alexandrien) selbstverständliche Praxis der christologischen Sprache, die man *Idiomen-Kommunikation* nennt. Es handelt sich darum, daß aufgrund der engen Einheit in Jesus Christus die Eigentümlichkeiten seiner beiden Naturen wechselweise von ihm ausgesagt werden können in der Form, daß unter einem Namen Christi, der sich nur auf eine der beiden Naturen bezieht, die Eigentümlichkeiten auch der anderen Natur ausgesagt werden. Beispiele dafür sind die Sätze: »Der Logos Gottes ist gekreuzigt worden«; »Der Logos hat gelitten.« In diesen beiden Fällen sind unter einem Namen Christi (»Logos Gottes«), der sich auf die göttliche Natur bezieht, Aussagen über seine Menschennatur gemacht. Die kommenden Konzile werden diese Möglichkeit bestätigen, und sie gehört bis heute zur dogmatischen Sprache der Kirche. Unter dieser Voraussetzung war der Titel »Gottesgebärerin« (Gott ist von Maria geboren worden) nicht nur zulässig, sondern (alexandrinisch gesehen) geradezu ein Testfall dafür, wie ernst die Antiochener die Einheit in Christus nahmen. Und die Alexandriner sahen in den Bedenken des Nestorius gegen den Titel die Leugnung dieser Einheit der Naturen. Er »spaltete« Christus und wurde daraufhin zum Erzketzer gestempelt. Inzwischen hat die Nestoriusforschung zeigen können, daß Nestorius die Häresie, die man ihm zur Last legte, das heißt die »Trennung« oder »Spaltung« Christi in zwei Wesen, nicht vertreten hat. Er war – auch nach den Kriterien seiner eigenen Zeit – rechtgläubig. Andere haben zwar »nestorianische« Christologie vertreten, aber Nestorius war kein »Nestorianer«.[5]

Protest und Empörung gegen Nestorius kamen besonders aus Alexandrien vom dortigen Patriarchen *Kyrill von Alexandrien*. Auch Rom nahm Stellung, und zwar für Kyrill, wobei Nestorius es versäumte, Rom so genau über seinen Standpunkt zu informieren, wie Kyrill das für seinen Teil tat. Man kann Kyrills (alexandrinische) Christologie, die auch anderswo, etwa in Konstantinopel, vertreten wurde, theozentrisch nennen. Ausgang aller Aussagen ist die Göttlichkeit des Logos. Dies entsprach alter Überlieferung, denn selbst Subordinations-Christologien (wie bei den Apologeten des 2. Jh.s oder bei Origenes im 3. Jh.) nannten den Logos göttlich oder Gott. Das macht die Stärke von Kyrills Position verständlich. Die Antiochener allerdings entdeckten darin ein Defizit von großer Gefährlichkeit: Wenn in der Christologie die Göttlichkeit dermaßen dominiert und wenn vom Menschsein Christi kaum oder jedenfalls nicht konsequent die Rede ist, dann wird das Bild vom *mensch*gewordenen Christus unvollständig und »verstümmelt«. Die Antiochener warnten: Man darf, um die Orthodoxie zu wahren, die Menschheit in Christus nicht in der Gottheit aufgehen lassen.

---

[5] Zur Orientierung: *A. Grillmeier*, Jesus der Christus im Glauben der Kirche Bd. 1, Freiburg–Basel–Wien ²1982, 642–660 (bzw. 691).

Die beiden Optionen, antiochenisch und alexandrinisch, widersprachen sich an sich nicht; daß sie meinten, sich gegenseitig ausschließen zu müssen, hat wohl nicht primär theologische Gründe. Der antiochenischen Christologie, so läßt sich vielleicht sagen, ging es um Bibelnähe (»historischer Jesus« der Evangelien) und um die Ernstnahme des Eingehens Gottes in die menschliche Geschichte. Die alexandrinische Christologie kam aus einer Spiritualität des Aufstiegs des Menschen zur Verähnlichung mit Gott (»Vergottung«) durch Christus, wobei dann begreiflicherweise das Gottsein Jesu Christi die Theologie wesentlich mehr beschäftigte und bestimmte als sein Menschsein.

Kyrill reagierte rasch und energisch auf Nestorius. Mit Hilfe von Briefen und dogmatischen Stellungnahmen, die er an Gegner und potentielle Parteigänger schickte, fand er Resonanz und Anhänger (besonders bei den ägyptischen Mönchen, in Rom und am Kaiserhof). Ein erster Erfolg war, daß eine römische Synode Nestorius am 11.8.430 verurteilte und ihn unter Androhung der Absetzung vom Bischofsamt zum Widerruf seiner Lehre aufforderte. Kyrill verstärkte seine öffentliche dogmatische Argumentation und griff dabei unter anderem auf die überkommene Formulierung zurück: »*Eine ist die Natur* des fleischgewordenen göttlichen Logos«. Die Antiochener vermißten bei ihm die Zweiheit von Gott und Mensch. Kyrills Thesen enthielten für sie viele Unklarheiten und Bedenklichkeiten. Nestorius widerrief darum nicht. Die Antiochener (unter ihnen *Theodoret von Kyros*, gest. um 466) sahen sich von Kyrill keineswegs widerlegt und waren der Meinung, die Häresie, die sie in der alexandrinischen Christologie erkannten, bekämpfen zu müssen, während umgekehrt Kyrill die Antiochener attackierte. Mit Briefen, diplomatischen Mitteln und Intrigen wurde agitiert. Uneinigkeit und Feindseligkeit waren verbreitet. Nach früheren Vorbildern legte sich für den Kaiser der Gedanke nahe, eine allgemeine Synode einzuberufen, um die Einheit herzustellen, die sein Interesse war.

8.7 Die Konzile in Ephesus (431) und Chalzedon (451)

Am 19.11.430 berief Kaiser *Theodosius II.* ein Konzil auf das folgende Jahr nach Ephesus ein. Vorgeschichte und Ablauf waren turbulent. In der Rivalität der kirchlichen Parteien war Kyrill der größere Taktiker und im Einsatz von Macht und sogar Gewalt um einiges skrupelloser als die Gegenseite. Er verschaffte sich in Ephesus vor Beginn den entscheidenden Vorteil. Die Bischöfe aus Syrien und Umgebung, die sich unter Bischof *Johannes von Antiochien* als Parteigänger des Nestorius zusammengeschlossen hatten, hatten es mit der Anreise nicht eilig, weil sie vom Konzil nichts Gutes erwarteten. Auch die Abgesandten aus Rom waren noch nicht da. Kyrill nutzte das und eröffnete das Konzil eigenmächtig am 22. 6. 431, bevor also die orientalischen (d. h. syrischen und palästinischen) Bischöfe und die römischen Vertreter anwesend waren. Der Sinn des Konzils hatte sein sollen, die Anklagen Kyrills gegen Nestorius auf ihre Berechtigung hin zu überprüfen. Mit seinem Coup hatte Kyrill die Rollen vertauscht: Nestorius war zu überprüfen und hatte sich zu rechtfertigen.

Die Orientalen kamen fünf Tage darauf an, die Römer noch zwei Wochen später. Kyrills Synode verurteilte Nestorius, der sein Erscheinen dort ablehnte, und setzte ihn ab. Die römischen Vertreter bestätigten dieses Urteil, weil es mit der römischen Synode von 430 (s. o. 8.6) übereinstimmte. Die Orientalen eröffneten ihrerseits, auch in Ephesus, eine Synode und setzten dort Kyrill ab, ebenso den Ortsbischof Memnon von Ephesus. Kyrills Synode reagierte mit der Absetzung des Johannes von Antiochien und seiner Parteigänger. Das Verwirrspiel war groß, wurde aber noch grotesker. Als beide Seiten an den Kaiser appellierten, ließ er Nestorius, Kyrill und Memnon inhaftieren. Die Verhandlungen wurden dadurch nicht fruchtbarer. Volk und Mönche beteiligten sich an den Vorgängen, weil ihr Glaube von den theologischen Fragen betroffen war. Der Kaiser hielt schließlich zur alexandrinischen Mehrheitspartei, verurteilte aber die Orientalen nicht. Als Einigung und Versöhnung aussichtslos waren, entließ er, schwer enttäuscht und mit einem scharfen Tadel, die Bischöfe und schloß das Konzil im Oktober 431. Letztlich hatte Kyrills Partei gewonnen, denn der Kaiser hielt nur Nestorius noch in Haft und ersetzte ihn in Konstantinopel durch einen den Alexandrinern genehmen Bischof. Nestorius ist in der Verbannung in Ägypten frühestens 451 gestorben.

Etwas seltsam ist es mit der Bewertung dieser Ereignisse des 3. Ökumenischen Konzils. Es fanden de facto zwei parallele Konzile statt. Beide waren streng parteilich, nicht ökumenisch. Aber das Konzil des Kyrill ist gezählt worden (wenn man von der nachträglichen dogmatischen Bestätigung und Rezeption ausgeht). Worin liegt seine Bedeutung? Das einzige Ergebnis war die Verurteilung des Nestorius und die Bestätigung des Titels »Gottesgebärerin«, aber es wurde kein Text, kein Symbolum formuliert. Es hat theologisch wichtigere Konzile der Frühzeit gegeben. Aber durch seinen Nachruhm in der Alten Kirche ist es in diesen hohen Rang gerückt. Außerdem aber hatte es eine Nachgeschichte, die zum Konzil gehört und seine Bewertung einleuchtender macht. Der neue Papst (*Sixtus III.*, 432–440) und der Kaiser nahmen die Bemühungen um Frieden und Einheit nämlich wieder auf. Es gab langwierige neue Verhandlungen zwischen Kyrill und Johannes von Antiochien – eines der seltenen Beispiele für Bemühung um Einheit statt Konfrontation von Positionen in dieser Zeit. Beide Seiten machten Zugeständnisse: Die Antiochener wendeten gegen die Verurteilung des Nestorius nichts ein, Kyrill verzichtete auf die Durchsetzung bestimmter Sätze. Beachtlich ist, daß Kyrill einem Bekenntnis aus Antiochien seine Zustimmung gab. Im Jahr 433 kam eine wichtige *Einigungsformel* zustande. Sie war – wenn man so will – ein spätes Ergebnis von Ephesus 431. Sie zeigt theologisch einen entscheidenden Fortschritt: Beides, die Unterscheidung zwischen Gottheit und Menschheit in Christus und auch die Einheit in ihm, ist gleichermaßen betont. Das war kein Kompromiß, sondern der Versuch zur Synthese der strittigen Perspektiven. Zentrale Zeilen aus dieser Einigungsformel lauten:

> *»Wir bekennen ... unseren Herrn Jesus Christus*
> *– als vollkommenen Gott und als vollkommenen Menschen*
> *– gleichen Wesens (homoúsios) mit dem Vater ... der Gottheit nach und gleichen Wesens mit uns der Menschheit nach;*
> *– es besteht eine Einheit der zwei Naturen,*
> *– deshalb bekennen wir einen Christus, einen Sohn, einen Herrn;*
> *– aus der Einsicht in diese unvermischte Einheit bekennen wir die heilige Jungfrau als Gottesgebärerin.«*

Diese Sätze vereinigen beide Positionen und kommen auch den wechselseitigen Befürchtungen zufriedenstellend entgegen. Aber es gab auf beiden Seiten Extremisten, die gegen die Formel protestierten. Die Einigung war kirchenpolitisch nicht durchsetzbar und also relativ unwirksam. In ihrer Diktion war sie vor dem Hintergrund der laufenden Kontroversen dogmatisch auch nicht wirklich klar. Jedenfalls ging die Debatte damals weiter.

Die nächste Phase spielte sich unter neuen Namen ab: Papst in Rom war jetzt *Leo d. Gr.* (440–461); Johannes von Antiochien starb 441/42, und auf Kyrill (gest. 444) folgte als Bischof von Alexandrien *Dioskur* (Dioskoros), der politisch noch härter verfuhr als Kyrill; in Konstantinopel wurde 446 *Flavian* Bischof. Der Streit brach neu auf, als 447/48 ein alter Mönch *Eutyches* in Konstantinopel eine provokante Christologie vertrat. Er war ein entschiedener Anti-Nestorianer, Anhänger des Kyrill und extremer Gegner der Einigungsformel von 433. Er vertrat seine Position so kompromißlos, daß man bei ihm von *Monophysitismus* reden muß: Menschheit und Gottheit in Christus bilden zusammen nur *eine* Natur (was faktisch darauf hinauslief, daß nur die göttliche Natur beachtet war: In Christus ist *eine* Natur, nämlich die göttliche). Wie stark in dieser Christologie die Menschennatur Christi zurückgenommen wurde, zeigt ein bei den Monophysiten gebräuchliches Bild: In Christus geht die Menschheit in der Gottheit auf, wie ein Tropfen Süßwasser im salzigen Weltmeer aufgeht. Eutyches vertrat das in der Version: Christus ist »*aus* zwei Naturen«, was hieß, daß es vor der Vereinigung, vor der Inkarnation zwei Naturen gab, die sich in Christus zu einer einzigen vereinigten; *in* der Vereinigung besteht nur noch die göttliche. Bei Eutyches wurde aus der alexandrinischen Theologie das, wozu sie immer versucht war: der ausdrückliche Monophysitismus.

Eine Synode in Konstantinopel verurteilte Eutyches am 22.11.448; er bekam aber massiven Schutz von Dioskur, der faktisch dieselbe Theologie wie er vertrat. Eutyches erreichte es, daß Kaiser Theodosius II. im Jahr 449 ein ökumenisches Konzil nach Ephesus einberief. Papst Leo d. Gr. beteiligte sich nicht, wie seine Vorgänger es gehalten hatten, nur in Form einer Gesandtschaft am Konzil, sondern darüber hinaus auf die Weise, daß er einen dogmatischen Traktat über das christologische Problem samt seiner eigenen Position verfaßte und an Bischof Flavian von Konstantinopel schickte. Das ist der berühmt gewordene *Tomus Leonis* oder die *Epistola dogmatica ad Flavianum*. Diese Schrift beweist Leos exzellente Kenntnis des Problems und war begrifflich klar und, wie die Geschichte zeigte, weiterführend. Das einberufene Konzil war von den Leuten des Eutyches so eingefädelt worden, daß für den äußerst parteilichen Dioskur der Vorsitz gesichert war und Vertreter anderer Richtungen ausgeschlossen blieben. Der alte Antiochener Theodoret von Kyros zum Beispiel bekam Teilnahmeverbot. Entsprechend war die Verhandlungsführung durch Dioskur. Die Bischöfe des Konzils waren keine Monophysiten, Dioskur schüchterte sie aber ein, ließ keinen Widerstand aufkommen und verhinderte gegen mehrmaligen Antrag der römischen Vertreter eine Verlesung des Tomus Leonis, der ihm dogmatisch nicht paßte. Unter dieser Regie rehabilitierte das Konzil den Eutyches, setzte alle wichtigen Antiochener (wie Flavian, Theodoret) ab und verketzerte sie als Nestorianer. Es gab einen Proteststurm, denn betroffen waren viele: die Antiochener, der römische Papst, der gallische und italische Episkopat, der Westkaiser Valentinian III. Aber der Ostkaiser Theodosius II. hielt am Konzil von 449 fest. Es ging als die *Räubersynode* in die Geschichtsschreibung ein. Für die Nicht-Monophysiten schien die Lage aussichtslos.

Da starb im Jahr 450 Theodosius II. Der politische Machtwechsel ließ sehr schnell alles anders aussehen. Unter Kaiserin *Pulcheria* und Kaiser *Markian* verloren die einen ihren Einfluß, andere kamen auf. Der Kaiserhof nahm Kontakt mit dem Papst in Rom auf. Es zeichnete sich ein neuer kirchenpolitischer Kurs ab, der auf ein neues Konzil abzielte und von der Mehrheit der Bischöfe mitgetragen wurde. Das Kaiserpaar berief das Konzil ein, das vom 8.10. bis 1.11.451 in *Chalzedon* bei Konstantinopel als 4. Ökumenisches Konzil stattfand. Mit über 500 Bischöfen, überwiegend aus den Ostkirchen, und unter Leitung kaiserlicher Kommissare bestand der erste Teil darin, die »Räubersynode« von 449 vergessen zu machen (die also nicht als ökumenische Synode anerkannt wurde, obzwar sie den Anspruch erhob). Flavian wurde rehabilitiert, Dioskur abgesetzt.

193

Wichtiger war die Suche nach einem Bekenntnis, das alle vereinigen konnte. In den Verhandlungen hat offenbar der *Tomus Leonis*, also die christologische Schrift des Papstes Leo I., eine bedeutende konstruktive Rolle gespielt, und zwar bezeichnenderweise in der Form, daß seine Übereinstimmung mit Kyrill herausgestellt wurde. Kyrill wurde in Chalzedon nämlich als Zeuge der Rechtgläubigkeit beschworen und mit ihm das Konzil von Ephesus 431. Nach großen Schwierigkeiten entwarf eine Kommission einen dogmatischen Text, der dann, zwar mit Mühe, Anerkennung fand. Es ist die *Glaubens-Definition von Chalzedon 451*.[6] Sie beginnt mit einer Präambel, die vor allem darin interessant ist, daß sie für die rechtgläubige Tradition die beiden Symbole von Nizäa (325) und von Konstantinopel (381) zitiert.[7] Dann stellt sie die beiden Irrtümer des Nestorianismus und des Monophysitismus dar, um sie abzuweisen, und schließlich folgt die eigentliche Glaubensformel. Diese Formel beschreibt zuerst Einheit und Unterscheidung in Christus und bestätigt den Titel »Gottesgebärerin«, ganz im Stil der Einigungsformel von 433 und teils in wörtlicher Übereinstimmung mit ihr:

> *»... Es ist unsere übereinstimmende Lehre und unser Bekenntnis,*
> *daß ... Jesus Christus ...*
> *vollkommen ist in der Gottheit*
> *und vollkommen in der Menschheit;*
> *derselbe ist wahrhaft Gott und wahrhaft Mensch,*
> *... gleichen Wesens (homoúsios) mit dem Vater der Gottheit nach*
> *und gleichen Wesens (homoúsios) mit uns der Menschheit nach;*
> *... vor den Zeiten aus dem Vater geboren der Gottheit nach;*
> *am Ende der Tage aber ...*

---

[6] Die Forschung sieht es bislang so, daß der recht umfangreiche Text im wesentlichen auf Begriffen und Aussagen des Tomus Leonis aufbaut. Der Einfluß von Leos Schrift wird neuerdings zum Teil nicht mehr für so maßgeblich gehalten. Sicher ist, daß auch früher verfaßte schriftliche Fixierungen von anderen bedeutenden Bischöfen für den Text von Chalzedon mit benutzt worden sind. So erkennt man den Einfluß eines Briefes des Johannes von Antiochien an Kyrill, von Briefen Kyrills an Nestorius und Flavians an Leo.

[7] Dadurch bekam das Konzil von Konstantinopel seinen ökumenischen Rang. Siehe oben 8.5.

geboren aus der Jungfrau Maria, der Gottesgebärerin, der Menschheit nach...«

Und dann fährt die Definition in originellen, so in einem kirchlichen Bekenntnis noch nicht dagewesenen Formeln fort:

*»in zwei Naturen
unvermischt, unverwandelt,
ungetrennt, ungesondert erkennbar.
Der Unterschied der Naturen wird durch die Vereinigung (oder: wegen der Vereinigung) durchaus nicht aufgehoben,
vielmehr wird die Eigentümlichkeit jeder Natur gewahrt,
und sie kommen beide zu einer Person (prósōpon) und Hypostase zusammen,
nicht geteilt oder getrennt in zwei Personen,
sondern einer und derselbe, eingeborener Sohn, Gott, Logos, Herr, Jesus Christus«.*

Man erkennt im Text leicht die Abgrenzungen vom Nestorianismus und vom Monophysitismus, da Einheit und Zweiheit in Christus betont werden: Er ist *»eine Person«* *»in zwei Naturen«*. Die beiden entscheidenden definitorischen Begriffe *Person (prósōpon)* und *Natur (phýsis)* sind philosophischer Qualität. Die Alte Kirche fragte auf ihren Konzilen auf griechische Art nach der Heilsbedeutung Jesu, indem sie ontologisch nach seinem besonderen Sein und Wesen fragte. Der Frage entsprach die Antwort: Christus ist ein Einzelwesen von singulärer Wesensstruktur.

Am 25. Oktober 451 wurde dieses Bekenntnis als das Bekenntnis des Reichskonzils feierlich proklamiert, verbunden mit kaiserlichem Zeremoniell und Beschwörungen der großen Stunde der Rechtgläubigkeit. Aber Chalzedon bedeutete durchaus nicht das Ende der christologischen Streitigkeiten. Weder kirchlich noch politisch war durch das Konzil der allgemeine Friede erreicht. Die Nachgeschichte von Chalzedon ist die Geschichte einer verbreiteten *Nichtanerkennung* des Konzils. Das späte 5. und das 6. Jahrhundert sind weitgehend mit dieser Krise befaßt gewesen. Der Staat tat vergeblich alles für die Durchsetzung der Konzilsformel. Die stärkste Opposition kam aus Ägypten, dessen Kirche geschlossen gegen die Verurteilung ihres Patriarchen Dioskur stand und bei ihrer besonderen (monophysitisch geneigten) Theologie blieb. Von dieser historischen Opposition her ist die koptische Kirche in Ägypten noch heute in ihrem Bekenntnis eine sogenannte vorchalzedonische Kirche im Sinn der kyrillischen Christologie von einer »Einheit« der Naturen. Widerstand gegen Chalzedon gab es damals auch in Palästina und Syrien. Er konnte sich auf Theologen, aber auch auf Sympathien bei den Mönchen und im Kirchenvolk stützen. Asketisch-spirituelle, populäre Überlieferungen hatten die Idee von der Vergottung oder Gottverähnlichung des Menschen tief eingewurzelt und ließen die konziliare Zwei-Naturen-Lehre immer nach einer Beeinträchtigung Christi und des menschlichen Heils aussehen. Die totale Vergöttlichung war hier die Leitvorstellung aller Theologie. Auch die kaiserliche Politik schwankte bisweilen zwischen Chalzedon und Monophysitismus. Aus den Bemühungen um Einigung und aus Sympathien für die alexandrinisch-monophysitischen Tendenzen entstand eine Bewegung, die dadurch zu überbrücken suchte, daß man Chalzedon auf eine Weise interpretierte, von der man sich einen allseitigen Konsens für das Konzil versprach. Wegen der Neu-Interpretation nennt man diese Theologie *Neu-Chalzedonismus*.[8] Ihre Perspektiven und Akzente waren die der überwiegenden Theologie der östlichen Orthodoxie des 6. Jahrhunderts. Ihr war die Redeweise der chalzedonischen Formel von zwei Naturen zu »massiv«, zu »roh«. Sie griff auf die Diktion Kyrills von der »einen Natur« zurück, mit der ihrer Meinung nach Chalzedon verdeutlicht werden mußte.

Und während die Monophysiten das Bekenntnis von Chalzedon für nestorianisch hielten und im Konzil die entscheidenden Akzente der Theologie ihres großen Kyrill vermißten, hielten die Neuchalzedonier Kyrill und das Konzil für vereinbar. Und vor allem fanden sie es richtig, zum Konzil von Chalzedon einige Formeln oder Sätze Kyrills hinzuzunehmen, auf die Kyrill um des Friedens und der Unionsformel von 433 willen seinerzeit verzichtet

---

[8] Darüber außer den Lexica *S. Helmer*, Der Neuchalkedonismus. Geschichte, Berechtigung und Bedeutung eines dogmengeschichtlichen Begriffs, Diss. Bonn 1962; *A. Grillmeier*, Das östliche und das westliche Christusbild, in: Theologie und Philosophie 59 (1984), 84–96, bes. 89ff.

hatte. So kam Kyrill hier mit seinen pointierten Abgrenzungen gegen des Nestorianismus zu neuer Aktualität. Das Merkmal der hauptsächlich von ägyptischen Mönchen getragenen neuchalzedonischen Bewegung war eine Theologie, die keinen Wert auf Präzision der Unterscheidung in Christus legte. Sie zog alle Konsequenzen aus der Idiomen-Kommunikation und bevorzugte Sätze wie: »Einer aus der Trinität (der Logos, also Gott) hat gelitten« (*Theopaschiten* = Vertreter der Lehre, daß Gott gelitten hat). Man verstand das Einssein in Christus so, daß an der Unterscheidung zweier Naturen dogmatisch nichts lag.

Die gesuchte Einigung mit den Monophysiten hat der Neu-Chalzedonismus nicht erreicht, allerdings zur Unterdrückung des Nestorianismus beigetragen. Der wichtigste Kirchenpolitiker und zugleich einer der profiliertesten Theologen des Neu-Chalzedonismus war im 6. Jahrhundert Kaiser *Justinian I.* (527–565), der die Einigung mit den Monophysiten auf dem 5. Ökumenischen Konzil in Konstantinopel im Jahr 553 vergeblich versucht hat. Es blieb für die Dauer der Kirchengeschichte eine Trennung in chalzedonische, monophysitische und nestorianische Kirchen bestehen, wobei zum Schluß noch einmal daran zu erinnern ist, daß die historischen Gründe der dauerhaften Trennung durchaus nicht nur die hier besprochenen dogmatischen waren, sondern politische, nationale und emotionale Umstände die Hauptursachen für die Kirchentrennungen waren.

Literatur

Barbel, J., Einführung in die Dogmengeschichte, Aschaffenburg 1975
Barbel, J., Der Gott Jesu im Glauben der Kirche. Die Trinitätslehre bis zum 5. Jahrhundert, Aschaffenburg 1976
Barbel, J., Jesus Christus im Glauben der Kirche. Die Christologie bis zum 5. Jahrhundert, Aschaffenburg 1976
Camelot, P.-Th., Ephesus und Chalcedon, Mainz o. J. (1963)
Jedin, H., Kleine Konziliengeschichte, Freiburg–Basel–Wien 1978
Ortiz de Urbina, I., Nizäa und Konstantinopel, Mainz o. J. (1964)

9 Schluß

Bis zum 6. Jahrhundert ist das Christentum die Religion der Alten Welt geworden und über deren Grenzen hinaus verbreitet gewesen. Es hat in dieser Epoche die entscheidenden Elemente seiner Identität als Kirche herausgebildet: Verfassung, Liturgie, Bekenntnis (Dogma), Bibelkanon, Methode der Theologie und sein Verhältnis zu Gesellschaft und Kultur. Dieser Prozeß ließ sehr haltbare Traditionen und Kontinuitäten entstehen, führte in der Diskussion kontroverser Auslegungen allerdings auch dazu, daß das Christentum schon in dieser Frühphase seine Einheit verlor, die nicht mehr zurückgewonnen wurde.
Seit Ende des 4. Jahrhunderts zeichneten sich veränderte politische Bedingungen ab. Infolge der Völkerwanderung entstanden auf westlichem Terrain, das heißt in Gallien, Spanien, Afrika und Italien, germanische Reiche, gegen die das römische Imperium sich nicht halten konnte. Nach dem Verlust des altrömischen politischen Zusammenhalts dieser Länder war die Kirche für die einheimische Bevölkerung der einzige Hort von Einheit und Identität. Die eingedrungenen neuen Völker waren zwar zum Teil christianisiert, wegen ihres arianischen Bekenntnisses den Reichsbürgern aber nicht näherstehend als die »Barbaren«. In dieser doppelten Fremdherrschaft politischer wie religiöser Art war die Einheits-Funktion der Kirche sozial eminent wichtig.
Zur gleichen Zeit blieb die östliche Reichshälfte relativ intakt. Die Ostkirchen existierten weiterhin unter einem römischen Kaiser im Reich mit den alten Grenzen. Sie waren dort zusammen mit der griechisch-römischen Tradition die Grundlage der frühbyzantinischen Geschichte und Kultur. Die politischen Bedingungen waren für das Christentum also sehr unterschiedlich geworden. Die Westkirche orientierte sich im Lauf der Zeit nicht mehr am römischen Kaiser und Reich, sondern aufgrund der neuen Gegebenheiten mit neuen Machthabern und aus missionarischen Motiven nach We-

sten. Die Kirchen in Ost und West begannen ihre getrennten Wege einerseits der frühbyzantinischen, andererseits der westlich-frühmittelalterlichen Epoche. Das europäische Mittelalter wurde dann von einem Christentum mitgeformt, das seine Konturen als Kirche unter den Einflüssen der römischen Spätantike und des Hellenismus bekommen hatte.

Ende

finis

end

τέλος

Fragen:

Nestorianismus!

Literatur

A. Gesamtdarstellungen (Kirchen- und Theologiegeschichte)

Adam, A., Lehrbuch der Dogmengeschichte Bd. I. Die Zeit der Alten Kirche, Gütersloh ²1970
Andresen, C., Die Kirchen der alten Christenheit, Stuttgart–Berlin–Köln–Mainz 1971
Baus, K., Von der Urgemeinde zur frühchristlichen Großkirche (Handbuch der Kirchengeschichte, hrsg. von H. Jedin, Bd. I), Freiburg–Basel–Wien ³1965
Baus, K. u. a., Die Reichskirche nach Konstantin dem Großen (Handbuch der Kirchengeschichte, hrsg. v. H. Jedin, Bd. II/1–2), Freiburg–Basel–Wien 1973 u. 1975
Benz, E., Beschreibung des Christentums. Eine historische Phänomenologie, München 1975
Beyschlag, K., Grundriß der Dogmengeschichte Bd. I. Gott und Welt, Darmstadt 1982
Chadwick, H., Die Kirche in der antiken Welt, Berlin–New York 1972
Kantzenbach, F. W., Christentum in der Gesellschaft. Grundlinien der Kirchengeschichte. 1. Bd.: Alte Kirche und Mittelalter, Hamburg 1975
Kottje, R. (Hrsg.), Kirchengeschichte heute – Geschichtswissenschaft oder Theologie?, Trier 1970
Kottje, R. – Moeller B. (Hrsg.), Ökumenische Kirchengeschichte Bd. 1: Alte Kirche und Ostkirche, Mainz-München ⁴1983
Lietzmann, H., Geschichte der Alten Kirche, 4 Bde., Berlin und Leipzig 1936 (²1937)–1944. (⁴1961) 1975
Opitz, H., Die Alte Kirche. Ein Leitfaden durch die ersten fünf Jahrhunderte, Berlin 1983

B. Wichtige Hilfsmittel

Andresen, C. – Denzler, G., Wörterbuch der Kirchengeschichte, München 1982
Deichmann, F. W., Einführung in die christliche Archäologie, Darmstadt 1983
Meer, F. van der – Mohrmann, Chr., Bildatlas der frühchristlichen Welt. Deutsche Ausgabe von *H. Kraft*, Gütersloh 1959
Oberman, H. A. – Ritter, A. M. – Krumwiede, H.-W. (Hrsg.), Kirchen- und Theologiegeschichte in Quellen. Bd. I. Alte Kirche, ausgew. übers. u. kommentiert von A. M. Ritter, Neukirchen-Vluyn 1977
Selge, K.-V., Einführung in das Studium der Kirchengeschichte, Darmstadt 1982

Namen- und Sachregister

(Namen in Auswahl)

Adoptianismus 172
Agape 119
Alexandrien 29, 102, 111, 156–159, 174
Allegorese 22, 148, 161
Almosen 126, 129
Altar 43, 111, 120
Altersbeweis 147, 153
Altes Testament 80, 97, 123, 147f
Ambrosius 66, 74–78, 121, 163
Amt 80, 83, 90–100, 109
Aniket 142
Antike, griechisch-römisch 23, 199
Antiochien 19, 29, 102, 111, 161, 186
Apokalyptik 10, 12, 165
Apokryphen 152
Apollinaris, Apollinarismus 185
Apologetik, Apologeten 22, 146, 153f, 158f
Apostel 14, 28, 37, 49, 85, 90, 92, 94–96, 148f
Apostelkonzil 16
Apostolische Väter 9, 152f
Apostolizität 85, 95, 98, 103, 148
Arius, Arianismus 70, 73, 140, 159, 174–179, 185, 198
Arkandisziplin 24f, 134
Askese, Asket 133f, 140, 160, 162
Athanasius 73f, 159, 178, 180f
Atheismus 43, 55
Auferstehung Jesu 9, 11, 35, 39, 49, 91, 116
Aufruhr 44
Augustinus 77–80, 112, 121, 141, 144, 164
Ausbreitung: s. Mission
Autorität 90–92, 95

Barnabas 27
Basilius 74, 135, 160, 182
Beichte: s. Buße, Privatbeichte
Bekehrung 11, 31, 39, 61, 81, 118, 125
Bekenner 57, 127
Bekenntnis 17, 40, 71, 84f, 115, 151, 178, 183, 194
Beschneidung 16
Bibel 12, 22, 34, 40, 48f, 54, 83f, 115, 140, 148f
Bibelauslegung 147f, 151, 155, 157f, 161, 163, 166f
Bildung, Gebildete 32, 34, 46, 156, 167
Bischof 40, 57f, 63, 72, 75, 79, 88, 93, 95–100, 111, 114, 127f, 129, 133, 149
Bluttaufe 117
Brief, Briefwechsel 86
Büchervernichtung 48, 159, 161
Buße 40, 57f, 76, 84, 99, 112, 115, 118, 124–132, 140, 143
Buß-Canones 131
Bußstufen 130

Caritas 36, 40, 47, 79, 134
Charismen 12, 92
Christologie 139f, 170, 184–197
Circumcellionen 144
Communio 85–89, 100, 107, 110, 120
Constantius II. 63, 73, 181
Cyprian 58, 99, 127, 142, 155

Dämonen 11, 25, 40, 114, 118
Damasus I. 66, 108
Diakon 93, 95, 98

Diakonie 92, 95, 97, 109
Dichtung, christliche 163
Didache 95, 113, 152
Diodor von Tarsus 161, 186
Dionysius v. Alexandrien 173, 175
Dionysius v. Rom 173f
Djoskur 192f
Disziplin (kirchliche) 12, 57f, 68, 72, 76, 84, 88, 113, 138, 140
Dogma 67f, 70, 72, 74, 76, 111, 138, 145, 158
Donatus/Donatismus 58, 68f, 77, 143, 166
Dualismus 139, 165
Dynamismus 172

Einheit 34, 62, 67–69, 71f, 84, 98, 104, 142, 145, 191
Elite 57
Epiklese 121
Erbsünde 141, 166
Erlösung 27, 39f, 147, 177
Ethik 20, 34, 38f, 45f, 57, 72, 113, 152
Eucharistie 13, 83, 85, 97, 116, 119–124, 133
Eusebius v. Cäsarea 63, 158, 177
Eusebius v. Nikomedien 177, 179
Eutyches 192f
Evagrius Ponticus 162
Evangelium 11, 28, 34, 37
Exhomologese 126f
Exkommunikation 88, 126, 128, 142f
Exorzismus 114–116

Familie 31
Fasten 84, 126
Firmung 117
Frau 20, 31f, 96, 133
Freiheit 19, 40, 63, 138, 140f, 166
Friede 18, 69, 71, 76, 87, 134, 145
Frömmigkeit 133–136, 187
Frühkatholizismus 94, 96

Galiläa 10
Gastfreundschaft 87
Gebet 47, 54, 84, 110, 126, 128
Geist, heiliger 140, 171, 182–185
Gemeinde 11–13, 25, 34, 36, 38, 40, 45, 81, 83, 94, 118f, 126, 139
Gericht 11, 39, 58, 70
Gesellschaft u. Kirche 42–82, 131, 137
Gesetz 15f, 64
Gesetzgebung 38, 56, 62f, 66
Gewaltlosigkeit 18, 134
Gnade 122, 139–141, 166
Gnosis, Gnostizismus 138, 154, 157
Gottesbild 139f, 154, 170–184
Gottesdienst: s. Liturgie
Gottesfeind 44, 47
Gottlosigkeit: s. Atheismus
Gregor I. 78, 109, 167
Gregor von Nazianz 160, 163
Gregor von Nyssa 160

Häresie 50, 63f, 71, 73, 77, 86f, 93, 100, 137–144, 175, 181
Handauflegung 114, 116f, 126f, 128, 141
Heidenchristentum 16
Heil 10, 12, 25, 34, 39, 44, 57, 124, 127, 141, 147, 165, 170, 177, 185
Heiligenverehrung 40, 81, 133
Heiligkeit 40, 68f, 100, 124f, 128, 133–136, 138, 142, 144
Hellenisierung 158, 170, 179f, 184, 195
Hellenismus, hellenistisch 21–23, 33
Hermas, Hirt des 125, 152
Hierarchie 62, 94, 98, 110, 180
Hieronymus 163
Hilarius 162, 181
Hippolyt 96, 113, 116, 120, 127, 154, 172
homousios 71, 173–175, 178f, 191, 194

Idiomen-Kommunikation 187, 197
Ignatius v. Antiochien 94, 97, 120, 152
Irenäus 96, 106, 149, 154
Isolation 12, 20, 42 f, 45 f, 72

Jakobus 16, 90 f
Jerusalem 10, 19, 29, 102 f, 111
Jesus 9–26, 49, 56, 80, 91 f, 94 f, 105, 119 f, 125, 146, 148 f
Johannes Chrysostomus 161
Juden, Judentum 12–17, 21 f, 31, 34, 38, 49, 75, 112, 137
Judenchristentum 16 f, 29
Julian 48, 65
Justin 113, 120, 154
Justinian I. 59, 64, 197

Kaiserkult 23
Kallistos 127, 155
Kanon, biblischer 148
Katechumenat 113–117
Kelsos 37, 44, 48, 157
Ketzertaufstreit 107, 141
Kindertaufe 117, 166
Kirchengeschichte 7 f, 36, 149, 158
Klemensbrief 86, 93–95, 151
Klemens v. Alexandrien 121, 156
Klerus 38, 53, 96
Klinikertaufe 117
Köln 29
Kollegiale Leitung 91 f, 93
Konstantin, konstantinische Ära 30, 38, 59–81, 103, 115, 123, 131, 135, 177, 179–181
Konstantinopel 102 f, 111
Konzil: s. Synode
Korinth 20
Kosmos 50, 139
Krieg, Kriegsdienst 46
Kultur 33 f, 37, 44, 46, 48, 50, 118, 137, 160
Kyrill v. Jerusalem 116, 121
Kyrill v. Alexandrien 160, 188–190, 194, 196 f

Laien 38, 53, 75 f, 88, 96, 100, 117
Lehre 35, 38, 88, 138, 151 f
Lehrer 92, 95 f, 113, 149, 156
Leo I. 78, 109, 167, 192
Liebe 18
Literatur, altchristliche 151–168
Liturgie 17, 40, 84, 88, 110–132
Logos 153, 171 f, 176, 185, 187 f
Loyalität 24, 42, 44, 46 f, 51, 53–55, 137

Märtyrer, Martyrium 40, 53 f, 57, 69, 117, 129, 133, 143, 152, 181
Magie 40, 133
Mailand 30, 103, 111
Mainz 29
Manichäismus 140, 166
Menschenbild 139, 141, 170
Menschwerdung 49, 139, 185
Messe 122
Metropolit 101
Miltiades 68, 204
Minderheit 12, 20, 30, 38, 53, 79
Mission 16, 18–21, 27–41, 46 f, 151
Modalismus 140, 172
Mönch 40, 130, 133, 135
Mönchtum 130, 159 f, 162
Monarchianismus 140, 172, 178
Monophysitismus 140, 192
Monotheismus 23, 35, 39, 44, 61, 171
Montanismus 89, 126, 140, 154
Mysterienreligion 24
Mysterium 25, 112

Nachfolge 56, 133 f
Naherwartung 11, 17 f
Nestorius, Nestorianer 30, 140, 161, 187 f, 190 f
Neu-Chalzedonismus 196 f
Neues Testament 9, 17
Neuheitserlebnis 10, 147
Nordafrika 29
Novatian, Novatianismus 58, 127, 143, 155, 172

Ökumenisches Konzil 169–171
Offenbarung 34f, 49
Ordination 93, 96, 100
Ordnung 12, 37, 43f, 69, 76f, 88, 152
Origenes 121, 148, 157–159, 162, 164
Orthodoxie 75, 86, 138, 175
Ossius v. Cordoba 178, 181
Osterfeststreit 89, 107, 142
Opfer 120, 122

Papsttum 84, 105–110
Parusie 11
Patriarchat 101–104
Paulus 16, 18, 28, 92
Pelagianismus 140f, 166
Petrus 16, 90f, 99, 104–106, 108f
Philippus 14, 27
Philon 22, 163
Philosophie 33f, 37, 39, 48f, 137, 146f, 153, 156, 158, 176
Platon, Platonismus 153, 158, 160
Pluralität 17, 84, 111, 172
Pneumatomachen 182
Polemik 22, 45, 48–59, 137f, 155, 181
Politik 24, 32f, 35, 40, 44, 50, 53–55, 59f, 62, 64, 72, 75, 109, 138, 175, 180
Polykarp 142, 152f
Porphyrios 48
Prädestination 141, 166
Presbyter 92f, 98, 111
Priester 24, 43, 65f, 80, 97, 111
Privatbeichte 129, 132

Quartodezimaner 142

Rekonziliation 126–128
Religion, römisch 23–25, 33, 35, 37, 39, 43f, 48, 50, 53, 55, 59, 62, 64, 80, 111, 137f, 147, 153
Rezeption 162, 170, 183, 191
Rom 23, 28f, 33, 97, 102–111, 165
Rufin 163

Sabellianismus 173
Sakramente 40, 58f, 76, 93f, 112, 117, 120, 122, 133, 142, 144
Schisma 58f, 68, 103, 127, 142–145, 155
Schöpfung, Geschöpf 44, 139, 176
Schuld 40
Schule 37, 139, 156, 161
Septuaginta 22
Sklaven 32, 37
Sonntag 79, 119, 122f
Soziale Tätigkeit: s. Caritas
Soziologie d. Christentums 20, 31
Sprache 33f, 151, 154, 170
Staat u. Kirche 42–82, 137
Stationsgottesdienst 85f
Stephan I. 107, 142
Stephanus 15
Streit 36
Subordinatianismus 171, 175f
Sünde 11, 58, 86f, 116, 118, 122, 124–132, 139f, 166
Sukzession 96f, 149
Symbolum: s. Bekenntnis
Synkretismus 26, 38, 80, 133
Synode 57, 64, 68f, 71, 73, 88, 101, 108, 169–197

Taufe 11, 13, 16, 62, 83, 112–118, 125, 129, 133, 141
Tempel 13, 15, 24, 35, 43, 66, 111
Tertullian 113, 126, 154, 172, 178
Teufel 11, 40, 55, 118
Theodor von Mopsuestia 161, 186
Theodosius I. 59, 63, 66, 75, 77, 182f
Theologie 64, 84, 146–151
Theotókos 187f, 191, 194f
Titelkirchen 86
Toleranz/Intoleranz 35, 55, 59, 62f, 66, 70, 73, 76f
Toleranzedikt 53f, 56, 59, 74
Tomus Leonis 193f
Tradition 49, 53, 83, 85, 95, 149
Transformation 19

Trier 29, 103
Trinität 70, 140, 165, 170–183

Unglaube 77
Universalismus 19, 62, 85
Urchristentum 9–26, 80, 90, 124

Väterargument 149
Verfassung, kirchliche 89–110
Verfolgung 15, 35, 48–59, 124, 143
Victoria-Altar 65, 74
Viktor I. 107, 142
Vision 60

Völkerwanderung 109, 198
Vulgata 163

Wahrheit 36, 39, 46, 49, 56, 67, 75 f,
 135, 147, 149, 158, 171
Wallfahrt 81, 103
Welt 11, 35, 42, 50, 139, 165
Weltende 10, 13, 21, 27, 37, 56, 125,
 155, 165
Wunder 49, 60, 81, 152

Zölibat 97